*Body Educational*

田中 智志 編

# 教育の<br>共生体へ

―― ボディ・エデュケーショナルの思想圏

東信堂

# はしがき

　20世紀後半から今日にいたるまで、私たちの住むこの日本社会そして世界の現実は、近代的な思想、とりわけ啓蒙思想の希望・期待を裏切りつつあるように見える。

　かつて、啓蒙思想家は、素朴ではありながらも、およそ次のような確固たる信念をもっていた。すなわち、因習・旧弊をうち破り、合理的・実証的な認識を深めれば、人間は歴史を正しい方向に導くことができる、という信念である。国民国家、国民経済、テクノロジー（科学技術）などは、まさに啓蒙思想とともに生みだされた制度である。

　しかし、現在、私たちが生きている世界は、啓蒙思想家の希望・期待どおりになっていない。市場のグローバル化が進行し、民族間・文化間・国家間の対立が激化し、また環境問題が深刻化するなかで、国民国家、国民経済、テクノロジーのコントロール可能性は、以前よりも高まったというよりも、むしろずいぶん狭まっている。

　教育もまた近代の啓蒙思想の産物であるが、国民国家、国民経済、テクノロジーのゆらぎとともに、これまで教育がもっていると考えられた社会のコントロール可能性も、子どものコントロール可能性も、近年ますます小さくなっている。たとえば、教育によって貧困を解消することができるという希望は、教育による「階級再生産」という現実によってうち砕かれ、教育によって子どもの可能性をひらくという希望は、「学校化」（イリイチ）による子どもの他律化・価値の制度化、また生きる意味の喪失という現実によって大きく揺らいでいる。

　こうした教育のコントロール能力の衰退は、しかし教育そのものの衰

退がもたらしたものというよりも、現代社会・世界そのものの変容がもたらしたものといえるだろう。それは、「機能システムによる生活世界の浸食」(ハーバーマス)ということもできるし、「機能性による位階的秩序の浸食」(ルーマン)ということもできる。また「市場経済のグローバル化による自然な共同体の浸食」(ギデンズ)ということもできるし、「社会の流体化」(バウマン)ということもできる。

教育界は、こうした現代社会・世界の変容になかなかついていけない。啓蒙という確固たるヴィジョンを喪った教育界は、今、進むべき道を見失っているように見える。現在、私たち教育関係者に必要なものは、冷笑的な教育の批判ではなく、強靭な教育の構築である。

鈴木慎一教授が提唱している「ボディ・エデュケーショナル」という概念は、偏見なく文化的差異を把握する比較教育学の方法論として考案された概念であるが、それは同時に現代の教育界に新しい希望を与える指針となるだろう。私の理解するところでは、ボディ・エデュケーショナルは、市場主義にも教条主義(原理主義)にもよりかからない、生成的で動態的な多様な全体性を含意しているからである。いいかえるなら、相互に啓発しつづけ、協働してよりよいものを生みだし、だれ一人として排除しない異種混交体を志向しているからである。

本書は、古稀を迎えられ、2003年3月をもって早稲田大学を定年退職された鈴木教授の大きな功績をたたえるために企画された。鈴木教授の教育(学)研究の業績は多岐にわたりまた膨大であるが、私は、その中から最近の「ボディ・エデュケーショナル」と名付けられた教育空間論を選び、本書のテーマに定めさせていただいた。「ボディ・エデュケーショナル」概念がもつ可能性につよく惹かれたからであり、それをさらに展開する必要性を切実に感じたからである。

本書は三部から成っている。第Ⅰ部を「近代教育の形成について」と題し、人間形成と国民国家の関係(権力の問題)、公教育制度と国民国家の

関係（民衆と国家との闘争）、教育とグローバル化の関係（民主主義の問題）、教育と制度化の関係（世界システムの問題）をとりあげている。第Ⅱ部は「現代の教育変革論をめぐって」と題し、教育とアイデンティティの関係（多文化の問題）、教育とネオリベラリズムの関係（自己決定の問題）、教育と共生論の関係（市民的公共創出の課題）をとりあげている。第Ⅲ部は「ボディ・エデュケーショナルの可能性」と題し、ボディ・エデュケーショナルの理念と、その具体化の方法、そして公的制度としての近代教育の限界を論じている。

　第Ⅰ部、第Ⅱ部の各章の執筆は、鈴木教授の友人でありまた研究仲間である方々とともに、私の研究仲間に参加していただいた。公私にわたり多忙をきわめるなか、すばらしい論文をよせてくれた諸氏に心から感謝申しあげたい。第Ⅲ部の各章は、鈴木教授ご自身によるボディ・エデュケーショナル論である。教授はボディ・エデュケーショナル論をこれまでに何度か公表されているが、これほどまとまった論考はこれまでになかったはずである。

　教育学研究・大学教育における鈴木教授の長年の功績を心から讃えたいと思うと同時に、これからのますますのご活躍、ご健勝を願ってやまない。フランスの社会学者アンリ・ルフェーブルがあの大作『空間の生産』(*La Production de l'Espase*) を執筆し始めたのは、彼が70歳を過ぎてからだった。近い将来、鈴木教授も教育空間論をまとめられ、公刊されるにちがいない。

田中　智志

# 目 次

はしがき……………………………………………………… i

## 序　章　教育の共生体へ
　　　──ボディ・エデュケーショナルの思想圏 ……田中 智志　3

1　子どもを産み育てること ………………………………3
　　子どもを産まない、育てない？　3
　　手探りの問い　4
　　生きられる場所　4
2　近代統治と近代教育 ……………………………………5
　　近代統治論　5
　　公教育の権力諸装置　7
3　近代統治とグローバル化 ………………………………9
　　グローバル化の効果　9
　　グローバル・ガヴァナンス　10
　　グローバルな相互承認空間　11
4　ボディ・エデュケーショナル …………………………12
　　教育の再定義　12
　　ボディという概念　13
　　内部／外部という区別の流体化　14
　　教育の共生体　16
5　ボディ・エデュケーショナルのための留保 ……………18
　　具体的なコミュニケーションの留保　18
　　注　20
　　文献　21

# 第1部　近代教育の形成について……25

## 第1章　権力と人間形成……関 啓子　27

### 1　教育を読み解く概念装置としての権力……27
- 国民教育制度　27
- 万人が学習する権利を獲得するための運動　28
- 教育的はたらきかけと再生産　29
- 知の枠組みへの挑戦　30

### 2　グローバリゼーションと教育……31
- 差異化と統合化のグローバルな再編　31

### 3　ロシアとウズベキスタンの比較考察──権力と人間形成をめぐって……33
- 発達文化　33
- 優秀性のヘゲモニー的性格　34
- グローバル・エリートの養成　36
- 都市の風景──ロシアのピョートルとウズベキスタンのティムール　38

### 4　比較発達社会史の課題……40
- 発達文化の比較考察の指標　40
- 地球市民　42

注　43
文献　44

## 第2章　中等教育制度発達史における歴史的分岐点──上級学校および共立中学の挫折
……大田 直子・黒崎 勲　45

### 1　1870年基礎教育法と1872年学制……45
### 2　イギリスにおける国民教育制度の発達と中等教育の分岐

──上級学校の挫折 …………………………………………… 48
　　　　1870年基礎教育法の成立　48
　　　　基礎教育と中等教育の接続をめぐる問題　51
　　3　自由民権運動と教育──共立中学の挫折 …………………… 56
　　　　学制と東京大学　57
　　　　県立中学校の設置と町村協議費による学校　58
　　むすび──民衆的中等教育コースの挫折と国民教育制度の歴史的性格 ‥60
　　　文献　61

# 第3章　民主主義・国民国家・教育
　　…………………ユルゲン・シュリーバー（訳：鈴木　慎一）　63

　　1　はじめに──または出発点 …………………………………… 63
　　2　正しい国家・自然な社会・国民国家 ………………………… 66
　　　　正しい国家　66
　　　　自然な社会　67
　　　　国民国家　68
　　3　グローバル化の中の国民国家 ………………………………… 70
　　　　民主主義をめぐって　70
　　　　グローバル化　74
　　　　生き残る国民国家　77
　　4　個人・教育・比較教育 ………………………………………… 80
　　　　個　人　80
　　　　教　育　80
　　　　比較教育　83
　　　文献　83

# 第4章　制度としての近代教育
　　──正当化のグローバル化 ………………… 田中　智志　85

　　1　近代教育の正当化問題 ………………………………………… 85
　　　　なぜ教育は善いものか　85

教育への疑念　86
　2　近代教育の制度化論 …………………………………88
　　　教育という謎　88
　　　制度主義の立てる問い　90
　3　教育を支える政治的神話 ……………………………92
　　　国民国家・世界政体という契機　92
　　　社会的な変容　93
　　　大衆教育を制度化する政治的神話　95
　4　近代を支える文化的記述 ……………………………97
　　　存在を創出し意味を構築する文化　97
　　　存在論としての「文化的記述」　99
　5　近代教育の自己正当化論 ……………………………101
　　　教育による教育の正当化　101
　　　マイヤーとルーマンの補完関係　104
　　注　106
　　文献　108

# 第2部　現代の教育言説をめぐって …………113

## 第5章　アイデンティティ喪失の危機と教育
　　　………………ヴォルフガング・ミッター（訳：鈴木　慎一）115
　1　個人的アイデンティティと社会的アイデンティティ ……115
　2　社会的アイデンティティの深み ……………………120
　3　変化する社会の中のアイデンティティ形成 ………124
　4　多元的なアイデンティティのための教育 …………127
　5　道徳教育と市民教育に映し出されるアイデンティティ形成 …131
　　注　132
　　文献　133

## 第6章　教育とネオ・リベラリズム──戦後教育言説の「罠」からの脱出に向けて ……… 越智 康詞　135

1　はじめに …………………………………………………… 135
2　戦後教育言説の「(負の)中心点」──教育勅語的なるもの ‥ 137
3　戦後教育言説の主流──教育ロマン主義的言説 …………… 139
　　「子どものため」フレーズの跋扈　139
　　「子ども中心主義」的言説の台頭　141
4　反ロマン主義としての現実主義的言説 …………………… 142
5　戦後教育言説を包摂する新自由主義的言説のロジック ‥ 144
　　ロマン主義と現実主義の対立の止揚　144
　　戦前的価値と戦後的価値を包括する(超)論理の提供　146
6　新自由主義言説と戦後教育言説に共有された前提 ……… 148
7　教育の共生体としての「民主主義」の構築に向けて …… 150
　　注　153
　　文献　154

## 第7章　共生への教育課程論──総合学習が拓くカリキュラム転換 …… 広石 英記　155

はじめに──学びの公共性の構造転換 ……………………… 155
1　学習観の転換 …………………………………………… 158
　　二つの学習観　158
　　自己変容をうながす学び(相互行為としての教育)　162
2　総合学習が拓くカリキュラム転換 ……………………… 164
　　総合学習が拓くカリキュラムの意味　164
　　カリキュラムの二つの類型　166
　　ピクニック型カリキュラム(意味生成の自由なカリキュラム)　168
3　共生の教育課程論 ……………………………………… 171
　　自生する学び・生成するカリキュラム　171
　　協働経験としてのカリキュラムの再編　172
　　共生のセンスへ　173

注　175
文献　176

# 第3部　ボディ・エデュケーショナルの方へ ……179

## 第8章　ボディ・エデュケーショナルという概念へ……………………鈴木 慎一　181

はじめに ………………………………………………………………181
1　ハイネマン―ウイルソン論争の周辺 ………………………181
　　世界比較教育会議――1992年プラハ　181
　　アメリカ比較国際教育学会大会――1998年バッファロー　185
　　国民教育の限界　187
2　セントリズムを超える教育研究へ ……………………………192
　　ユネスコの学習概念をめぐって　192
　　批判的な学びへ　195
　　教育研究におけるパラダイム　199
　　セントリズムという〈近代の文法〉　201
3　ボディ・エデュケーショナルの概念へ ………………………203
　　基本関係と基礎カテゴリー　203
　　場所と内発的知識の再定位　205
　　ボディ・エデュケーショナルの概念　207
おわりに――ボディ・エデュケーショナル概念の具体的な応用 ……208
　　注　210
　　文献　211

## 第9章　ボディ・エデュケーショナルの方法化
――比較教育研究の方法論試案 …………鈴木 慎一　213

はじめに ………………………………………………………………213

1 国民国家型比較教育のウルタイプ ································214
  2 比較教育研究のための仮設的命題 ····························215
  3 ボディ・エデュケーショナルの方法化 ·····················219
  4 子どもの誕生と生育について ································222
 おわりに ····································································226
    注 228
    文献 229

# 終　章　教育改革と〈公〉〈共〉〈私〉
## ——内的世界の調和と外的世界の調和······鈴木 慎一　231

 はじめに——教育の公共性について ···························231
  1 子どもを育てるという様相 ····································232
     〈公〉・〈共〉・〈私〉　232
     公教育の諸相　234
  2 公的制度としての近代教育——その役割と限界 ············238
     近代の思考様式　238
     〈公〉による〈私〉の否定　240
  3 教育を改革するとはどういうことか？ ·····················243
     国家への奉仕としての〈公〉　243
     脱国家の教育へ——〈私〉と〈公〉をつなぐ〈共〉　245
 おわりに——〈私〉と〈公〉をつなぐ〈共〉へ ·················248
    注 252
    文献 252

あとがき ·······································································253
    執筆者一覧 ································································255
    事項索引 ····································································257
    人名索引 ····································································260

教育の共生体へ
──ボディ・エデュケーショナルの思想圏

# 序　章　教育の共生体へ
―― ボディ・エデュケーショナルの思想圏

　　　　　　　　　　　　　　　　　　　　　　　　田中　智志

## 1　子どもを産み育てること

**子どもを産まない、育てない？**

　なぜ人は子どもを産むのか。なぜ人は子どもを育てるのか。これらの問いは、30年前なら素朴な問いにすらならなかっただろう。多くの人にとって、人間が子どもを産み育てることは当然の営みであり、なんら疑うべきことではなかったからである。

　しかし、21世紀をむかえた現代日本社会においては、人が子どもを産み育てることは当然の行為ではなくなりつつある。出生率の急激な低下が示しているように、子どもを産もうとしない夫婦がふえてきたからであり、またネグレクトをふくむ幼児虐待・児童虐待の増加が示しているように、子どもを育てられない親もふえてきたからである。

　〈人が子どもを産み育てることは当然の行為である〉と考える多くの人びとにとっては、絶対数は少ないにしても、子どもを産まず育てない人の増大は不穏な徴候である。多くの人びととは、なにやら得体の知れない変化がおこりはじめているのではないかと感じ、〈人が子どもを産み育てることはどういうことなのか？〉と考えはじめている。

## 手探りの問い

　近代教育学は、これまで〈人が子どもを生み育てることはどういうことか？〉という問いをほとんど立てたことがなかった。これまで近代教育学が立てた問いは、おもに〈どうすれば人は子どもを大人にすることができるか？〉だった。それは方法知を求める問いである。どうすれば発達を速めることができるのか、どうすれば成績をあげることができるのか、どうすれば多くの子どもを一斉に教えることができるのか、というふうに。
　方法知に彩られてきた近代教育学は、子どもを産み育てることの自明性のうえに成り立ってきた。近代教育学に裏打ちされてきた近代教育もまた、子どもを産み育てることの自明性のうえに成り立ってきた。国民形成・人格形成の諸方法の総体としての機能主義的な公教育システムは、こうした近代教育学・近代教育の糾合した結果である。
　つまり、これまでの近代教育学は、人が子どもを生み育てることを謎として問う理論的枠組を用意することができなかったのである。したがって〈人が子どもを生み育てることはどういうことか？〉、とりわけ〈いかなる条件下で人は子どもを産み育てることをのぞむのか？〉という問いは、近代教育学になかった新しい理論的枠組から問われるほかない。

## 生きられる場所

　本書でとりあげる「ボディ・エデュケーショナル」という概念は、しかし〈いかなる条件下で、人は子どもを生み育てることをのぞむのか？〉という問いに直接答えるために創られたものではない。この概念は、のちにふれるように、グローバル化、文化的対立の激化、環境問題の深刻化を背景としつつ、さまざまな文化圏の教育を比較分析する抽象概念として、また国民国家にかわる新しい統治システムを具体的に構想する実践概念として、鈴木教授によって提唱されたものである。
　しかし、私の見るところ、ボディ・エデュケーショナル概念は、すくな

くとも人が子どもを産み、また子どもが自然に育つうえで欠かせない生の存立条件を示している。それは、ボディ・エデュケーショナルにふくまれている場所性であり、ミンコフスキー（Minkowski, Eugene）の〈生きられる時間〉という言葉をもじっていえば、〈生きられる場所〉である。

〈生きられる場所〉は、ミンコフスキーのいう〈生きられる時間〉ほど意識に内在するものではないが、自然科学が前提にする物理的空間にくらべるなら、はるかに意識に密着したものである。それは、人（子ども）が他者と邂逅する場所であり、異種の世界に遭遇する場所であり、さらに繰りかえし回帰し休息する場所である。ボディ・エデュケーショナルは、こうした〈生きられる場所〉をふくむことによって、人（子ども）が「生を生成する」（ミンコフスキー）基本的な台座として機能するのである。

ともあれ、まず、ボディ・エデュケーショナルという概念が今、必要とされる国際的な情況を確認することにしよう。そしてそのあとで、私なりの視点から、鈴木教授の提唱するボディ・エデュケーショナルの特徴を確認することにしよう。

## 2　近代統治と近代教育

### 近代統治論

近代教育（学）を大きく枠づけてきた思想（言説）は、近代統治論である。近代統治論は18世紀以降、人間が完全性（perfection）という宇宙論的な位階的秩序から離床し、完全な存在になることも堕落した存在になることも可能な状態として、つまり一個のモナド的可能性として立ち現れるところに生まれた政治思想である。それは、これまでの政治思想史においておもに「重商主義」（mercantilism）、「カメラリズム」（cameralism）と呼ばれてきた。

18世紀末期から19世紀前期に展開された近代統治論の特徴は、これまでにない規模で国家が国民の生命活動全般に配慮しそれを管理することである。すなわち、国家全体が健康であることが統治の本質的目標であり、政

府(国家権力)が流通商業・居住環境・生活条件・寿命健康・労働能力などの国民の生命活動全体に操作的に介入し、さまざまな方向に・さまざまな調子で増殖する民衆の諸力を定型化し、国民全体を従順な生産力に仕立てようとすることである(田中編 1999; 坂上編 1999)。

このような、国民の生命活動全体に操作的に介入する試みは、フランスで「ポリス」(police)、ドイツで「ポリツァイ」(Polizei)と呼ばれていた(Rosen 1953; Foucault 1994=1998-2002, No. 364)。ポリス(ポリツァイ)概念を端的に表明した著作は、1756年に刊行されたユスティ(Justi, J. H. von)の『ポリツァイ学の原論』(Grundsätze der Polizey-Wissenschaft)であり、また1779年に第1巻が刊行され1817年にようやく完結したフランク(Frank, Johann Peter)の『完全な医療ポリスのシステム』(System einer vollständigen medicinischen Polizey)だろう[1]。

こうしたポリス(ポリツァイ)的な統治の機軸は二つあった。まず一つは、「人口掌握」、すなわち国家が国民全体の生命活動を完全に把握することである。それは、フーコーをふまえつつハッキング(Hacking, Ian)が詳細に論じているように、形而上学的な「人間的自然」(human nature)という概念ではなく、統計学的なばらつきの法則に従う「正常」(normal)という概念にもとづき、都市から辺境にいたるまで、また上流階級から下層階級にいたるまで、出生率・罹患率・死亡率など、すべての人びとの生命活動の状態を把握することである(Hacking 1975; 1990)。

ポリス(ポリツァイ)的な統治のもう一つの機軸は、国民全体への「統治技法」(arts of government)を確立することである。それは、lawから区別されるところのすべてのregulation、すなわち法治から区別されるすべての統治(政治的管理)であり、現在の「社会政策」(social policy)と「教育行政」の原型である。具体的にいえば、それは、すべての地域・階級・年齢にわたり、健全な生活を促進し人びとの生命生活を自律的なものとして秩序づけるための保健・養育・教育のプログラムを展開することである(Turner 1992; Foucault 1994=1998-2002, No. 364; Small 1999; 坂上編 1999)。

こうした人口掌握・統治技法の二軸から構成されるポリス的な統治は、

人びとを経済システム・政治システムにふさわしい有用な労働力・有用な国民につくりかえることをめざしていた。ポリス的な統治は、18世紀から20世紀後半にいたるまで、近代国家(国民国家)の様態を大きく規定していった。今、ネオリベラリズムの出現とともに大きくゆらいでいるが、近代国家のパターナリズムの起源は、このポリス的な統治論に見いだせる。

**公教育の権力諸装置**

　近代社会に登場した公教育という概念は、今述べた近代統治論とほとんど一体である。それは、〈子どもは本質的にアモルファスな状態である〉という前提命題と、〈子どもは健全であり政治的・経済的に有用な身体に成型されるべきである〉という目的命題をふくんでいる。

　公教育は、〈子どもを健全で有用な身体に成型する〉という目的を達成するために、機能的な諸制度を必要としてきた。いいかえれば、「近代的な意味での制度的教育は、国民的統一性を達成するための近代国家装置以外の何ものでもな」かった(Suzuki 1999: 196)。私立か公立かを問わず、学校建築から教育内容にいたるまでことこまかに法律によって規定されている公的な学校は、「国民形成」「人格形成」という名前のもとで、子どもの健全化・有用化をはかってきた機能的な制度だった。

　国民形成・人格形成(健全化・有用化)を達成するために、公的な学校にはさまざまな工夫がこらされてきた。いいかえれば、公的な学校においては、少ない教師が多くの子どもを教育(健全化・有用化)するために、さまざまな「管理」がおこなわれてきた。それは、大きくわけるなら、時間的な秩序化、空間的な秩序化の二つに分けられるだろう。

　時間的な秩序化は、学年制、学校暦、時間割、カリキュラムなどによる学校生活の通時的な段階化である。その主要な機能は、子どもの意識を右肩上がりの教育的諸段階へ囲いこむこと、いいかえるなら、子どもの行為・思考を機能的なものに還元し発達の手段に還元していくことである。たとえば、学年制は、未来へのプロセスが決定されている時間様態である。こ

の時間様態が未来の成功に向かってのみ邁進するという〈一方向的で機能主義的な行為・思考〉をささえてきた。

　空間的な秩序化は、学校建築、集団行動、教室構成などによる学校生活の環境的な区画化である。その主要な機能は、子どもの意識を上意下達的な教育的諸関係へ囲いこむこと、いいかえるなら、子どものコミュニケーションをダイアローグ化することではなくモノローグ化していくことである。たとえば、近代学校の教室は、前後左右（上座下座）が決定された座標空間である。この座標空間が、前（上座）に立っている教師のメッセージを後ろ（下座）に座っている子どもがおとなしく受けとるという〈一方向的で権威主義的な伝達行為・思考〉をささえてきた[2]。

　近代教育学は、教育を統治の一手段に還元するとともに、百年以上の時間をかけて学校における時間的な秩序化、空間的な秩序化の諸方策を開発してきた。なるほど、近代教育学は、統治の手段として「国民形成」にだけかかわってきたわけではなく、人間解放の方途としての「人格形成」にもかかわってきた。しかし、その人格形成の営みは、全体としてみるなら、国民形成という至上命題を凌駕することができなかった。そのいみで、近代教育学は、抗いながらも、しだいに堅固に制度化されていった公教育システムの枠内に閉じこめられていったといわざるをえない。

　公教育システムの制度化は、たんに法律によって行われてきたのではない。鈴木教授によれば、それは「近代の文法」をふまえて行われてきた（Suzuki 1999: 189）。本書の第4章で詳しく論じられているが、ラミレス（Ramirez, Francisco）の言葉を借りていいかえるなら、それは、近代社会全体が前提にしてきた「文化的記述」と「政治的神話」に、端的にいえば、人間・社会の不断の進歩・発達を大前提とするキリスト教的・ヨーロッパ的な思考様式に支えられてきたのである（Ramirez=Boli 1987; Ramirez=Meyer 1980）。

## 3　近代統治とグローバル化

**グローバル化の効果**

　1990年代以降、近代教育を支えてきた近代統治論は大きくゆらいでいる。それは、1990年代に顕著になった商品・情報・人材の市場的なグローバル化によって、近代統治論の基礎である近代国家（国民国家）の正当性がゆらいでいるからである（第3章を参照）[(3)]。

　グローバル化とともに生じた問題は、経済的な均質化と生活圏の縮減である。グローバル化が顕著になった1990年代以降、ヨーロッパ統合すなわちEU（The European Union）の成立に見られるように、国民国家間の境界は薄れ、市場的な価格落差は小さくなり、経済空間の国際的一元性は強まり、世界は混交的というよりもますます均質化してきた。

　グローバル化による生活圏の浸食は、地球的な規模の市場で流通する商品・情報がそれ以外の商品・情報を片隅に追いやることである。それは、たとえば、マイクロソフトのパソコン用のOS（Operation System）がそれ以外のOSを駆逐しかねない状態をつくりだしたことであり、ハリウッド映画がそれ以外の映画を駆逐しかねない状態をつくりだしたことであり、またファーストフードがそれ以外の食品を駆逐しかねない状態をつくりだしたことである。リッツア（Riter, Georoge）の言葉を借りていえば、それは、世界がますます「マクドナルド化」したことである（Ritzer 1996=1999）。

　グローバル化による生活圏の侵害はまた、地球的な規模の市場がいわゆる「ネオ・リベラリズム」（自律的個人の自己決定を宣揚する態度）を加速することと一体である（第6章を参照）。グローバルな市場は現在、抽象概念としての自律的個人の平等を強調する近代的な人権概念と結びついて、ますます強力に展開されているが、そこで見過ごされていることは、〈生きられる空間〉の排除であり、自分と他者との排他的関係の増大である。

## グローバル・ガヴァナンス

　しかし、グローバル化によって、ただたんに経済空間が均質化し生活圏が浸食されるだけではない。経済空間の均質化するなかでローカルな〈生きられる空間〉を失った人びとは、かつての親密な相互関係、自分自身の存在根拠をグローバルな空間のなかで何とかして再構築しようとするからである。それは、いいかえるなら、旧来の共同体的な場ではなくグローバルな空間のなかで、自分・他者の存在を反省し、自分・他者の互恵性を再確認することである。近年注目されている「グローバル・ガヴァナンス」(global governance)論は、そうした試みの一つに数えられるだろう。

　「グローバル・ガヴァナンス」といっても、それは、世界政府のことではない。なるほど、それは世界市民が参加し構築し世界全体の法治・行政をになう権力機構のように見えるが、そうではなく、国際組織・国家政府をつうじて遂行される、国際社会の秩序維持機能である。具体的にいえば、グローバル・ガヴァナンスは、特定の国家利益・問題領域に規定されることなく、地球環境の破壊、金融システムの不安、国際テロ組織の出現、国家間の紛争など、一国では対応しきれない国際問題を解決するためのルールであり、そのルールを実行することである(渡辺・土山 2001)。

　たとえば、ロンドン大学のLSE(London School of Economics)に付設されているグローバル・ガヴァナンス研究センター(Centre for the Study of Global Governance)は、グローバル・ガヴァナンスを次のように定義している。「私たちは、グローバル・ガヴァナンスを世界政府としてではなく国際問題を解決する最低限の枠組として考えている。それは国際組織と国家政府をともにふくむさまざまな機関・団体によってささえられるものである」(http://www.lse.ac.uk/Depts/global/)。

　なるほど、国連機関、NGO(非政府組織)のように、一国では対応しきれない国際問題を解決するためのルールを制定する機関・団体は、すでにあるように見える。しかし、たとえば、安全保障理事会も、IMF(国際通貨基

金)も、すべての国家に平等な投票権を与えていない。NGOは、人権擁護や地球環境保全といった特定の問題を専門にあつかうために、ときとして全体情況を見とおすことができず、バランスを失うことがある。グローバル・ガヴァナンスに期待されていることは、旧来の国際機関のように特定の国家利益・問題領域にかたよることなく、個々の文化圏・個々人の固有性を相互に承認しあう空間を構築することである。

**グローバルな相互承認空間**

　グローバルな相互承認空間は、動態的な混交空間として構想されるべきである。国際社会を構成する人びとの多様な文化的差異(異種性)を承認し、相互の応答的な関係を認めなければ、国際社会は、たちまちのうちに形骸化し生命力を喪ってしまうからである。

　それというのも、第一に、多様な文化的差異を認めなければ、(善意の仮面をつけた)強圧的・陰湿的な支配が生まれるからである。はじめから同質的な集団は存在しない。新しく生まれる子どもも、となりに住んでいる会社員も、もちろんともに暮らす配偶者も、基本的に自己のえがく他者像に還元できない他者である。他者だらけの集団を一定の方向にみちびくことは、誘導・折伏、暴力・抑圧をともなわざるをえない。誘導・折伏、暴力・抑圧をできるかぎり避けるためには、文化的差異を認めたうえで合意をめざす大らかなコミュニケーションがぜひとも必要である。

　第二に、社会・世界がたえず大きく変化するなか、人びとはその変化に動態的・機能的に対応しなければ生きていけなくなるからである。民族的・文化的・宗教的な伝統のような、人びとが受け継いできた旧来の制度だけに頼って、社会・世界の絶えざる大きな変化に対処することはできない。新しい情況に対処するためには、既成の制度の枠をこえる想像力がぜひとも必要である。それは、有史以来の人間の交配と同じで、異なる者とのコミュニケーションのなかでこそ生まれるだろう。

　第三に、多様な文化的差異、応答的な関係を認めなければ、未来をにな

う次世代の成長が妨げられることになるからである。「学力低下」を叫ぶ人のなかに見られるように、自分がいかに苦しい環境を生き抜いて成功したか、そればかりに気をとられている人は、子どもの強靭性ばかりを強調し子どもの脆弱性そして生の悲劇性を忘れてしまう。よるべなく・ままならない生を生きる子どもの「生の生成」(ミンコフスキー)を保障し、また子どもを鼓舞するためには、子どもの個体性を認める応答的な関係をできるかぎり多く用意しなければならない[4]。

グローバルな相互承認空間は、したがって近代的な人権概念にかわる新しい人権概念を要請する。それは、私的所有と国家市場と国民国家が三位一体となって構成する抽象空間にふさわしい〈モナド的個人の人権〉ではなく、生きられる経験のレベルで具体的な実践をつうじて互いに文化的な差異を承認しあうような人権——〈差異の人権〉である。

## 4 ボディ・エデュケーショナル

### 教育の再定義

鈴木教授は、国民国家にかわるグローバル・ガヴァナンス(グローバルな統治システム)を教育という営みを機軸にすえつつ構想している。「グローバル化する社会の実態にそくして考えるとき、果たして国家は従来どおりその実施主体として国際的に義務教育をはかる単位となりつづけることができるであろうか。……新しい形態を創造しなければならないのではないか。それは、新しい人類の状況について新しい統治の機軸を創りだし、その新しい統治の機軸の原理に関連しつつ、新しい教育の仕組みを創りだすことではあるまいか」(鈴木 1998: 212)。

グローバル・ガヴァナンスの機軸に教育をすえる理由は、教育こそがグローバル化のもたらす諸問題を解決する力をもっていると考えるからである。ただし、その教育は(国民)国家中心の近代教育を指しているのではない。「教育(学)は再定義され、国家中心主義から解放されなければならな

い」(Suzuki 1999: 196)。鈴木教授のいう「教育」は、子どもの「育ち」とともに大人の「育ち」を核にした相互関係性である。すなわち「①子どもが育つことを認め、②子どもを育てる責任をもち、③子どもとともに育ちあうことを成人が発見していくことである」(鈴木 2002a: 54)。

　一見すると、ごくあたりまえの主張に見えるかもしれないが、いわれている「子ども」は、教育行政用語で「児童」「生徒」と規定される子どもでもなければ、たんなる心理学理論の発達段階によって規定される子どもでもない。それは、自分から区別される固有な存在としての他者である。すなわち、「児童」「生徒」「感覚運動段階 [の子ども]」「思春期 [の子ども]」として自分の意識(教育行政・心理学の抽象言語)のなかに取りこむことのできる〈他者像〉ではなく、自分の意識(教育行政・心理学の抽象言語)のなかに取りこむと同時に失われてしまう〈真の他者〉である。

　厳密ないみでの他者としての子どもは、具体的に人びとが生きる歴史的・地理的・文化的な場所、鈴木教授のいう「地勢体(態)」(geo-body)のなかにのみ立ち現れる。相手を理解しようとする必要のない疎遠な関係のなかではなく、自然に相手を理解しようとする親密な関係のなかでしか、他者としての子どもは現れてこない。子どもを理解しようとしても理解しきれないと了解するところにしか、他者としての子どもは現れてこないからである(田中 2002)。そのいみで、〈生きられる空間〉は、〈真の他者〉としての子どもを可能にする基礎的な条件である。

**ボディという概念**
　つまり、グローバル・ガヴァナンスの機軸である教育は、具体的な生活圏としての地勢体を文脈にしながら、大人・自分が子ども・他者の自己生成を承認し、かつそれを保障し、同時に大人・自分も子ども・他者とともに自己生成することである。それは、大人と子ども、自分と他者との間にあるはずの相互関係性、いいかえるなら、西欧形而上学が放逐しようとしてきた〈身体的なもの〉——すなわち、主体と客体との分離、心象と現象と

の分離、ロゴスとパトスとの分離、シニフィエ(signifié/signified 記号内容)とシニフィアン(signifiant/signifier 記号表現)との分離を許さない根源的な相互関係性——を再確認する試みである。

　このような教育を機軸としたグローバル・ガヴァナンスを、鈴木教授は「ボディ・エデュケーショナル」(「教育体」)と呼んでいる(Suzuki 1998, 1999; 鈴木 2002a)。bodyという言葉は、西欧形而上学が放逐しようとしてきたにもかかわらず、古くから支配者の過酷な管理に抗議し対決するための批判的概念として、また深刻な制度的な危機を乗りこえるための基礎的理念として、活用されてきた(O'Neill 1985=1992)。たとえば、17世紀にペティ(Petty, William)が「ボディ・ポリティック」という概念を用いて新しい政治思想を展開したが、それも当時のイギリスの危機的情況を乗りこえるためだった(鈴木 1985)。ボディ・エデュケーショナルの「ボディ」も、こうしたbodyの管理批判・危機克服の伝統にのっとった用法である。

　ボディ・エデュケーショナルは、かつてのボディ・ポリティックのように、政治空間、経済空間、文化空間、地誌空間(地勢空間)をふくんでいるが、それらすべてを先ほどふれた教育の概念にもとづいて「教育学習空間」として書きかえる。すなわち、ボディ・エデュケーショナルのなかの政治空間、経済空間、文化空間、地誌空間(地勢空間)は、たんに権力のコミュニケーション、利潤のコミュニケーション、知・技のコミュニケーション、絆・生のコミュニケーションが行われるたんなる機能システムではなく、それぞれに子ども・他者の育ちを承認・保障し大人・自分の育ちを生みだすコミュニケーションが組みこまれているのである。

**内部／外部という区別の流体化**

　ボディ・エデュケーショナルを構成する人びとがもたなければならない資格は、国籍ではなく新しい市民権である。国籍は固定的な〈内部／外部〉(〈同質／異質〉)の二項図式をつくりだすが、新しい市民権は固定的な〈内部／外部〉の二項図式をつくりださない。それは、民族的・文化的・宗教的

な〈内部／外部〉という区別を超えた概念である。それは、いいかえるなら、多元文化主義がいう〈異質なるわれわれ〉を可能にする概念であり、先に述べた〈差異の人権〉に近似する概念である (cf. Derrida 2002: 383ff)。

なるほど、私たちがなんらかの協働作業を行おうとするなら、そこにかならず〈内部／外部〉という区別が生じる。協働作業にかかわる人とかかわらない人という区別が生じるからである。いいかえるなら、システムと環境という区別が生じるからである。いかに協働作業(システム)を開放的に行おうとも、この区別(境界)は、けっしてなくすことができない。

しかし、問題は〈内部／外部〉という区別そのものではない。ベンハビブ(Benhabib, Seyla)が多文化主義を批判しながら述べているように、問題は〈内部／外部〉という区別を固定化するものが存在することである。それは、たとえば、人びとを孤立させると同時に同質化してきたヨーロッパ中世都市を囲んだ城壁のようなものである。なんらかの協働作業を行うシステムが協働作業の遂行ではなくそのシステムの保存をはかるとき、〈内部／外部〉という区別が固定化していく。それは、協働作業を停滞させ、ついには形骸化することになるだろう (Benhabib 2002)。

したがって、協働作業の遂行を第一に考えるかぎり、〈内部／外部〉という区別は臨機応変なものでなければならない。いいかえるなら、〈内部／外部〉という区別を情況において変化する流体的なもの・多元的なものにしなければならない。いささか好意的にいえば、人びとを交流させると同時に混交化してきた、江戸の開放系都市構造のようなものに。

つまり、鈴木教授の提唱するボディ・エデュケーショナルは、〈内部／外部〉という二項図式を固定化する「セントリズム」(国家、民族、文化、自己といった何らかの超越的審級を設定し、それに依存しつつ思考・行為する状態)を放逐する試みである。「グローバル化の時代を他者とともに生きるためには、人は、自分の種差性や問題解決法をあるときは相対化し、べつのときは一般化しなければならない。それが意味していることは、セントリズム——国家中心主義、自己中心主義、民族中心主義、人間中心主義——の克

服である」(Suzuki 1999: 196)。

　さまざまなセントリズムを克服し、情況に応じて二項図式を設定・変更することを可能にするものは、比較教育学の根本的な方法である「比較」(comparison)である。「……比較という方法が担っている本質的な役割は、問題となっている事象についての知覚・認識・理解・解釈において『脱セントリズム』を可能にすることである」(Suzuki 1999: 195)。

　比較という方法によって脱セントリズムが可能になる理由は、それが複数の認識論的枠組(フーコーのいうエピステーメ)を設定し思考を往還させるからである。セントリズムは、単一の認識論的枠組を設定しそのなかで思考することである。したがってセントリズムは、自分の認識論的枠組を相対化することができない。これにたいして、比較という方法は、一方の認識論的枠組によって他方の認識論的枠組を相対化することができるし、臨機応変に二項図式を設定・変更することができる。それは、文化的差異の承認、自他存在の相互承認につながるだろう。

**教育の共生体**

　私なりに要約するなら、鈴木教授の提唱するボディ・エデュケーショナルは、次の三つの特徴をもっている。

　第一に、ボディ・エデュケーショナルは、特定の地勢空間(地勢体)から切り離すことができない。地勢体は、人びとが文化的・政治的・経済的にともに生きている(共生している)という状態である。それは、具体的な個々人が生きる文脈であり、彼(女)らがたえず回帰し回顧し言及する母胎である。すなわち、ボディ・エデュケーショナルは、特定の〈生きられる空間〉に密着した特定の形態として構築されるのである。

　第二に、ボディ・エデュケーショナルは、〈生きられる空間〉としての地誌体をふまえながら、多元的で個別的な要素のうえに成り立っている。すなわち、ボディ・エデュケーショナルの具体的な中身は、固定されているのではなく、①人間身体の形象・象徴、②時間の形象・象徴、③空間の形

象・象徴、④記号の形象・象徴、⑤宇宙の形象・象徴、⑥五感の構造、⑦知識の構造、⑧表象の構造、⑨政治体、⑩経済体、⑪文化体の違いによって、変化していくのである (Suzuki 1999: 196-7)。

①から⑧までの人間身体、時間、空間、記号、宇宙、五感、知識、表象は、それぞれにかかわる学知をふまえた狭い意味での教育学習の内容であり、教育学習空間を構成する。⑨の政治体は権力にかかわりつつも相互関係性を機軸として政治空間を構成し、⑩の経済体は貨幣にかかわりつつも相互関係性を機軸として経済空間を構成し、⑪の文化体は知・技にかかわりつつも相互関係性を機軸として文化空間を構成する。

第三に、ボディ・エデュケーショナルの本態は、コンセンサス（合意）を形成することにあるというよりも、人間の存立条件を開示するところにある。いいかえるなら、ボディ・エデュケーショナルは、自由で対等な市民が議論をつうじて何らかのコンセンサスを形成することをめざすハーバーマス (Habermas, Jürgen) がいうような「公共圏」(public sphere) であるというよりも、人びとが他者（子ども）との邂逅をつうじて異種混交という人間の存立条件を明らかにしていく「共生体」(synbios) である。

本書で越智康詞、広石英記がふれているアーレント (Arendt, Hannah) にならっていうなら、人間の存立条件は自己と他者との邂逅である。アーレントの師であると同時に深い関係にあったハイデガー (Heidegger, Martin) は、人間の存立条件を「自分が死にさし向けられていること」、すなわち自分と自分の死との必然的なかかわりのうちに見いだしたが、アーレントは、人間の存立条件を「間に存在すること」(inter-esse)、すなわち自分と他者との根源的な相互承認のうちに見いだしている (Arendt 1958=1994)。

このような三つの特徴をもつボディ・エデュケーショナルを別の言葉で特徴づけるとするなら、それは国際社会における「教育の共生体」であるといえるだろう。現代のグローバル化のなかで、先にふれたグローバル・ガヴァナンス論が新しい国際的秩序としての「法による統治」(governance by law) を打ち立てようとしているとすれば、鈴木教授は、新しい国際的秩序

としての「教育による統治」(governance by education)を構想しているのである（Suzuki 2002b）。

## 5　ボディ・エデュケーショナルのための留保

**具体的なコミュニケーションの留保**

　ボディ・エデュケーショナルは、これまで見てきたように、また後段の各章で論じられているように、厳密な理論に裏打ちされなければならないが、それだけでは充分ではないだろう。実践的にいえば、ボディ・エデュケーショナルは、実際のコミュニケーションによって育まれるものだからである。実際のコミュニケーションは、具体的な相手と具体的に話すことであり、具体的な相手から具体的に聞くことであるといういみで、重層的で不確定なコミュニケーションである。

　実際のコミュニケーションは、したがって高度な洞察を必要としている。よく知られているように、まず、前口上のようなもので話の脈絡（場の情況）を規定し、相手の注意・関心を自分の話の趣旨・意図に向けなければならない。相手の言葉が返ってくれば、その言葉から相手の了解・解釈を了解・解釈しなければならない。それは、自分のつくりだした話の脈絡にこだわることなく、相手のつくる話の脈絡にのることである。実際のコミュニケーションはこうした脈絡転換の繰り返しである。

　実際のコミュニケーションにおいては、相手の人格を理解することが、脈絡転換の了解を助けるどころか、逆に脈絡転換の了解を妨げることになる。たとえば、犯罪行為の原因を「人格障害」に帰することも、礼儀正しさの原因を「人格形成」に帰することも、人を人格で理解することであり、人格を脈絡として位置づけることである。たとえば「この人は切れやすい人だから、ささいなことで怒ったんだ」という理解の仕方である。

　しかし、デリダ（Derrida, Jacques）、鷲田清一が指摘しているように、人格を理解することで相手をわかったつもりになることは、他者を自分の構築

した他者像で理解することである(田中 2002)。他者を他者像で理解したつもりになることほど実際のコミュニケーションを阻害するものはない。自分の構築した他者像は、刻々と変化する情況のなかで生成消滅するなまなましい具体的な他者ではないからである。

　同じように、だれにでも・どこにでも・いつでもあるべき普遍的人格をつくりだすといういみでの「人格形成」を説く教育によって、実際のコミュニケーションが生成することはない。したがって、それによって、ボディ・エデュケーショナルが構築されることもない。普遍的人格では、具体的にいきいきと・なまなましく生きることができないからである(普遍的人格という概念を放棄する必要はないが、それは、あくまで法的に同等である個人の責任が問題にされる場合に限定して、使われるべきである)[5]。

　また、おそらく恋愛のコミュニケーションの場合と同じで、一般論・抽象論ほど実際のコミュニケーションを阻害するものもないだろう。一般論・抽象論は、コミュニケーションから相手・自分の生身の存在(への関心・配慮)をはぎとってしまうからである。ルフェーブル(Lefebvre, Henri)の言葉を借りていえば、「抽象論が受け入れられるときに生まれるものは、荒廃であり破壊である。……記号 [に] はひとを死にいたらしめる力がある。暴力があらわれてくるのは、行動が現実の領域に合理的なものをもちこんだときからなのである」(Lefebvre 2000=2000: 418 訳文を変更した)。

　一般論・抽象論は、いわゆる理論・規範に限られるのではない。たとえば、研究者の口から「この世から凶悪な犯罪はけっしてなくならないよ」「第三世界では貧困・飢餓はどうしても生まれてしまう」といった、もっともらしい言葉が聞かれることがある。しかし、そうしたもっともらしく予断に満ちた物言いもまた、典型的な一般論・抽象論であり、未来を放棄するニヒリズムの表明にすぎない。隣の家のトラブルにすら知らん顔をする人間がわけ知り顔に世界・社会・人間をかたる態度こそ、実際のコミュニケーションの成立をはばんでいるのである。

　つまり、行為そのものの即自的価値ではなく行為の道具的価値としての

「有用性」を説く教育によって、また生きられる経験から遊離した一般論・抽象論を説く教育によって、実際のコミュニケーションを出現させることはできないし、ボディ・エデュケーショナルを構築することもできない。損になるか得になるか、問題が解決されるか解決されないかという有用性に基づく判断だけでは、子どもを産めないし育てることもできないからである(有用性という価値を放棄する必要はないが、それはあくまで技術的に解決可能である問題に限定して、使われるべきである)。

　子どもを産み育てることは、いくらでも有用性に絡ませて語ることができるとしても、本質的に有用性から無縁の営みである。それは、人が他者(子ども)に承認される歓びであり、他者(子ども)に承認された自分を承認する歓びではないだろうか(ちなみに、その種の歓びを恋愛関係のなかに閉じ込める必要はないと思う)。そうであるとすれば、ボディ・エデュケーショナルは、子育ての本質である他者承認による自己承認を原理としているといえるだろう。端的な例を挙げるなら、会場に子どもを預けられるキッズルーム(託児サーヴィス)が用意されていないようなどこかの学会は、かりに「身体論」をシンポジウムのテーマにかかげていても、ボディ・エデュケーショナルの一部になることはできないのである。

**注**

(1) アメリカにおいて国民の生命活動全体の健全化をめざす近代統治論を象徴した言葉は、police/Polizeiではなくstatistick(現在のstatisitics)だった(Rusnock 1990)。statisticsといえば、今ではたんなる「統計」を意味する言葉であるが、ジェファソン、マディソンの用法に見られるように、18世紀後期のアメリカにおけるstatisitickは、国民の生命活動全体を健全化するための「人口状態の把握」を意味していた。

(2) このような管理する配慮は、学校だけに見られるのではない。福祉施設にも見られる。日本の多くの福祉施設では、たとえば、生活のすべてが時間によって区切られている。「起床時間」も「就寝時間」も「排泄時間」も決まっている。

部屋の広さは15平方メートルくらいで、シャワー、トイレ、キッチンは備わっていない。だから、全員平等の「排泄時間」になると、車椅子がトイレのまえにずらりとならぶことになる。むろん食器も、全員平等に同じものである。そして職員の仕事は、「入所者」（なんて表現だろう）を規則正しく生活させること、できるまで待たずに代行することである。

(3) なお、グローバル化はいわれるほど進展していないと主張する人びともいる。たとえば、ハースト＝トンプソンの『問題としてのグローバル化』を参照（Hirst=Thompson 1999）。

(4) ふりかえってみれば、近代国家のなかにも動態的な混交空間を形成しようとするスタンスがなかったわけではない。たとえば「コモンウェルス」（commonwealth）は、一定の共通性を土台としながらも、動態的な混交空間だったといえなくもないだろう、これにたいして「ステート」(the State) は、固定的で均質空間を意味している（cf. 鈴木 2002a: 54）。

(5) モノから区別される具体的な人は、固有の文脈から引きはがすことができず交換価値をもたないといういみでは、どうしようもなく貧しいが、固有の文脈にねざし代替不可能であるといういみでは、たとえようもなく豊かである。この絶対的な代替不可能性をむりやり交換価値として概念化するところに、普遍的人格という法的概念が生まれるのだろう。

## 文献

坂上孝編, 1999『近代的統治の誕生——人口・世論・家族』岩波書店.
鈴木慎一, 1985「方法としての『学際』と『学際』としての方法——教育経済学をめぐる覚書」『早稲田フォーラム』47・48.
————, 1996「学校の蘇生と教師の養成」『教育と医学』44(5).
————, 1997「国民国家群の政治的経済的構造変動と公教育空間の再編成——ヨーロッパ連合と共通教科書」『早稲田教育評論』11(1).
————, 1998「教育基本法の国際性」『教育学研究』65(3).
————, 2002a「教育問題とガヴァナンスを巡って」『世界平和研究』No. 155.
————, 2002b「Body Educational の方法化——比較教育研究のための方法論試論」未発表.
田中智志編, 1999『ペダゴジーの誕生——アメリカにおける教育の言説とテクノロジー』多賀出版.
田中智志, 2002『他者の喪失から感受へ——近代の教育装置を超えて』勁草書房.
渡辺昭夫・土山実男, 2001『グローバル・ガヴァナンス——政府なき秩序の模索』

東京大学出版会.

Anderson, Benedict, 1991, *Imagined Communities: Reflection on the Origin and Spread of Nationalism*, revised and extended edn. London: Verso.

Arendt, Hannah, 1958, *The Human Condition*. Chicago: University of Chicago Press. = 1994, 志水速雄訳『人間の条件』筑摩書房.

Benhabibi, Seyla, 2002 *The Claims of Culture: Equality and Diversity in the Global Era*. Princeton, NJ: Princeton University Press.

Casey, Edward S., 1997, *The Fate of Place: A Philosophical History*. Berkeley, CA: University of California Press.

Derrida, Jacques, 2002, "Globalization, Peace and Cosmopolitanism," *Negotiations: Interventions and Interviews, 1971-2001*. Stanford: Stanford University Press.

Foucault, Michel, 1994, *Dits et écrits*, 1954-1988, 4 vols. Paris: Éditions Gallimard. = 1998-2002, 蓮實重彦・渡辺守章監修『ミッシェル・フーコー思考集成』全10巻 筑摩書房.

Hacking, Ian, 1975, *The Emergence of Probability*. Cambridge: Cambridge University Press.

―――, 1990, *The Taming of Chance*. Cambridge: Cambridge University Press.

Hirst, Paul and Thompson, Graham, 1999, *Globalization in Question*, 2nd edn. Cambridge: Polity Press.

Lefebvre, Henri, 2000, *La Production de L'espace*, 4th edn. Paris: Anthropos. = 2000, 斉藤日出治訳『空間の生産』青木書店.

O'Neill, John, 1985, *Five Bodies: The Human Shape of Modern Society*. Ithaca, NY: Cornell Univer-sity Press. = 1992, 須田朗訳『語りあう身体』紀伊國屋書店.

Ramirez, Francisco and Boli, John, 1987, "The Political Construction of Schooling: European Origins and Worldwide Institutionalization," *Sociology of Education* 60(1): 2-17.

Ramirez, Francisco and Meyer, John W., 1980, "Comparative Education: The Social Construction of the Modern World System," *Annual Review of Sociology* 6: 369-99.

Ritzer, George, 1996, *The Mcdonalization of Society*, revised edn. Thousand Oaks, CA: Pine Forge Press. = 1999, 正岡寛司監訳『マクドナルド化する社会』早稲田大学出版部.

Rusnock, Andrea Alice, 1990, "The Quantification of Things Human: Medicine and Political Arithmetic in Enlightenment England and France," Ph. D. Dissertation, Princeton University.

Small, Albion, 1999, *The Cameralists: Pioneers of Social Policy*. Chicago: University of

Chicago Press.

Suzuki, Shin'ichi, 1986, "Crisis and Methodology in Comparative Education: Conceptual Framework of Yime and its Issues," *Gakujutsu Kenkyuu* (『学術研究』早稲田大学教育学部) 35.

―――, 1991, "Studies of the Notion of Space in Comparative Education: Meta-methodological Analysis," *Gakujutsu Kenkyuu* (『学術研究』早稲田大学教育学部) 40.

―――, 1996, "Beyond the Monadic Image of Man: Critical Discourse on the Methodological Individualism as an Ideology ― The Paradigm Shift in Politics and Comparative Education," *Bulletin of the Graduate School of Education of Waseda University* (『早稲田大学大学院教育学研究科紀要』) 6.

―――, 1999, "A Dessin Toward New Educational Space: Notes on Cyber-space and Bodies Educational: 1st Part," *Waseda Educational Review* (『早稲田教育評論』早稲田大学) 13(1).

―――, 2002a, "Role of Comparative Education: Revisited - Tasks and Pros-pective," papers presented at World Comparative Education Forum in Beijing Normal University, 14-16 Oct.

―――, 2002b, "On Peace: From Law to Education: Some Notes for Consi-derations," papers presented at World Peace Conference in Seoul, 14-16 Nov.

Thomas, George M. and Meyer, John W., 1984, "The Expansion of the State," *Annual Review of Sociology* 10: 461-82.

Thomas, George M., Meyer, John W., Ramirez, Francisco O., and Boli, John, 1987, *Institutional Structure: Constituting State, Society, and the Individual*. Newbury Park, CA: Sage.

Tomlinson, John, 1999, *Globalization and Culture*. Cambridge: Polity Press. = 2000 片岡信訳『グローバリゼーション――文化帝国主義を超えて』青土社.

Turner, Bryan S., 1992, *Regulating Bodies: Essays in Medical Sociology*. London: Rout-ledge.

# 第1部
# 近代教育の形成について

# 第1章　権力と人間形成

関　啓子

## 1　教育を読み解く概念装置としての権力

**国民教育制度**

　近代教育思想の原点を据えたコメニウスは、すべての人が、すべての事柄を、全面的に、楽しく学べるように教育を構想した。現代でも通用するどころか依然として悲願の、まさしくその意味で現代的な指摘であった。すでに、生涯学習構想をもってさえいたのである。近代教育の祖とも言えるルソーは、独立して、社会存在としての義務を果たし、価値観を自ら築く、いわば社会に自立して生きる市民の育成を教育の目的とした。

　近代的な国民国家の成立とともに、国民を作り出す国民教育制度が実際に整備され始めると、制度化された教育の主役は、万民ではなく、ブルジョアジーであり、障害をもたない、主に都市に住む、支配の立場にいる民族の男性であった。だからはじめから、階級、民族、性、障害の有無、生活空間(地域)などによる差異化が厳然として機能していたわけである[1]。国民国家型の学校制度は、国民の統合をはかってきた。差異化による統合化の根拠が学校で伝達される知識の量と質であり、行動様式であった。学校教育によって伝達され、さらには生産される知識は、それを所有するものと所有しないものとを区別し、秩序づける。知識は価値があり、中立的で

あるとされることによって、支配と被支配の関係を正当化する公平な根拠とみなされてきた。

国民国家の成立後の学校教育制度は、自己のもつ文化が教育の現場で伝達され、それをもって自文化の正統化を果たす人びとや、学校によって自分の生き方がよいものとされ、高い文化をもっていると認定される人びと、さらには、こうした高い評価に後押しされ自分たちの意思を実現しやすい人びとを、その他の人びとと区別することに貢献した。このように、よい生き方を規定する人びととそのようにはできない人びととの区別が作り出されるから、教育システムが権力の所有や行使と、または権力関係と結びつくのは自然なことであった。

ただし、権力を所有しているのは「誰」だと特定できる場合もあれば、その指摘が難しい場合もあるし、権力行使の主体が鮮明な場合もあれば、不鮮明な場合もある。だから、人間形成に権力が影響を及ぼす実態をとらえるのは簡単ではない。

**万人が学習する権利を獲得するための運動**

教育のもつ光と影のうち、後者に偏った叙述からスタートしたきらいがあるが、近代教育の光は、コメニウスやルソーに遡るまでもなく、これまた確かなことだ。学習者の潜在的な力を引き出し、感覚的な能力を育み、知的認識能力を発達させることや、その発達を介して、ルソーが『エミール』で展開したように、社会の状況や社会関係のありようの是非を判断できるようにすることや、これまた、ルソーなどが述べたように、教育的働きかけによって自己の価値観を築くことが助成されることは、人ひとりの自立に不可欠である。子どもの社会化あるいは文化化の促進、すなわち、社会的存在として一人前になることへの支援は、まさしく教育の営為である。一部の人びとだけが、この教育を享受する状態が永久化されることが許されるはずもない。

国民教育制度が整備されるにつれ、主役の座から外されていた人びとも、

第1部　近代教育の形成について　29

知が生きる力であることを知り、学習する権利を獲得しようと運動を始めた。運動の成果が現れ、徐々に制度的差別が撤廃されていった。労働者階級の運動が、階級にもとづく差別を崩した。男性をも巻き込んだ女性たちの運動が成果を実らせ、女性も男性と同様に学習し、高等教育機関にも進学できるようになった。障害をもった人びとも、特別の配慮が払われる施設で、さらには、障害の有無に拘らず同一の学習空間で学びを享受できるようになってきた。さらに、支配の立場にいない民族も、支配の立場にいる民族と共に、あるいは民族学校で学べるようになっていった。社会運動の積み重ね、啓蒙思想家の活躍などに支えられ、困難な過程を経てようやく、しかし、着実に、教育を享受できる層が拡大していった。

しかし、それでも、文化化と並んで、人材の養成と配分が国民教育の機能であることには変わりはない。国民国家型教育制度は、差異化を介した国民統合を促進してきたのである。

## 教育的働きかけと再生産

フーコー（Faucault, Michel）は、『監獄の誕生』において近代社会における規律・訓練装置、はりめぐらされる規格化、知の権力性を深く掘り下げた。彼は「権力の諸関係を定義する機能を持った装置」として、学校と教室を検討している（ボール 1990=1999: 7）

教育的はたらきかけのあるところどこにでも、権力関係が存在していることを、恐ろしく鮮やかに、かつ衝撃的に解明したのは、ブルデュー（Bourdieu, Pierre）である。彼は教育的働きかけのもつ象徴的暴力性を明らかにした。ある意味づけが押し付けられながらも、その押し付けを支える力関係は隠蔽され、その意味づけは正統なものとして位置付けられ、受容されるというからくりが見事に明かされた[2]。ブルデューによって、教育システムを介して、恣意的な文化が再生産され、階級や集団の諸関係も再生産されることが明らかになった。

権力と教育、あるいは教育にかかわる権力関係を、教育の平等・不平等

問題に互換すれば、階級視点の熟成によって、この問題の解読は明らかに進んだ。文化資本と教育との関係を解き、「選別に先立つ不平等と選別の不平等」(ブルデュー／パスロン 1970=1991: 104)が説明された。経済の不平等と教育の不平等の関連は、ボールズ(Bowles, Samuel)たちによって白日のもとに晒された[3]。

　教育実践の現場に深く立ち入り、学校のカリキュラムを分析したアップル(Apple, Michael)は、教育機関で伝達され、生産される知識が中立的ではないことを実証し、「学校は不平等な経済体制と関連している特定の文化資源に正統性を与え、それを強化している」と端的に指摘した(アップル 1979=1986: 70)。

　さて、権力関係を有利に生きるものは、主に支配的な階級だと言うことはできても、支配階級の専売特許だとは言えない。カリスマ性を獲得して、他者に思考の自由を放棄させ、さらには異なる意見の他者に有形無形の暴力を振るうという行動様式を身につけた人もいる。ある意味のおしつけに馴染まない人が排除されたり、周辺部においやられることは日常生活のさまざまな場面で見受けられる。こうした行動様式は国家権力や社会の支配階級あるいは支配者層にだけ固有なものでは決してない。権力と権力関係は、そのありようを隠蔽する機能を兼ね備えているので、一筋縄ではとらえきれない厄介な代物である。

**知の枠組みへの挑戦**

　階級視点の深まりに比べれば、国民国家が、主にある民族を中心とした国家であることに直接的にかかわる民族の視点の熟成は未だしの感がある。二つの視点のクロスが必要な場合も多い。その点、バンクスの研究は重要である[4]。彼もまた学校のカリキュラム研究にフォーカスを絞るのだが、民族や人種の視点を導入し、伝統的な学問的知識とは相対的に独立した、いま一つの学問的知識の構想に成功した。彼は伝達される知識を類型化し、学問的知識を、権威にもとづく伝統的な知識と転換的な知識とに分

類した。西欧中心主義的な、従来の伝統的な学問的知識による社会的・歴史的事象の解釈とは異なるもう一つの歴史解釈をさえ可能にする転換的な学問的知識の創出を展望したのである。ここには、権力と教育をめぐる、民族や人種といった視点の深まりがみられる。

　これまで知識がその所有者の評価の根拠とされるとき、知は疑いなく西欧中心主義的なもので、知識の所有者に対する評価は、彼／彼女の所有する知識の量で、つまり、「多い」とか「少ない」とかでなされるか、「鋭い」という褒め言葉に象徴される知識の使用にかかわる能力でなされるかであった。西欧中心主義的な知の枠組みは、「多い」（あるいは「高い」）と「鋭い」の度合いによる評価に馴染む特質を帯びている。この知とその使用方法（能力）が、科学進歩といわれるものの源となってきたのである。と同時に、さまざまな差異化や差別が作り出されてきた。そこで、こうした計測とは馴染まない知の枠組みの開発の必要が感じられてきた。バンクスの言う、歴史のもう一つの読み解きが見えてくるような転換的な学問的知識の構築は、こうした課題意識と連なるものである。

## 2　グローバリゼーションと教育

**差異化と統合化のグローバルな再編**
　さらに、事態は複雑化してきた。国家単位で検討するのではすまされない時代に突入したのである。経済のグローバリゼーション（グローバル化）は、教育をめぐる支配と被支配の関係や人材養成のありようをダイナミックに変えている。国家単位の自己完結的な考察ではすまされない事態となってきた。
　すでに教育制度のグローバルな標準化は進んでいる。各国の国民教育制度のもとでは、学校で伝達される対象のかなりの部分は、支配的な民族の文化を基礎としつつも、教育階梯が高まれば高まるほど、ほぼ欧米社会で産出された近代的・現代的な知となり、その意味での標準化が世界的に展

開してきている。他方、標準化とは反対の傾向も見られる。それは、人の移動の増加に伴う多民族・多文化状況のグルーバルな展開に基づいている。多民族国家では支配的な文化の伝達だけでは満たされない人びとが、自前の文化を大切にしたいという思いを抱き、各民族と文化の対等感の形成を伴う教育を求め始めた。

　これまで教育は、人々の間に差異化を図りつつ、国民統合を進めてきた。グローバリゼーションが差異化と統合化のグルーバルな組み直しとすれば[5]、国家単位の教育制度はこの組み直しに改革をもって応じ、政治的な意図にもとづく新しい差異化と統合化のシステムを作り出す。しかも、グローバリゼーションは、諸科学のなかで教育学にあらたに大きな出番を与えることとなった。なぜなら、グローバリゼーションは、知識の生産の重要性を作り出したからである。生産される知識はこれまで以上に国際的に通用するものでなくてはならなくなりつつある。知識の所有と知識の生産を介して、グローバルな競争が起こりつつある。国境によって閉じられない、知識生産の市場ができ、人々が知識を求めて活発に移動する。こうして、グローバリゼーションは、経済・政治活動を国家的に指導する人材をつくる高等教育の改革を促すことになる。

　すでに、知識の生産と知識の所有をめぐる国際的な共通基準がつくられ、指導者層を構成するグローバル・エリートをつくる高等教育機関が特定される傾向にある。アメリカ合衆国の限定された大学などがそれに当たる。各地域・各国家のさまざまな分野の指導層はほぼ共通の大学で育成されるようになる。資格も国際的に認定されるものが重要になってきた。資格や評価の国内基準の国際基準への再編も進んでいる。こうして知識やものの考え方などを共有するエリートたちの活躍によって、世界的な統合が進み、資格などの基準の国際化が人材配分の世界的な秩序づくりを着々と準備している。代表的な批判の言説さえ折り込み済みの、支配的な思考様式が学歴の高い人びとを中心に共有され、各地の各分野で彼らが指導力を発揮する。

　国際的に学力問題の論議が沸騰する背景にはこうした事情がある。国家

間の競争だけではなく、国内の知識の所有と生産をめぐる競争も深刻化する。

グローバリゼーションと自由市場主義とを重ねて、学校選択制を掲げる言説に飛び付く人びとも少なくない。もちろん、自由市場主義に任せることによる不平等の拡大を許さず、弱められる人間の絆の強化に、国民教育制度の役割をあらたに認め、その制度の強化を求める主張もある。国民教育制度の立て直しに際して、一つには世界的な標準とされる主に欧米で開拓された知の体系を、まじり物のない、したがって価値の高い文化として位置付けることに妥協のない立場もあれば、ナショナリズムを教育制度や政策に溶け込ませることに急な立場もある。ともかく知識が重視されるグローバリゼーションのもとでは、学習権が保障されないものは、権力関係でとめどなく劣勢を余儀無くされる。

## 3 ロシアとウズベキスタンの比較考察──権力と人間形成をめぐって

**発達文化**

権力や権力関係に注目することによって、社会現象としての教育あるいは近代学校の機能を、国家単位で深く解明する研究は進展し、さきに見たような成果をあげた。ただし、制度化された教育の外でも人づくりや人間形成は展開しており、そのいたるところに権力の行使が介在しているわけで、人間形成の場はたやすく権力関係の磁場となってしまう。この過程を読み解く必要がある。

そこで、この際、人ひとりが生まれて、成長し、老いていくまことに日常的な人間形成の全過程に、しつこくまとわりつき、その形成の各ステージを、ある成長主体（子どもと保護者、おとな）の意思通りに方向づける装置と諸関係を、権力と措定してみる。そこで、教育を含む人間形成の過程において、ある意味づけが優位になる仕組みをひろい、そのダイナミズムを解くことで、人づくりの社会現象を説明したい。そこには、生活空間の集団的な運営への参加（発言）を限定したり、ある意味領域を恣意的な意味世界にす

り変える装置やメカニズムが存在している。もちろん、権力関係において劣勢のものたちが、普遍的とされるルールの不合理を解読する可能性はあるし、ある権力関係への抵抗の動機を共有していくメカニズムもあろう。

国民国家型教育制度の再編が課題になるのは、まさしく権力関係に揺らぎが生じ、その事態が国民統合の弱まりと読み替えられる時である。するとすかさず国民的アイデンティティの強化が模索されるというシナリオが一般的だ。ナショナリズムが幻想の共同性のリアリティの減少を補うべく、権力テクノロジー[6]をフル稼働させる。そのテクノロジーの一つである義務教育の再編に、権力関係が刻印される。その過程が、往々にして国民的アイデンティティの育成を重要課題とする教育改革である。

そこで、先の研究課題を次のように再定位し、教育の改革を考察する。ひとが「次の世代を確立させ導くことへの関心」(エリクソン 1963=1978: 343)を実現させる過程に注目し、子どもがおとなになる過程、生まれてから老いるまでの人間形成の全過程を視野にいれ、独り立ちさせ・独り立ちする全過程に示される人間関係、行動様式、判断様式、思考様式を、生育史(エリクソンの言う「生活史」)としての発達にかかわる文化(発達文化)とする(関啓子 2002: 15)。それぞれの集団に固有の、発達の意味づけが、独り立ちをめぐる判断や行動にこめられている。さまざまな社会集団、エスニック・グループや階層などに固有な発達文化の、国家単位内における位置付けの変化を考察するという方法を用いて、先にあげた国民教育制度の再編を解読し、ある意味づけが優位になるダイナミズムを僅かでもせりあげる。さらに、ある国家内の諸集団の関係の吟味にとどまらず、別の国家における教育改革を同様に考察し、それらを比較すれば、上のダイナミズムの起動要因の析出に接近できよう。

**優秀性のヘゲモニー的性格**

国民国家における教育にまつわる権力関係を読み解くために、実証研究の対象地域として、ロシア連邦とウズベキスタンとを選択する。国家の崩

壊と国民国家の再生を、しかも20・21世紀にグローバル化の荒波の中で体験している地域であることから、格好の考察対象と思われる。この激変期ゆえに、露骨にあるいは巧妙に人間形成過程に権力関係が仕組まれるありようを、ほんの一部分でも読み解きたい。

　国家の再編を課題とするロシア連邦と、独立後の民族国家建設に努めるウズベキスタンのいずれにおいてもナショナリズムが強まった。ロシアでは、大ロシア主義（ロシア正教と反ユダヤ主義を重要な要素とするナショナリズム）が復興した。ウズベキスタンでは民族性と宗教とを軸に国民統合がはかられた。こうした事態の中で、教育改革が進められた。ロシアの教育改革の眼目は、教育の脱社会主義イデオロギー化、教育の脱画一化である。具体的な政策は、教育の多様化を押し進めることになった。特色ある学校づくりが促進され、父母の学校選択により、学校と教師とコースなどを介した差異化が促進された。民族学校や民族色の強い学校もつくられ、私立学校も強力な選択肢の一つになっている。

　一時期、沸騰した大ロシア主義に象徴されるナショナリズムは、人々の過去への郷愁を利用して民族的アイデンティティの再構築を促すのに成功すると、沈静化に向かった。ソ連邦崩壊を機に揺らいだ自信をロシア人に取り戻させるところに、役割があったかのようだ。ロシア連邦各地には、確かにロシア正教の影響を強く帯び、宗教色の濃い普通学校もあるにはあるが、一つの特色ある学校にとどまっており、制度化された学校教育カリキュラムにパラダイム・シフトを起こさせるものではない。

　学校教育を方向づけるベクトルはナショナリズムではなく、「優秀さ」への志向である。優秀さの意味は教育目標に現れている。もっとも顕著な目標は、プレゼンテーション能力の育成であり、それによって表象される優秀さ、独創性の発達が教育目的である。教育機会の保障および学校やコースの選択、補充学習の保障は、各家族の資産と教育への熱意とによる。有名大学への入学をやすやすと果たしてしまうような生徒の産出を促す私立学校の月謝は、1か月700ドルであった。因みに、2002年、平均給与は1

か月100ドル強と言われる時期にである。この学校は、ヘゲモニー性を帯びた「優秀さ」を育成するためのカリキュラム開発に努め、カリキュラムのパッケージを販売し、開発したカリキュラムの国内外への普及に乗り出すまでになっている。

　カリキュラムの構成パラダイムから、社会主義思想が払拭され、歴史解釈に変更が加えられてはいるが、カリキュラムはソ連邦時代からもともと概ね西欧中心主義的なパラダイムであったから、カリキュラム構成に大きな変化はみられない。連邦教育法により、カリキュラムには連邦共通部分の他に、地域の自主裁量になる部分と学校の裁量部分があるので、民族性や地域性を反映した教育を実現しようと思えば実現できる。なお、ロシア語の学習は義務づけられているが、教授用言語は選択できる。

　一部の人々にとって、ナショナリズムは反グローバリズムのためであるが、しかし、WTO加盟を目指すなどの動きの方が圧倒的に強く、グローバリゼーションの支持の傾向が顕著だ。その中で強い国家づくりが目指され、国際基準にみあった知識や能力の大きさが「優秀さ」のヘゲモニー的性格を帯びる。

　上に見たように、確定された科学的で学問的な知識、個性的に自己を表現する能力などが、価値の高いものとみなされる傾向が強い。教育階梯が上がれば、実務的・学問的知識の価値づけが強まっていることが、法学部、経済学部人気に現れている。知識や能力を、サバイバル・スキルにする人々の思いが優先される構造になっている。これらの能力や知識が、「優秀さ」の意味を方向づけている。社会主義イデオロギーの有無が内外の衆目を集める中で進行していたのは、優秀さヘゲモニーをめぐる抗争であった。

**グローバル・エリートの養成**
　ウズベキスタンの教育改革の眼目は、ソ連社会主義イデオロギーから脱却し、民族国家としての独立を果たすために、国民国家型教育制度を完備することである。当然、教育における民族言語のいっそうの強化と民族文化の復興がはかられてきた。

独立後は、ナショナリズムが高揚したが、その要因の一つは、いうまでもなくロシア連邦とロシア人からの独立の志向である。経済システムや行政機構によって「連邦内植民地」だったことから解放されたいとする思いだ。それは、ロシア人が占領しがちであった各層・各界のリーダーやエリート職を、ウズベク人に奪還したいとする動きと重なる。

ウズベク語とウズベク文化の習得の有無は、二つの民族の差別化にとって、ことのほか分かりやすく有効だ。ウズベキスタンでロシア人はかつてはエスニック・マジョリティ（支配的立場にある民族）であり、それゆえ、ロシア語だけのモノリンガルでも堂々とウズベキスタン社会で活躍できた。しかし、民族語が強化されたウズベキスタンでは民族語ができないものは暮らしていけない。ロシア人の憂鬱は、かつて支配的立場にあったことの証拠でもあり、これまで主に都市に住み、良いポストを得てきたことの代償でもある。そこで、ソ連邦崩壊後、ウズベキスタンからの出国を決意するロシア人が少なくなかった[7]。

ウズベキスタンでは、カリキュラムに民族的視点が導入され、歴史などに新しい解釈が加わった。民族文化なども再評価された。だから、カリキュラムにパラダイム転換が起きているようにも見える。部分的には、バンクスの言う転換的な学問的知識が導入されてはいる。しかし、民族的な視点が、教科教育の全体の編成に貫かれているわけではなく、伝統的に学問的な知識として認定されてきた、いわば西欧中心主義的な知識が、カリキュラムのほとんどを占め続けている。

ところで、民族文化の高い価値づけがこれまでウズベキスタンのどこにも全く無かったかといえば、そうではない。民族文化も民族語も、農村部での独り立ち過程においては高い意味づけをえていたから、学校制度で軽視されていても、農村部ではしっかりと家族の教育によって、伝達されていたのである。彼らはロシア人とのポスト争いなど全く考えだにしない人々である。

いま民族文化の学習を制度化しようとしている人々は、かつては民族文化の身体化に冷ややかだった、主に都市部の住民に多い。社会的な自己実

現を可能にするためには、ロシア人との差別化が必要な人々でもある。

　現在、民族文化の再生と伝達は、教科外学習、サークル活動、学校外の学習によって取り組まれることが多く、その学習成果が学習者の、学校において正統化される優秀さに読み替えられる回路は設定されていないことが多い。そこで、民族文化の学習の意味は、国民的アイデンティティの確立と強化にあると言えよう。

　民族文化や民族の歴史の伝達は、国民統合の要として民族国家の建設に貢献する。同時に、西欧中心的な、伝統的な学問的な知識、西欧的行動様式や判断様式が、高い価値づけを受けている。学校教育は、この西欧的な、国際的に通用する知識を優れたものと価値づける。結果として、学歴を背景とする現エリートたちの意味世界が、正統化される。

　しかも、国際機関が、ウズベキスタンのエリートたちの再教育と育成を支援して、民族国家を代表する(国家の支配的な位置にある)民族エリートを、グローバル・エリートに作りあげる。エリートは、民族を代表する民族エリートであってはじめてグローバル・エリートになれる。彼らは、まさしく欧米的国際基準にあった知識と行動様式をマスターしている。考え方、行動の仕方が、国際基準の高いスコアをクリアしているのだ。

　民族国家を、国際基準を受容する国家へと方向づけうる民族エリートを、国際機関が支援するわけであり、ナショナリズムの高揚は、国際機関やグローバル資本が、民族エリートをグローバル・エリートに育て梃入れする契機でもある。

　ウズベキスタンにおける、民族言語と民族文化の強化という教育改革が、ナショナリズムの傾向を帯びているとしても、それはグローバリズムに反対しているのではなく、むしろそれの強化のベクトルを伸長させることに荷担しているのである。

## 都市の風景——ロシアのピョートルとウズベキスタンのティムール

　国民統合の心象を如実にあらわすのが都市の風景である。歴史の解釈と

して、風景は創造される(8)。モスクワ川に突如としてあらわれたピョートル1世の銅像は、モスクワ市850年祭を記念して建造された。モスクワっ子には至って不人気ながらも、それは強いロシアを象徴している。と同時に、西欧化のシンボルでもある。欧米的知識、ヨーロッパに源をもつ科学知を追求してきたロシアの近代化の歴史をたからかに告げている。つまり、強さが近代化・西欧化を意味していることを語りかけている。

ウズベキスタンはと言えば、ティムールの銅像や記念博物館が象徴的である。ティムールは、まさしく中央アジア諸民族の統合のシンボルにほかならない。ティムールの銅像は、学問の発展に貢献した英雄として表象され、誇らしげな民族イメージを醸し出す。

一方では豪勢で華麗なメチェチ（イスラームと宗教施設）とマドラサがイスラームの国を表象し、他方では近代科学の発展に貢献した民族の英雄が先進的な近代化を印象づけ、文学者の銅像が民族文化の高さを語りかける。これがウズベキスタンの都市の風景である。

ウズベキスタンにおける国民統合の巧妙さを語るのが、タシケント市とサマルカンド市の風景の違いである。サマルカンド市の風景は、民族の誇りとアイデンティティを喚起する。他方、タシケント市の風景は、サマルカンドほどの民族色はなく、むしろ国際都市の風情を漂わせる。これら両都市の補完的関係が、ウズベキスタンにおける人間形成と権力との関係のありようを象徴している。まず、民族というカテゴリーにもとづくエリートの補充を介した均一的エリートによる権力集中型の国家運営の可能性が読み取れる(9)。と同時に、そうした運営を行うエリート層の意味世界からは計り知れない意味領域をもつ人々がいても、国際機関がエリート層を支援するというわけである。ともかく、ロシア連邦とは異なり、ウズベキスタンでは社会的な自己実現を果たしやすい人々は、国民であることを民族カテゴリーを用いて自己表現できる人々である。

ウズベキスタンでは民族性がクローズ・アップされても、決して反グローバリズムではない。現在のウズベキスタンで自己の意思にもとづき速

やかに自己を実現する人々を支援しているのは、国際機関ばかりではない。外部からの訪問者も素朴な観察で期せずして支援している。たとえば、コネ社会という負のイメージ、民主的でないという負のイメージを外部者が貼り付けることによって、この民族イメージを自民族エリートが利用し、国際社会にとっての彼らの存在の必要性をアピールできる。国際機関は彼らを支援し、彼らの一部分をグローバル・エリートにつくり上げる。

## 4 比較発達社会史の課題

### 発達文化の比較考察の指標

　ウズベキスタンでは、グローバル・エリートや支配者層は国際的スタンダードの教育を受け、かつ民族文化により脚色された知識と能力も有している。彼らは、自前の文化の相対化と、国際基準の知の枠組みの相対化の、二つの相対化を介して、生活世界を自分たちにもっとも心地好い意味付けに満ちた生活空間に造りかえる可能性を有してもいる。その造りかえのためには、生活の公共空間をどのような意味領域にしていくかの議論と実践が問われることになる。二項対立を乗り越え自前で生活世界を構築するためには、何をどのように学び、どう活動し、グローバリゼーションとどのように向き合うかをも含めて、他者の排除ではなく、さまざまな人々の知恵にもとづき、多様な独り立ちの様式をブレンドして、オルターナティブとしての独り立ちの各段階を、集団的に創造する一歩が踏み出されるか否かが課題である。

　どこにその可能性が伏在しているかを検討してみたい。ここまでの考察を、発達文化の比較指標という観点から整理してみよう。

　指標の一つは、国民教育制度の核である学校教育におけるカリキュラムのあり方である。なぜなら、制度化された義務教育こそ、権力テクノロジーの最たるものだからである。カリキュラムや教授用言語などが分析対象となる。国民的アイデンティティがどのように維持されようとしているかをみることも重要である。

カリキュラムを分析する際には、伝統的とされる学問的知識がすべてなのか、それらを相対化する知のパラダイムの導入があるのかを検討する。後者は、バンクスの言う「転換的な学問的知識」の生産と導入であり、伝統的な解釈とは別の歴史解釈を可能にするような、もう一つの知の枠組みの構築への挑戦を意味している。

第二の指標は、アイデンティティの資源を得る場を学びの場としてとらえ、どのような学びの場を学習者はもっているか、である。複数のアイデンティティから「私」は形成されているととらえ、それぞれの学びの場がさまざまなアイデンティティの構築を助成しているとする。同一のアイデンティティが複数の場で形成され、強化される場合もあれば、複数の多様なアイデンティティが育まれる場合もある。学びの場には、当然学校ばかりでなく、文化施設や宗教施設、家族集団、学校の外のさまざまな学びの展開される場が含まれる。さらに、それらの学びの場の関係性を考察する。さまざまなアイデンティティの間の序列あるいは調和はどのようであるか、ということである。

つぎの比較の指標は、教育の計画・運営・管理にかかわるものである。検討するのは民主的とされる合意形成過程の有無だけではない。支配的な発達文化にもとづく合意形成・相互理解のツールの所有・身体化において、不利で不十分な人々の意思表示の可能性を検討する。つまり、その不利で不十分な人々もまた、「……集団的行為と制度とが創造的に対立するというチャンス」(姜尚中・吉見俊哉 2001: 52)をもって、押し付けられようとする発達ヘゲモニーに対抗し、意思表示でき、その結果、新しい計画や制度が生まれるような公共空間の創造がありうるかどうかである。

いま一つの比較の指標は、歴史の解釈としての風景である。生活世界の植民地化は、風景の構築によっても進められる。育ちの場の景観には、人間形成を方向づけるある文化解釈が織り込まれている。公園のデザインも、記念碑も、銅像も、すべてがある意味づけを表象している。だから、発達文化の比較考察には歴史的アプローチは欠かせない。

## 地球市民

　既存の社会で、普遍的とされるルールと相互理解のツールが用いられた合意形成の場にたとえ参加しても、言語や言語コードや討論技術、自己表現の技術が権力テクノロジーになり、参加者の中から周辺部に位置づけられる人々が作り出される。こうしたはみ出た、あるいははみ出しかけた人々が、既存の、さまざまな人間形成上の差異(ジェンダー、人種、民族、地域性などなどにもとづく権力テクノロジーを領有する差異)をのりこえて、成長意思を実現できるかどうかこそが課題である。

　ここでは、民主的な合意形成とコネなどの非民主的あるいは共同体的な運営とを分類しているわけではない。現代的な民主的な合意形成の達人は、共同体的なコミュニケーション・スタイルをも併用し、権力関係を優位に操作しうるからだ。ここで重要なのは、支配的な意思疎通あるいは合意形成の手立て、ツールが豊かな人とそうでない人との関係である。意思表示のツールや様式の違いが未熟さとみなされ、前者に対する恥じの気持ちが後者によって意識されるのではなく、後者もまた堂々と自己の意思を自然体で表出し、対話できるかどうかである。

　この点で示唆的なのは、アップルのグループの実践の一つフラトニー小学校における保護者と教師の活動である[10]。権力テクノロジーの有無や大小が反映されない対話をつくり出す過程でとられた手立て、例えば、ミーティングの持ち方、情報や知識の平等な共有のための手立て(学習会など)は、注目に値しよう。

　こうした点の考察をふまえて、グローバルに通用する知識の、ローカルな知識の獲得による相対化、さらには相互の相対化だけでは十分ではなく、グローバルな区域としての地球に属し、その空間の運営に参加する地球市民という意識の共有と、ローカルな地域の運営への具体的な溌剌とした参加(カリスマ的存在による発言や行動の自由の剥奪がない参加、見識者や専門家によって結論が決まっているというのではない参加、何よりも言葉や表現方法や技術の

うまい・へたや知識の量を気にすることのない参加……)とによる公共空間の構築がとぎれることなく模索されることが重要である[11]。それは、言うまでもなく、一人ひとりが生活世界の意味づけを奪還することであり、生き方の自己規定を取り戻すことである。まさしくその過程が学びということになる。

　国民国家型の教育制度が権力関係を温存し、再生産していく。比較の単位を往々にして国家に求める比較教育学は、この権力関係を大掴みに把握しえても、国家内部に、さらにはグローバルにはびこるさまざまな中心主義を見落としやすい。さまざまな中心主義によって人間形成にもたらされる重層的な権力関係の解読に比較が役立つとすれば、それは、人々のふるまいと関係性のあり方を方向づけているもの、人をしてある判断や行動をとらせるフィルター(思想)をひきあげる場合である。このフィルターは国家単位で共通というわけではないから、比較の単位に工夫が必要である。本稿「3」は国家単位の比較から入りつつ、国家単位では見えてこない権力関係を、どのような人々の意味づけが、教育の場で優位になるかという観点を導入することで、別の比較の単位をすべりこませ、部分的に浮上させることを試みた。人間形成の全過程にしのびこむ権力関係をすくい上げるためには、比較の単位を鈴木慎一氏の提唱するボディ・エデュケーショナルという概念に求めることが重要と思われる。比較発達社会史の枠組みにもとづく拙稿からは、そのように言えるのではないだろうか。


注

　(1) 中内敏夫・関啓子・太田素子編(1998)。
　(2) ブルデュー／パスロン(1970=1991)。
　(3) ボールズ(1977=1980)、ボールズ／ギンティス(1976=1986)などを参照。
　(4) バンクスの編集した『多文化教育、転換的知識と行動』(Banks 1996)に詳しい。
　(5) 伊豫谷登士翁編(2001)を参照。
　(6) 権力テクノロジーのありようについては、フーコー『監獄の誕生』に詳しく論じられている。なお、『現代思想のキーワード』(『現代思想』2月臨時増刊、2000、

vol.1、28-3、青土社)に権力テクノロジーへの簡潔な言及がある。
(7) Chinn=Kaiser (1996) を参照。
(8) コルバン (2001=2002) を参照。
(9) ギデンズ (1973=1977) を参照。
(10) アップル／ビーン編『デモクラティックスクール』(1995=1996)の第4章「民主的多文化教育への旅」は、フラトニー小学校教員ボブ・ピーターソンによる実践記録であるが、参加にかかわる示唆に富んでいる。
(11) トムリンソン (1999=2000) を参照。

## 文献

アップル、M, 1979=1986, 門倉正美ほか訳『学校幻想とカリキュラム』日本エディタースクール出版部.
アップル、M／ビーン、J編, 1995=1996, 澤田稔訳『デモクラティックスクール』アドバンテージサーバー.
伊豫谷登士翁編, 2001『経済のグローバリゼーションとジェンダー』明石書店.
エリクソン、E・H, 1963=1978, 仁科弥生訳『幼児期と社会』I・II みすず書房.
コルバン、A, 2001=2002, 小倉孝誠訳『風景と人間』藤原書店.
ギデンズ、A, 1973=1977, 市川統洋訳『先進社会の階級構造』みすず書房.
姜尚中・吉見俊哉, 2001『グローバル化の遠近法』岩波書店.
関啓子, 2002『多民族社会を生きる』新読書社.
中内敏夫・関啓子・太田素子編, 1998,『人間形成の全体史』大月書店.
ブルデュー、P／パスロン、J=C, 1970=1991, 宮島喬訳『再生産』藤原書店.
ボールズ、S, 1977=1980「教育の不平等と社会的分業の再生産」潮木守一・天野郁夫・藤田英典編訳『教育と社会変動』東京大学出版会.
ボールズ、S／ギンティス、H, 1976=1986, 宇沢弘文訳『アメリカ資本主義と学校教育』(I・II)岩波書店.
ボール、S・J編, 1990=1999, 稲垣恭子ほか訳『フーコーと教育──〈知＝権力〉の解読』勁草書房.
トムリンソン、J, 1999=2000, 片岡信訳『グローバリゼーション』青土社.
─────, 1991=1993, 片岡信訳『文化帝国主義』青土社.
Banks, James A., ed., 1996, *Multicultural Education, Transformative Knowledge, and Action*, New York: Teachers College Press.
Chinn, Jeff and Kaiser, Robert, 1996, *Russians as the New Minority: Ethnicity and Natinalism in the Soviet Successor States*, Boulder, CO: Westview Press.

# 第2章　中等教育制度発達史における歴史的分岐点
―― 上級学校および共立中学の挫折

大田　直子・黒崎　勲

## 1　1870年基礎教育法と1872年学制

　日本においてもイギリスにおいても国民教育制度の端緒は、1870年代の初頭に開かれる。1872年の学制と1870年の基礎教育法がそれにあたることはいうまでもない。しかし、この両国の国民教育制度の端緒がほぼ同じ時期に開かれたという事実は、これら両国の国民教育制度の性質の共通性をあらわすものとしてではなく、その対照性をあらわすものとして理解されてきた。一方では、文字どおりの近代国家の最先進国の国民教育制度がなぜこの時期まで整備されずにきたのかが問われるのであり、他方、欧米列強の影響下で他律的に近代国家への出発をとげなければならなかった後進国が、近代国家の樹立からわずか五年足らずにして、なぜこれほど早く全国的体系的な国民教育制度を整備するとの意思を表明したのかが問われるのである。

　グリーン(Green, Andy)は各国の国民教育制度の発達を比較研究して、国民教育制度が「なぜ、ある国においては他の国に先立って、より完全に発展したのかということは、長いこと歴史的論議の課題であった」(Green 1997=2000: 54)とする。グリーンによれば「教育の歴史的変化に関する伝統的な理論の多くは、これらの制度の不均衡な発展を説明することはできない」

という。たとえば、「教育の発展と工業化や都市化を関係づける理論は、なぜ、全国的制度がプロシアやフランスのような国で最初に発展したのかを説明することができない。プロシアやフランスは、一般的には、まだ工業化されておらず、都市化も進んでいない社会であったし、一方、イギリスは、最も工業化され都市化された国であったにもかかわらず、全国的制度の発展は、比較的ゆっくりであったからである」(Green 1997=2000: 54)。こうした工業化および都市化の発展の程度に関係づけるのではなく、国家形成という課題に対する意識性の程度に関係づけて国民教育制度の発展の不均衡は説明できるというのがグリーンの主張である。

> 「教育の進歩が国家形成の一般的過程の不可欠な部分であったということであり、そして、フランス革命後のフランスやプロシア、また初期共和制のアメリカ合衆国北部における事例のように、国家形成の過程が最も集中的で最も加速度的であった時期に、教育の発展は最もはっきりと現れるということである。さまざまな理由で、国家形成過程が比較的漸進的に達成されるか、あるいは延期されたイギリスやイタリアのような国家においては、イギリスの場合のように経済的都市的発展といった教育改革に貢献すると思われるような別の付随的要因があったにもかかわらず、教育の発展への圧力は強迫的なものでなかったようにみえる」(Green 1997=2000: 55)。

　日本の場合について、グリーンは、次のように論じている。「日本は、フランスやドイツより遅れて近代化したのだが、国家形成の手段として教育を利用する発展国家の、もっとも明解な例である。『後進国日本は、国家的発展の道具として、教育を扱った最初の社会の一つであった』というカミングスの言明は、グローバルな見地からは完全に正しいとはいえないかもしれないが、いくつかの重要な真実を確かに把握している。明治政権下の日本は、近代化における教育の役割を十分明確に理解し、そして、アジア

において近代化の最初の例を提供した」(Green 1997=2000: 61)。

　これより早く、下山三郎は歴史概念としての絶対主義をイギリス、フランスなどの先進国型とプロシア、ロシアなどの後進国型に区別して、後進国型の絶対主義国家の特質を、資本主義的近代化を遂げる先進近代国家に対抗して、資本主義的近代化をなしとげることを課題とする国家と規定した。それはそのままプロシアの国民教育制度の整備の歴史的先行性を解明するものとなった。そして、明治政府の早熟の国民教育制度の整備もまたそのようにして説明されるものとなった。なお、同書は近代化過程についての複眼的把握を提唱して、わが国の国民教育制度の整備の異常な早熟さについて、それがたんに後進国型の資本主義近代化の過程として説明されるだけでなく、国民国家の不可欠の要素である国民皆兵制度による常備軍の創設という観点からよく説明できると主張するものであった。

　　「義務教育制度は殖産興業等からみれば必ずしも不可欠の条件ではない。しかし近代的戦争方式の導入という点からみればむしろ不可欠の条件となるのではなかろうか。すなわち近代的戦争方式は、攻撃手段の集団性―大量性とともに運動性―機動性をも必須条件とするものであり、運動性―機動性は個々の兵士の一般的平均的教養度を必要とするものであるから。この一般的平均教養度の強制付与ということを主因のひとつとしてみることによって始めて義務教育制が極めて早急に、かつ『一般の人民他事を抛ち自ら奮って必ず学に従事せしむべき様心得べき事』として強要された所以が理解されるのではないだろうか」(下山 1966: 311)。

　こうした後進国の近代化の過程とは対比的に、イギリスでは資本主義的近代化の過程に国家権力の介入を必要とせず、また近代化の最先端に位置する国にとっては、その近代化のテンポを他律的に規定される要素をもたなかった。グリーンはこれをイギリス国民教育制度の特殊性と論じている。

「イギリスでも教育の発展は、他の国々と同様に、国家形成の過程であった。しかしながら、国家および国家と市民社会の関係の特殊性のために、国民教育は、少なくともフランスやプロシアと比べて、相対的に遅い時期まで整備されなかった。言葉の用法は人を惑わすところがあるが、このイギリスの事例は、初期の『強さ』が後期の『弱さ』になるという問題として理解できる」(Green 1997=2000: 62)。

このように、日本とイギリスの国民教育制度について、その端緒においては、それが対照的な性質をもつものと理解するのは普通のことであろう。しかし、国民教育制度の発達過程において両国の教育制度は極めて類似した状況に直面し、類似した歴史的選択を行うことになる。本稿は、国民教育制度成立以降のそれほど長くない間に生じた中等教育制度の整備の過程を対象として、こうした両国の国民教育制度に共通した問題状況と歴史的選択の内実を明らかにすることを課題とするものである。

## 2　イギリスにおける国民教育制度の発達と中等教育の分岐
――上級学校の挫折

### 1870年基礎教育法の成立

　イギリスの最初の教育法は1870年基礎教育法であるが、1870年からはじめて教育制度が組織されたと思うのは誤りである。公教育制度に先立ち、宗教団体である教会を中心に私立学校という形で基礎教育がすでに供給されていたからである。

　労働者階級を対象とする基礎教育は、もともと宗教団体立の私立学校によって供給されていた。1808年に非国教会派が内外教育協会を設立し、1811年にはこれに対抗して英国教会が国民協会を設立し、この二つの協会が中心となって授業料を徴収する基礎教育学校が組織的に供給されはじめる。

とはいうものの基本的には、基礎教育の普及というよりもむしろ大衆に対するキリスト教の教化という側面を強くもっていた。

他方、同じ時期、公教育制度の成立を試みて、何度も自由党ラディカルズは、とくにブルームを中心に教育法案を国会に提出していた。しかしながら、保守党はもとより、児童労働の制限に結びつく教育法に反対する炭坑主、工場主などの多くの自由党員は反対に回る。そのため、数度出された教育法案はすべて廃案となった。

1832年、第一次選挙法改正の結果、成立した自由党政権は、公教育制度に関する国会での立法を諦め、1833年から先の二大協会を窓口として、これに所属する宗教団体立基礎教育学校に対して、建物の半額を負担するために国庫補助金支出を開始する。これを皮切りに、1839年、ラッセル首相は女王直属の枢密院に基礎教育担当部署（教育委員会）と事務局を設置し、初代局長にケイ・シャトルワース（Kay-shuttleworth, James）が採用される。ケイのもとでの事務局体制が整備されていく。また補助金の使途を監督するために、別途1840年から視学官制度が設置される。この視学官は基礎教育の実践に対する視察も行うため、二大協会との協約に基づいて任命されるというものであった。また視学官報告書を検討するためにイグザミナーが採用された。これに加えて1856年には商業庁に属していた学芸局がこの委員会に移管され、学芸局は科学技術教育、工芸、デザインといった教育のために国庫補助金を支出し、基礎教育を担当している従来の事務局は教育局となった。それと同時に、下院での責任者として枢密院教育委員会に副議長職が設置された。国家は徐々に私立学校を「買収」し、それとひきかえに公的統制を拡大していったのである。

その後ケイ・シャトルワースのもとで、教師の給料、教員養成関係、教師の住宅、教具などに国庫補助金の支出項目が拡大されてきた。ケイ・シャトルワースは、基礎教育学校が世俗教育化する傾向をもつモニター制を批判し、キリスト教の牧師と信者との関係にみられるパターナリズムに範を取り、教師と生徒の間の人間的関係を強調する教員見習生制度を導入する。

補助金支出も勢い教員関係が重視されるようになった。しかしながら1860年代まで国会は教育内容に関しては積極的には介入しなかったし、補助金の支出総額に対しても統制手段を有していなかった。

　1853年からのクリミア戦争は出費がかなりの額にのぼった上、貴族政治の非効率性が問題となり、近代的官僚制が志向されるようになった。ほぼ同時期に、基礎教育に対する国庫補助金支出の総額が政府支出の五分の一を占めるようになるに及んで、教育水準の問題と公費支出の問題が国会の場で調査されることになり、ニューカッスル卿を長とする勅命委員会が設置された。このニューカッスル委員会の勧告を受け取り、実際の政策へと翻訳する作業はロウ（Lowe, Robert 教育委員会副議長）が行った。ロウはニューカッスル委員会の勧告を利用しながら、改正教育令を成立させる。改正教育令は国庫補助金を平均出席日数をみたした生徒に対して支出するものの、読み書き算（3Rs）に関するスタンダードを国が設定し、そのテストに不合格となった生徒数に応じて補助金を減額するといういわゆる「出来高払い制度」を導入した。こうして国家はスタンダードという形で教育内容の統制手段を手にする。しかしながらこの時点でも、基礎教育学校を公的に組織し、就学を義務化することは政府の政策とはならず、基本的には市民社会（私立学校）の努力に委ねたのであった。義務教育論議が本格化するのは、1867年の第二次選挙法改正によって選挙権が拡大されたのを受けて、それまで義務教育に反対していたロウらが積極的に基礎教育の義務化賛成に回ったからである。

　1870年基礎教育法は、宗教団体立学校が不足している地域には、地方税納税者から公選制によって選出される学務委員会が設置され、そこが公立の基礎教育学校を供給すること（「ギャップをうめる」）を規定した。そのために学務委員会には、従来の教育局からの国庫補助金と授業料の他に新たな財源として地方税課税権が認められた。他方宗教団体立学校は寄付金を集めることが許されており、それが特定の宗教教育を供給する根拠となった。学務委員会立学校では地方税支出を根拠に特定の宗派教育は禁止された。

こうして、従来からの供給主体であった教会と並んで、新たに登場した学務委員会は、競争で基礎教育学校の供給を行うようになった。この競争を利用して、国家から見れば安上がりに、視察を受け、国庫補助金の交付を受ける「効率的な学校」で、イギリス（フォスターの言葉では「全国」）をカバーすることが可能となったのである。したがって、1870年基礎教育法は、ここから初めて基礎教育が制度化されたと見るよりも、すでに1862年改正教育令の体制のもとで制度化されつつあった「効率的学校」を、宗教団体が供給しない地域では学務委員会が公的に供給するという形で全国化するものであったのである。また国家は学務委員会を解散させる権限を有していた。しかしながら、ラディカルズが要求していた公教育の「世俗、義務、無償」という三原則は1870年基礎教育法には具体的には盛り込まれず、いずれも地方での多数決、すなわち学務委員会での決定に委ねられた。国家は親権への制限となる強制就学の問題を注意深く避けたのである。

　学務委員会は当時の政治状況から考えると、不在地主にも選挙権が与えられるものの、女性の被選挙権、選挙権も認められる極めて進歩的な制度であった。そのため、自由党はもとより、フェミニスト、労働組合、社会主義者なども同制度支持に回り、自らも立候補していった。また学務委員会制度は、授業料免除などの規定も有していたため、宗教団体関係者もまた学務委員に立候補し、学務委員会を乗っ取ることを画策したりした。そのため学務委員会選挙は、とくに大都市部では宗教戦争の様相を呈したのである。

**基礎教育と中等教育の接続をめぐる問題**

　学務委員会立学校と英国教会を主たる供給者とする宗教団体立学校との対立は、第一に前述の宗教教育を巡ってあったが、その背景には、第二の財政問題があった。学務委員会は、すみやかに基礎教育を供給するため、第二の公費である地方税を課税する権限が与えられ、土地の強制的購入や、50年もの長期ローンを組むことも許されていた。また施設の使用料などの

副収入をあげることも許された。さらに学務委員会立学校の授業料の減額、無償も可能とされた。他方、宗教団体立学校は従来の国庫補助金と、授業料と寄付金に依存していたが、学務委員会立学校の水準が上昇するにつれて人気が高まったことから、学務委員会立学校以上に水準をあげることを余儀無くされる。そのため宗教団体立学校は、授業料をあげて比較的豊かな層のみを対象としたり、学務委員会が設置されないように基礎教育学校を次々と設立していった。しかしながら、地方税と寄付金の二重負担に対して中産階級の不満も強まっていった。そのため、一般的に宗教団体立学校を擁護する保守党は、政権を担当しているときには最大限補助金の増額をしたり、学務委員会とは異なる就学督促委員会などを導入することによって、学務委員会制度の普及にブレーキをかけたのである。1891年の授業料の無償化も保守党政権によって国庫補助金を補填財源として導入されたが、それは授業料無償を地方税による補填で自由党が行えば、それを理由に宗教団体立学校に対する公的統制が拡大されることを恐れたからであった。また宗教団体立学校の擁護派は、逆に学務委員会立学校が公費を無駄遣いしているなどというキャンペーンなども行っていた。このように対立は深まっていったのである。

　しかしながら、学務委員会そのものを廃止に追い込んだのは、基礎教育以上の教育の分野に学務委員会が進出したことであった。北部大工業都市では早くからスタンダードを修了してしまってもまだ学校に通学できるような余裕のある階層も早い時期から出現し始めた。そういう生徒を対象として比較的安い授業料で上級コースを供給する学務委員会も登場する。基礎教育のスタンダードに対しては教育局から国庫補助金が交付されてきたが、それ以上の教育の場合には、学芸局による科学・技術教育や工芸教育に対する補助金が受けられた。学芸局からの補助金を受けるコースを体系的に供給する学校は、上級学校(Higher Grade School)、あるいは科学学校と呼ばれるようになった。このような学校は学務委員会立基礎教育学校の上に作り上げられたし、進学者も基礎教育学校の出身者が多かった。そのた

めこういった上級学校が「下からの中等学校」と見なされるようになることは当然であった。当初自由党政府はこのような傾向を奨励する態度を表明していたのである。また成人を対象とする夜間学校や夜間クラス、基礎教育学校の教師の養成も基礎教育以上の教育内容を教えるところが増えていった。

　他方、中産階級を対象とする教育制度は1860年代に制度化が試みられ、授業料と離学年令に応じて三種類に類型化された。第一級は18歳で離学し、大学進学を予定するもの、第二級は16歳で離学し、商業などに従事することを予定するもの、第三級は14歳で離学し、初級公務員、事務職員などになることを予定するものとされた。しかしながらこの時期の政府による改革はそれ以上進まなかった。他方、国家介入を恐れた有力私立学校は自分達で校長会議（Headmaster Conference）を設立し、大学による試験と自らの視学官制度をつくることで、自らの教育水準の質を保証するシステムを作り上げていった。

　19世紀も中頃になると、大陸諸国とアメリカの生産力が高まり、徐々にイギリスの世界市場における地位の低下が明らかになってくるようになった。一部の開明的資本家達はイギリスの科学技術教育の遅れを問題視し始める。1871年から1875年の第一次サミュエルソン委員会がこの問題を検討するために設置されたが、具体的にはなんら立法措置が取られなかった。科学・技術教育に関する中央当局である学芸局は、独自にその体制を固め、1871年前後から始まる基礎教育学校のカリキュラム拡大に対し、学芸局の教育令に合致する科目に対しては、補助金交付を開始していた。その結果、やはり学芸局からの補助金に依存し、科学・技術教育へと傾倒しはじめていた前述の第二級と第三級、特に第三級の中等教育学校と学務委員会学校、特に上級学校が非常に類似したものとなり、階級区分を重視する保守派の人々に対して、脅威となったのである。

　1888年に地方自治体が近代化され、議員が民主的な選挙によって選出されるようになると、そこが課税権をもつ科学・技術教育、工芸教育を管轄

する当局となった。こうして、基礎教育以外の教育の供給を巡っては、学務委員会、私立学校、地方自治体の科学技術教育委員会という三者が入り乱れ、互いにオーバーラップすることから制度全体の非効率性が問題となった。また1898年のファショダ事件、1899年から1902年にかけてのボーア戦争によって、一方では国民の兵士としての体力の欠如という事実が明らかになり、一般国民の栄養状況に対する国家の配慮とそれに対応して体育など新たなカリキュラムの導入をもたらしつつ、帝国主義イデオロギーが一段と強まり、すべての効率性は大英帝国のために追求されるべき課題となった。

　大英帝国を支えるためにも、中等教育と科学技術教育の関係を整理し、制度化する必要があるということが叫ばれるようになると、それに答えて1894年にブライス委員会が設置される。また宗教団体立学校の財政危機を乗り越えて、自然発生的な従来の学校制度の整備を試みようとする政治家が登場する。ゴーストであった。彼は枢密院教育委員会副議長の職にあった。そしてゴーストの私設秘書として教育改革に着手するのは、後に頭角を表すモラントであった。

　モラントは学務委員会が基礎教育以上の教育を地方税を使って供給することの違法性を早い時期から指摘していた。彼はゴースト失脚の後、バルフォア首相に近付き、まず中央の教育行政担当機関の体制を作り上げる。1899年、教育院が設置されるとモラントは初代事務次官となった。彼は諮問委員会制度を導入し、中央に専門家を組織していく。彼は、学務委員会や科学技術教育委員会などによって、あるいは一部の私立学校によって供給されている科学・技術教育、工芸教育を、主には大学進学を目標とするグラマースクールで供給されている本来の中等教育とは異なる「まがいもの」だと考えた。公選制という形で地方の教育行政機関が選出され、地方税という独自の財源を使って教育を自由に供給することが許されていると、中央政府が意図する方向とはまったく違うものが自然発生的に発達してくる。その証拠が上級学校である。彼はこの学校が地方税で供給される

ことは違法であることと同時に、労働者階級を対象とする基礎教育は、あくまでもそれだけで完結していなければならないとしたのである。大衆は無知である故に、少数の専門家によって導かれなければならない。「気紛れな」人びとによる公選制の学務委員会はもってのほかであった。モラントは学務委員会を潰すチャンスを狙っていた。

　1897年、ロンドン学務委員会による上級学校への地方税支出を違法として告発し、罰金を申し付けたのは会計監査官のコカトンであった。ロンドン学務委員会はこれを不服として裁判に訴えた。しかしながら、1900年に出された判決はコカトンを支持するもので、この判決によって学務委員会は上級学校を維持できなくなり、ここにおいて基礎教育とそれ以上の教育との接合問題が政治問題化する。

　同じ時期、ロンドン市議会で技術教育評議会の委員長を担当していたフェビアン協会のシドニー・ウェッブは、ロンドンにオックスブリッジとは異なる新しい大学としてロンドン・スクール・オブ・エコノミーを設立し、ここを頂点とするロンドンの公教育制度をつくろうとしていた。学務委員会はもともと基礎教育の不足している地域でしか基本的には設置できないという決定的な制約があったし、選挙そのものは宗教戦争のようであった。学務委員会と宗教団体立学校との不必要なライバル意識やオーバーラップも「効率」の観点からすれば問題であった。そのうえ基礎教育以上の教育を管轄できないという違法性がコカトン判決で明確にされた時点で、彼は地方議会がその管轄当局になるべきだと考えた。ここに、モラントとウェッブの共闘が成立したのである。

　そしてそれは1902年教育法として成立する。同法において学務委員会は廃止され、多目的に選出される地方議会が地方教育当局(LEA)とされた。そのもとに主に地方議員から構成される法定の教育委員会(Education Committee)が設置され、ここが教育政策立案、実施を司ることとなった。しかし教育委員会にはもはや課税権は与えられず、教育行政は一般の地方行政の一部へと組み換えられたのである。そして当該地域の基礎教育と中

等教育の供給がLEAの管轄とされ、宗教団体立学校に対しても地方税支出がなされることになった。こうして地方税支出はもはや特定の宗教教育を禁止するという世俗教育要求をもたない公費へとその性格を変化させていたのである。

　他方、中央の教育院は学務委員会に対して有していた解散権をLEAに対しては失った。これは地方自治を尊重したウェッブの思惑通りであった。宗教団体立学校への補助金支出を良しとしないLEAは、とくにウェールズを中心に、宗教団体立学校の基礎教育は効率的であるとして、地方税支出を拒否するという戦略に打って出た。それに対してモラントは、すぐさま1904年教育法を準備する。それは宗教団体立学校への補助金支出を拒否したLEAに代わって国家が直接学校に補助金を交付し、その分をLEAの国王への負債とするものであった。つまり、LEAに対する中央の財政的統制を可能とする法律が1904年教育法であったのである。さらにモラントは、前述の通り、中央に諮問委員会として教育専門家を組織し、教育政策モデルを中央が作成することにした。地方議員は教育だけのために選出されてはいないため、教育の専門知識を有していない。そのため、自然と中央の諮問委員会や視学官、学校の教師に依存することが期待されていたのである。

　おおもとの基礎教育と中等教育の接続の問題は、しかしながら、これら二つの教育法では実現しなかった。LEAが二種類の教育を統括することになったことと、両者を接続させるかどうかは別問題であったからである。基礎教育が初等教育となり、それ以外の教育が中等教育となって、これらは接続する教育階梯であると国家が宣言するのは、戦後のより平等な社会を約束して総力戦を闘わざるをえなかったチャーチル挙国一致内閣による1944年教育法まで待たねばならなかったのである。

## 3　自由民権運動と教育──共立中学の挫折

## 学制と東京大学

　日本では、1871年7月「全国の人民を教育し其道を得せしむる」ために文部省が創設された。そして翌年8月には徴兵令・地租改正とともに明治維新の三大改革といわれる学制が発布され、日本における国民教育制度は現実のものとなった。学制に先立って太政官から出された「学事奨励に関する被仰出書」(学制序文)は、新政府が国民に示した教育宣言であった。その内容は第一に、学問、教育における封建的身分差、不平等を否定し、教育の機会をすべての国民に開くものであり、第二に、学問、教育の目的を実学の修得におき、第三に、学問、教育が「身を立てる財本」という私的な性格をもつものであることから、学費などの経費を各人の負担とするというものであった。学制が規定した教育制度はその基本をフランスの制度にならったものとされる。それは大学区、中学区、小学区という学区制をとり、全国に大学校8、中学校256、小学校53,760校を設けるというものであった。中学校以上の規定は、当時の状況ではまったく現実性をもつものではなかったが、整然とした全国的学校体系の規定を示すことは、それ自体、教育に対する国家の全国的統制の基礎をつくるものであった。

　学制は当時としては驚くほどの速さで実施されたといえよう。1876年までに全国で25,000近くの小学校つくられたといわれている。こうしてつくられた小学校の実態は全体の7割以上が寺院や民家などを利用したものであり、また、大部分が単級学校であった。学制の実施の速さは「地方官頗る強圧手段を用いた」結果であったが、同時に国民の教育要求が育っていたことの現れであったともいえよう。

　学制は村落の住民の直接的な負担によって実施された。学制の実施のための文部省補助金は生徒一人あたりわずか9厘に過ぎなかった。この時期、多額の文部省予算が唯一の高等教育機関であった東京大学一校に注ぎ込まれていた。1874年に法学・化学・工学・諸芸学・鉱山学からなる東京開成学校および東京医学校が設立された。その前身は旧幕府の開成所と医学所を明治政府が大学南校、東校に復活させたものであった。1877年4月には

両校が合併して理学部・法学部・文学部・医学部からなる東京大学が創設された。1881年には東京大学の職制が改正され、新たに東京大学総理がおかれ、東京大学は総合大学の実態を備えることになった。こうした急速な拡充のために1880年の文部省予算のうち40％強が東京大学につぎこまれた（土屋 1962）。

**県立中学校の設置と町村協議費による学校**

　国家の指導者を養成する大学に対する極めて手厚い予算措置と民衆の直接負担にゆだねられた一般民衆のための小学校の建設の狭間で、中等教育制度の整備は複雑な様相を帯びて展開した。

　中等教育制度の整備が争われた明治10年代は自由民権運動が広く社会をおおった時代でもあった。色川大吉はこの時期を日本の農村における文明開化の時代ととらえ、「全国に自立的に農民がつくったサークルは分かっているものでも五、六百、もっと調査が進めば一千くらいにもなり、参加者は百万の規模に達する」（色川 1968: 44）と指摘している。

　そのなかでも福島県三春町の正道館は重要な意義を有するものであった。正道館は1881年4月に三春町議会の議決にもとづいて、町村協議費によって設けられたものであった。正道館は開校までに1,678円余を要しているが、同じ時期に二つの県立中学校のための福島県の予算原案は1,210円にすぎなかった。1881年12月の募集広告によれば、正道館の学科は翻訳書にもとづく政治、法律、経済、歴史の学科と漢文科を新たに加えるものとされている。そこに集められた書籍は「ほとんど当時の最高水準のものを網羅していた」（高橋 1972）といわれる。同じ時期、こうした町立、あるいは郡立の中等教育の機関の設置は正道館にとどまらなかった。宇田行方両郡の中学校の設置について、郡長の報告は次のように述べている。

　　「小学業正ニ進ミ昇級ノ徒月ニ多ク学制モ亦改良ノ期ニ際スレバ高
　　等ノ学校ヲ設クルハ理ノ正ニ然ルベキ所ナルニヨリ明治一三年ニ於

テ中村原町ノ両地ニ各一ノ青年学校ヲ興サントシ即チ議ヲ両郡ノ連合会ニ附シ其ノ設置ヲ要セシニ会場満員ノ賛成スル所トナリ其学費ヲ七百四十円ト決定シ総テ郡内人民ノ負担トス」、「中村原町両地ノ青年学校ハ各々郡ノ中心ニアッテ高等ナル普通学科ヲ授クル所ナリ故ニ更ニ之ヲ郡立中学ト（ス）」。

　1878年の府県会規則によって各県に県会あるいは府会が設置されるが、そこでは中等教育制度をめぐって県当局と民権派議員との間で、活発な議論が展開された。福島県会では、郡立あるいは町立の中等教育機関の設置を実行していた町村の議員によって県立中学校の廃止が提案されていた。県当局は、これらの郡立中学を「従来の上等小学より稍高等なるもの」にすぎず、「優等の生徒を教育する」正規の中等教育機関とは認めることはできないとして、県立中学校の意義を強調した。これに対して民権派はこれらの中等教育機関を念頭におきながら「人民を提醒して共立中学を設けるべし」として、県立中学校の廃止を求めたのであった。こうした町村協議費に基づく公教育の自主組織化の主張による中等教育機関の整備の志向は明治政府と対立し、これと異質の近代化のコースを志向した民権派の理論に本質的に内在的なものであった。
　地方税による県立中学の維持と町村協議費（区町村費）による郡立あるいは町村立中学の維持とは、公教育を支える公共財源をめぐる争いとなり、妥協を許さないものとして、この時期の政治課題となった。日本近代史の過程は、法的に地方税の徴収に優先権が与えられることによって地方税が協議費の財源を収奪することになる。中央政府の中等教育制度の整備に対抗して、国家権力から独立して町村人民が自主的公共的に組織しようとした協議費による共立（郡立・町村立）中学校の可能性は閉ざされることになる。それが森有礼の中学校令の意義であった。森が起草した1886年の中学校令は第6条で「尋常中学校ハ各府県ニ於テ便宜之ヲ設置スルコトヲ得但其地方税ノ支弁又ハ補助ニ係ルモノハ各府県一箇所ニ限ルベシ」としたう

えで、さらに、次のように規定していたのである。――「第九条　尋常中学校ハ区町村費ヲ以テ設置スルコトヲ得ズ」。

## むすび――民衆的中等教育コースの挫折と国民教育制度の歴史的性格

　自由民権運動の挫折ともに公教育の自主組織化の可能性は失われる。森の中学校令は、共立中学校を支えた町村協議費について、そうした中学校の財源として、それを使用することを禁止するものであった。この過程は、イギリスにおいて学務委員会による上級学校の設置が財源の正統性問題によって禁止されていった過程（コカトン判決）とそのまま重なるのである。日本近代化の二つのコースの対立に照応して、中等教育制度の整備は公教育費の国家的形態と人民協議的形態との対抗関係の中で、複数の可能性の中の一つの選択として歴史的に成立していった（黒崎 1980）。森有礼の1886年の中学校令は、自由民権運動が目指した公教育費の人民協議的形態の発展の可能性を閉ざし、これと対抗して、公教育費の国家的形態をあたかも公教育費の唯一の形態であるかのような意識を醸成しつつ、中等教育機関を制度化するものであった。

　宮原誠一は日本の中等教育制度の特質を論じて、上級学校進学者のコースと大衆のための実践的なコースとに分割される「二重制」を指摘しているが（宮原 1977）、こうした中等教育制度をめぐる二重制は、イギリスにおいても日本においても、国民教育制度成立以降のそれほど長くない間におきた民衆的な中等教育機関の設置の動向に対抗して、特権的なコースとして中等教育機関を構想し、民衆的な中等教育機関の設置を支えた地域的な公共財源の使用を禁止し、あるいは収奪した国家的中等教育政策の帰結として決定づけられたものであった。この点では、両国の教育制度の発達プロセスは極めて類似したものとなっているのである。モラントの1902年法と森有礼の中学校令（1986年）とは、国民教育制度発達史における同じ歴史的分岐点に立つものと意義づけることができる。さらに、こうした中等教育

制度の二重制が克服されるのはイギリスにおいてはチャーチルの挙国一致内閣による1944年法までまたなければならず、わが国ではさらに遅れて敗戦後の学校教育法(1948年)の成立までまたなければならなかったのである。

**文献**

　グリーン、アンディ(大田直子訳), 1997=2000『教育・グロバリゼーション・国民国家』東京都立大学出版会.
　色川大吉, 1968「維新の精神と構造」『展望』114号.
　大田直子, 1992『イギリス教育行政制度成立史』東京大学出版会.
　黒崎勲, 1980『公教育費の研究』青木書店.
　下山三郎, 1966『明治維新研究史論』御茶ノ水書房.
　高橋哲夫, 1972『青少年教育と自由民権運動』『福島県教育史』第一巻.
　土屋忠雄, 1962『明治前期教育政策史の研究』講談社.
　宮原誠一, 1977「天皇制教育体制の形成と中等教育の路線」『宮原誠一教育論集』第三巻, 国土社.

# 第3章　民主主義・国民国家・教育

ユルゲン・シュリーヴァー（訳：鈴木慎一）

## 1　はじめに──または出発点

　この論考は、どちらかといえば単純な着想からうまれた。それは、教育を支えている当の社会について、もし人々が何らかの考えをもっていないとすると、そもそも教育というものはありえないだろうということである。社会は、そして社会がかかわる文化は、教育にその目的を与え、目標を与えている。しかし、今日、教育を教育たらしめているその当の社会について、人々はどのような形態を求めようとしているか。そこが定かではない。そのことが私にとっての出発点の問いである。しかし、この問いは、それにどのように答えても、答えが十分な答えにはならないような厄介な問いである。

　私が試みようと思うことは、手始めにアメリカの教育者で哲学者であったデューイ(Dewey, John)を取りあげ、社会という概念について考える場合の「導入」を述べることであり、その後、未来の社会にとって意味があるかもしれない今日の社会のあり様を語り、最後にそのことが教育に対してもちうる意義を論じたい。デューイの面白さは、その進歩主義にあるというよりも、むしろ一貫して教育の基本問題を問い続けようとするその弛まぬ意思にある。『民主主義と教育』(1916)の章の一つで、デューイは二つの主

題を取り上げた。一つは、社会という考え方はどのようなものかという主題であり、もう一つは、社会、個人そして教育という観念は、相互にどのような繋がりがあるのかである。デューイは、三つの観念のうちどれかが他よりも重要であるとは言っていない。しかし、読み進めばすぐに明らかになるように、デューイは、まず社会を取りあげ、それから個人に言い及ぶ。そうして、教育の意味は、社会とか個人とかについて人々がもつ考え方によって決められているとする。つまり、社会はいわば、独立変数的であって、それに対して、個人や教育は従属変数的なのである。そういうと、すべての人々が同意するわけではないであろうが、ここではこれ以上その点には立ち入らない。

　では、デューイは社会について何といっているのだろうか。デューイは、読者に、これが社会の定義だというふうには語っていない。理念としての社会とでもいうべきものを、人々の思弁の中から紡ぎ出すことはできないのである。デューイは、「社会という言葉は一つだが、人々はすべての目的に関してあらゆる仕方で相互にかかわり合っている。……異なった目的をもつ複数の政党がある。社会的な党派がある。派閥がある。群れがある。有限会社があり、合名会社がある。血縁で繋がった緩やかなグループがある。というふうに限りない」。しかしながら、どれほど相互に異なっていても、それぞれに二つの共通なことがある。一つ目は、何か共通の利害関心があることである。二つ目は、他の集団との間に一定程度の相互作用と相互交渉があることである。

　この二つの共通項から、デューイは良い社会の彼なりの基準というものを導き出した。自覚的に共有される利害関心が多ければ多いほど、そして、多様であれば多様であるほど、加えて、当該集団と他の人々の連合との相互作用が豊かで自由であればあるほど、当の社会はより豊穣でありより良い社会であるとされるのである。

　デューイにとっては、この二つの共通項は二つながら民主主義の特質である。良い社会は一つの民主主義だといわれる。そうして、民主主義は統

治以上のものだ。そのことをデューイの語るところによれば、「(民主主義とは)もともと繋がりあっている人々の暮らしの一つの形で、伝え分かち合った経験を結合する一つの形である。自分の活動を他の人の活動と関連させ、他の人々の活動を自分の活動の方向付けと活動を指示するため用いなければならないので、何かある興味のあることに参加する一人一人のひとの数を増やし、その広がりの枠を拡張すると、そのことが階級や人種や国家の領土などという境界を取り崩すことに繋がっていく。そのような境界を設けるものは、人々が自分自身の活動を含めて、広く人の活動というものを知ったり受けいれたりする事を妨げるものなのである。予想以上に多く、かつ、さまざまな相互の接点は、他ならぬ個人がそれに反応する刺激が、接点と同じように、あるいはそれ以上に多いことを意味している。だから、それが人の活動の多様さを誘発するのだ」。個人は参加し、問題を解き、行為するものだと考えられている。

　デューイの解釈では、社会・個人・教育の三角形においては、社会は一つの民主主義であり、人々によって分かちもたれ、かつ、多様な興味からなる、全体として開かれた一個のコミュニティであり、かかわり合う生活の結合でもある。そのような民主的社会は、社会的に関心を寄せ、参加し、問題解決に取り組む個人を必要としている。

　デューイの民主主義にとっては、したがって教育はきわめて大事である。この書物の表題が示すように、民主主義と教育とはかかわりが深い。古い障壁を取り除こうとすれば、教育は不可避である。障害は人々の相互のかかわり合いを目指す道行の邪魔物になり、人々の習慣を変え、人々の周囲にある世界に不断に人々が再適応する道筋の邪魔物になっている。

　デューイは、民主主義を人の長い歴史の最高の到達点であると考えている。このような哲学には、ヘーゲル的な強い要素が含まれている。それは、異なる三つの歴史的エポックに生まれた三つの別々な政治モデルを批判するデューイの言葉から明らかである。それぞれの時期(エポック)において、教育の社会的な意味(大事さ)について思索が深められたのであった。

デューイは、それぞれのモデルを批判する際に、上述の二つの共通事項に拠ってその批判を繰り広げている。以下、要点を点綴しよう。

## 2　正しい国家・自然な社会・国民国家

**正しい国家**

　デューイが最初に取り上げるのはプラトンの所謂「正しい国家」(the just state)である。プラトンのモデルは、以下のような仮説に基づいている。すなわち、1）どのような社会も階級に分かれている……経済的基準に因るというより知識と性格による階級であるが。2）人間は生まれつき平等ではない。3）教育は、それぞれの人々が何に適しているかを見出しながら、また、その人の性格が適している生涯を通じる仕事に一人一人を仕分けながら、個々人を適材適所に配置していかなければならない。人々がその分に即しその分を行うとき、全体の統一と秩序とが維持される。

　これらがプラトンのいう「正しい国家」の仮説である。デューイの考えとは異なる。プラトンにとっては、生活は一個の洞窟の如きものであった。良く教育された人によって、それは初めて一時的にのみ解き明かされるのであった。洞窟自体は変わらずに残りつづけるのである。デューイは次のようにこのモデルについて語っている。「社会的に人々を配置するという教育の意味について、また、その配置が若者を教育するために用いられた手段に依存するという点について、これ以上に適切なとらえ方をどの哲学的思考にも見出すことができない」。デューイをもってしても、プラトンの仮説を褒めざるをえないのである。

　しかし、デューイは、二つの点でプラトンを批判する。デューイによれば、1）プラトンには、個人の独自性について思い及ぶところがない。プラトンにとっては、人は生まれつき階級に分かれ、しかも、それぞれの階級において、ごく少数の階級に分けられる。「しかし、歴史の進み行きが示してくれるところでは、……人個々人の可能性は限りなく多数であり多

様である。この事実に隠されるもう一つの事実は、社会が民主的であればあるだけ、その社会の社会的組織と呼ばれるものが個々人の特殊で多様な素質を活用することに通じることである」。2）プラトンの「正しい国家」は、変化することを許容しない。プラトンの教育思想は根源的ではありうるが、しかし、その考えは静的な理念に基づいている。デューイによれば、「次のようなことを考えると、プラトンの哲学が破産することは明らかだ。つまり、プラトンはより良い社会をもたらもたらすような教育の漸進的改良を信ずることができない。より良い社会は、それだけまたより良い教育を生み、したがってより良い社会がさらに生まれるという循環をプラトンは信ずることができない。理想的な社会が実現されるまで、正しい教育もありえない。しかも、そういう理想的な社会が実現した暁には、教育はたんにその社会を存続させるためにのみ貢献することになる。理想とする社会が実現されないかぎり正しい教育もありえない。正しい教育が実現した後は、教育はその教育を存続させるためにのみ貢献することになる」。

**自然な社会**

　第二のモデル、すなわち、18世紀の「自然な社会」(the natural society)は、個人と社会と教育との関係について新しい考え方を人々に示した。個人は今や最高の優先順位を与えられる。個々人は、生まれながらにして自由であり平等である。個々人の人権という考え方はこの時期に生まれた。"自然"（もともとそうであること）が個人の才の多様性を説明し、個性の多様な自由な発達を代弁する。自然に合致する教育こそが、学習の目的と方法を、訓育の目的と方法を人々に提供する。

　社会的な配置や手配はたんなる外部的な方便で、社会的関連の中に自分を措かずに、たんに個人としての立場から、自分たちのために及ぶ限り最大の私的幸福を享受しようとして思いついたものにすぎない。

　しかし、このような言説によって伝えられるものの見方や主張は、時代の動きの本当の意味を適切に表しているとはいいがたい。実際は、この主

張の主要な関心事は進歩に、とりわけ社会的な進歩ということにあった。「外見上、反社会的に映る哲学は、もっと広くもっと自由であるような社会——コスモポリタニズム——を目指す一個の衝動をかくすためにつけられた透明な仮面のようなものである。強調される理念は人間性だった。国家においてではなく、人間の一人であることにおいて、個人の可能性は解放されるべきだろう。なぜならば、現実の政治的組織の中では、個人の力は阻害され、しばしば、国家の支配者であるような人々の利己的な利害関心や要求に見合うように歪められているからである。

　プラトンの公正で、階級に分割された社会という理念は、こうして、世界的な人類の一員というコスモポリタニズム思想によって置きかえられるべきだということになった。「"自然"(nature)という考え方を自在にさまざまに用いることは、人為的で腐敗していて衡平を欠く社会秩序を、新しく、これまでよりも良い人類からなる王国によって置き換えようということであった……ニュートン的太陽系、自然の法則の支配を人々に示すものであったが、それは見事な調和を示す一場面でもあった。そこでは、すべての力が他の力と均衡している。もし、人間が支配する人為的な強圧的な諸制約を取り除くことができれば、自然の法則は、かならず人間の関係においても同様の結果を生み出すに違いない」。教育は内的な個々の可能性を解放する手段だと見なされたのである。

## 国民国家

　個人の自由に対する最初の熱狂が醒めた後、18世紀の「自然な社会」モデルの構想力の脆弱さがすぐ誰の目にもとまるようになった。すべてを「自然」に委ねてしまうことは、結局のところ、教育という考え方そのものを否定することに他ならなかった。新しい社会を作るべく予想された新しい教育を実現することは、最終的には、現存の「国民国家」(nation state)の活動に依存することになった。民主主義的理念を目指す動きが、不可避的に、公的に運営され管理される学校を求める動きになっていった。

ヨーロッパに関する限り、デューイの次のような指摘は的を射ている。「歴史的な情況は、政治生活においては、それはナショナリズム的動向を伴ったが、国家の支援を受けた教育に向けて、動きが起こったことを示した——それは、その後の動向に計り知れない意味を持った事実である」。

とくに、ドイツの思想の影響をうけて、教育は市民管理的な機能になり、その市民管理的機能は理想としての国民国家の実現と同一視された。「国家」(the "state") が人類にとってかわり、コスモポリタニズムは国民性 (nationality) に道を譲った。平行して、市民を育てることが人間を育てることに代わって教育の目的になった。デューイが参照した歴史的状況は、ナポレオンによる支配体制直後の諸結果を反映している。ドイツの各連邦は、教育について体系だった配慮をすることが、それぞれの政治的統合と権能を回復し維持するうえで最良の手段だということを感じ取っていたのである。プロシャの政治家の主導の下、そのような情況を政治家たちは一つの刺激として活用し、公的教育の広範囲でかつ徹底した基礎造りに活かしたのである。

その後20年ほどの間に、フィヒとヘーゲル——そして彼らに先立ってヘルダーは、国家の主要なる機能は教育であると述べて、その理念を高め、かつ、精緻化した。「その精神において、ドイツは、公的普通義務教育制度を小学校から大学まで拡張していった最初の国(country)である。そうして、すべての私的な教育事業を間隙するところのないくらいに徹底した規則と管理に従属させた最初の国になった」。

19世紀を通じて、ヨーロッパの国民国家は、徐々に、それぞれの国民教育制度を打ち立て、各国家に共通であった教育的な遺産を相互に異なる国民的な教育課程に変形させて、それらを伝統に仕上げた。19世紀ドイツの理想主義哲学は、「国家をして、一方における私的人格の実現と、他方における人類との中間項たらしめたのである」。

簡略な歴史的省察を通してデューイによって描き上げられた結論の一つは、今日における民主的社会における、そして、民主的社会を目指す教育

の基礎的問題は、「ナショナルなものとそれよりも広い社会的目的との間の葛藤にある」。19世紀においては、教育の目的はその国の国家目的と同一であった。そして、そこから生まれた「結果は、社会的な目的の意味が際立って曖昧になったことであった」。

## 3　グローバル化の中の国民国家

**民主主義をめぐって**

　しかし、今日、「広い社会的な目的」というとき、それは何を意味するだろうか。そして、依然として「ナショナルなものと広い社会的な目的との間に葛藤が存在する」のだろうか。端的にいえば、今日われわれが求める社会はどのような社会だろうか。もし、われわれがデューイに直接尋ねることができるとすれば、おそらくデューイは国民国家に代えて民主主義をあげるのではないかと私は思う。多分、疑いなくそうだろう。なぜなら、私が言及しているデューイの本が出版されたのは、第一次世界大戦の最中であって、その時、ヨーロッパ各国は互いに無情な戦いに憂き身を窶していたからである。その点については、デューイは、その哲学における立場と同様に、障壁をもうけるあらゆることに反対していた――当然ながら、国民国家の間に障壁を造ることに反対していた。そして、デューイは、民主主義を、個人に関する新しい考え方と新しい種類の教育をともに含む新しい種類のコミュニティと見なしていたからである。

　さて、しかしながら「民主主義」という答えは十分な答えだろうか。民主主義のみが（それが人権や市場経済を含むものとしたうえで）、われわれが新たな教育をつくり上げようとする十分な基礎をわれわれに与えてくれるのだろうか。デューイの民主主義の定義を――たんなる政府や統治の意味においてではなく、「かかわり合う生活と繋ぎ結ばれた経験」として――受け容れるとしても、民主主義だけでは、「共通の信(common faith)、共通の原理、共通の知識、共通の道徳、そして共通のしつけ・訓練」を人々に供与する

ことはできないのではないかという想いにとらわれ、思わず立ち止まらざるをえないのではないだろうか。

　それは、1940年当時、デューイ批判においてリップマン (Lippman, Walter) がすでに述べた事柄である。民主主義とはいかなる認識 (知 knowledge) を含むものか。いかなる文化価値を含むものか。そして、もしわれわれが人々と国家群のそれぞれの間に、依然として障壁を受け入れなければならない場合、民主主義による境界線は、どこに引かれるのだろうか。

　ここには二つの重要な問題がある。1) 民主主義は普遍的な考え方なのだろうか。それは、他に支えを持たずに自立できるものなのだろうか。すでに民主主義だけで十分なのだろうか。2) 民主主義と国民国家との関係はどのようなものだろうか、という問いである。

　第1の問いに関して、フクヤマ (Fukuyama, Francis) の『歴史の終わり』(1989年) という論説が世に問われた時、この論説について人々が論述し発言したことがらを一瞥すると、興味深いことがわかる。フクヤマの議論は、要約すれば、自由主義的民主主義は社会主義に勝利し、その他のイデオロギーに対しても勝利した。それゆえ、ヘーゲル的な意味での歴史は終わりを告げなければならない、というものである。

　フクヤマのこうした論説は、東ヨーロッパの崩壊の半年前に世に問われた。それゆえ、彼の論じたところはほとんど予言として受け取られた。湾岸戦争とソ連の崩壊は、彼の論説を確認するかのようだった。東と西という古い二極構造は、自由主義的アメリカを先頭とする単一世界構造によって解体されてしまった。

　しかしながら、かつてのユーゴスラヴィアの情況は、民主主義によって無視されてきた他の諸力が機能したことを明らかにしたのである。ナショナリズム・宗教・文化的アイデンティティのようなさまざまな力がそこでの新たなヘゲモニーをにぎっていたが、それらを民主主義は無視してきたのである。このような観点から、フクヤマの先生であるハンティントン (Huntington, Samuel) は『文明の崩壊と世界秩序の再構築』(*The Clash of*

*Civilizations and the Remaking of World Order*, 1996) を出版した。

　ハンティントンの理論は、世界情況は七つの文明の間の基本的な葛藤によって特色づけられていると主張する。人間的な価値と人間的な思考のに関して、この七つの文明の中に支配的なものはない。各文明は固有の価値をもつ。それゆえ、アジアには西欧にない違った価値がある。そして、原理的には、それぞれの価値は良いものである。結果的に、誰も普遍的な価値を語ることができない。民主主義や人権でさえ普遍的ではありえず、ただ、特殊であり特定の文化に拘束されたものである。

　事実、このような考え方は多くのアメリカの政治家に共有されている。彼らの語るところによれば、西欧的価値の特色は個人を尊重することであり、社会を分裂させ、社会的連帯を欠くものであり、その結果、犯罪が増加するという特徴を備えている。中国の政府部内では、繰り返し繰り返し、西欧的価値は西欧にのみ適応されるべきものであり、アジアはアジアの価値に従うべきであると強調されてきた。

　ハンティントンの後を追って、ほどなくバリー・ビューザンとジェラルド・シーガル（Buzan,Barry and Segal,Gerald）は、『未来を予測して』と題する書物を公けにした。その書の一章で、著者たちはハンティントンをあからさまに批判して、１）ハンティントンは文明を固定された境界をもつ物質的実態として描き、２）文明を国家と同様に統合してふるまうことができ、国家と同等に確定することができると考えている、と述べた。

　その文脈にそっていえば、ハンティントンは文明とは理念にかかわるものであり、理念は発展しかつ相互に影響し合うものであることを見忘れたということになる。さらにいえば、ハンティントンは、今日の多くの文明の中心が多文化的であり、世界のあらゆる部分から影響を受けるという事実を見過ごしている。文明は諸理念の複合体であり多数の文明からの影響の複合体である。

　しかし、このことは西欧がその独自性を、地球村の各地からの影響の坩堝の中で、喪失するということを意味するものではない。上述の二人の著

者によれば、今日の文明が発展する政治的経済的枠組みをくみ上げたのは他ならぬ西欧であって、たとえば、主権国家、ナショナリズム、市場、政治的多元主義、科学、進歩といった考え方はすべてそこに由来する。要するに、西欧的価値の基礎的なものは、全体として普遍的になったのである。多少修正を施すとすれば、われわれはいわゆる「西欧化時代」(Westernistic age)の入り口に佇んでいるにすぎない。換言すれば、世界の将来の発展の形態と枠組みが西欧によって設定された一つの構造となり、その中にわれわれは佇んでいるが、その具体的な内容はまだ定まっていない。

　このような文脈において、日本は一つの事例としてしばしば用いられる。この国は、民主主義とか多元主義とか、その他の西欧的な考え方と日本的な考え方とを結合してきた。同時に、日本は生産・管理システム・質的管理などにおいて、西欧に考え方や刺激を送り返してきた。

　いずれにしても、ビューザンとシーガルとは、異なった種類の近代化があるとは考えない。近代化(modernization)は、西欧的伝統においてのみ存在する。それは、選択肢の含まれていない一個の包みである。誰もが、棚から自由に選ぶことができるようなものではない。それを丸ごととるか、あるいは、手に何物も残さず棚にそれを置くかである。経済改革と市場経済の導入は多元主義をともなうが、そうであるとすれば、民主主義は最終的にはある程度の個人主義を含むことになるだろう。

　上述の二つの例は、先に掲げた疑義への回答にはならない。一方で、彼らは自由主義的民主主義・人権・市場経済に同意しているように見える。その諸理念は、いずれも19世紀のコスモポリタン的思考から生まれたものである。これまでのところ、その諸理念は西欧を征服し、グローバル化した世界にも合致しそうである。それらを合体して政治的カクテルをつくるとき、結局のところ誰にとってもそれは抵抗しがたいものになるだろう、こう述べているように見える。ところが他方では、彼らはその同じ理念群の普遍性については同意しない。ハンティントンにとって、自由主義的民主主義は、西欧文明に緊密に関連付けられているという意味で文化的に拘

束された理念である。ビューザンとシーガルにとって、民主主義は普遍的であるが、そうであるのは一つの構造という形式的な意味においてのみである。つまり、世界の未来の発展にかかわる形式と枠組みが西欧によって定められている、と。

**グローバル化**

　以上のことを少しまとめてみよう。うえに展開した議論は、われわれの問題とその解決について、デューイが強く主張した民主主義への信念が万能薬ではないことを明らかにしてくれる。第一に、民主主義だけでは人々に提供できない何かがその足下に、その背後にあるように見える。普遍的であれそうでないものであれ、民主主義だけでは、「共通の信、共通の認識、共通の原理、共通の道徳、そして共通の知的訓練」という、何が良い教育であるかを理解するうえで不可欠と見なされているものをわれわれに供することができない。言語・歴史・宗教などの他の力が働いているのである。第二に、民主主義は普遍的な理念であるか、そうではないのかという点で、合意が存在しないように見える。

　すでに述べたように、19世紀のドイツ観念論は、「私的な人格の実現」と「人類・教養・文明の実現」の中間項として国民国家を創造した。決定的に重要な疑問は、この中間項が、今日われわれが直面する諸問題の解決にとって、依然として適切な回答であるか否かということである。この問いは、われわれを第二の問いに誘う。すなわち、民主主義と国民国家との関係に関する問いである。

　デューイがわれわれに示してくれた歴史的なモデルは、社会という言葉の定義が、社会の歴史とともにいかに変化するかということを示すモデルであった。すべてが歴史の生み出すものであった。それゆえ、国民国家も例外ではない。時代は国民国家に向かっているが、それは民主主義によって置きかえられねばならないというのが、デューイの信念であった。多分、彼の心の中にあったものは、すべての境界を越えた、ある種の地球的人類

関係とでもいうべきもの、啓蒙期を代表する人々が想像したような、人類という王国のようなものではなかったかと思う。ある意味では、デューイは西欧的近代のひとりの先駆者であった。

しかし、第一次世界大戦後の歴史は、デューイが間違っていたことを証明した。国民国家は生き残り、その地位を強めさえした。フランス革命時代から今日まで、社会という概念は国民国家と同一視されてきた。そして、国民国家は、国民的な独自性・国民的な歴史・国民的な学校制度と国民的な教育課程・国民的な言語の教授に基づいて、市民の教育の目的を定め、その方向性を決めた。そして第二次世界大戦後、民主主義は国民国家との統合の度合いを強めてきた。

今日、しかしながら、情況は多少異なってきた。国民国家と民主主義という二つの与件は再度分離しはじめている。民主主義は依然として強力な理念として存続しつづけている。ところが国民国家の方は明らかに変質を余儀なくされている。外部環境の方から見れば、グローバル化の圧力が働いているし、内部環境から見れば、単一文化的な人口構成から多文化的な人口構成に変化しつつある。

経済的グローバル化、文化的グローバル化、そして政治的グローバル化。グローバル化をこのように区分することができるのだろうか。国民国家間の関係に質的な変化が生まれていることを「グローバル化」という言葉で語ることができると主張しているのは一般にエコノミストであり、その代表がライヒ (Reich, Robert) である。彼の基本的な主張は単純である。近代的な科学技術の発達のおかげで、資源と物品との運搬が迅速かつ安価に行われるようになり、情報の伝達は瞬時に行われるようになった。商品・サーヴィス・資本・アイデアの市場が、その結果、グローバル化した。国民経済はもはや独立しているのではなく重複しているのである。

ライヒによれば、グローバル化の鍵となるのは超国家的な法人 (corporation) である。最も利潤を上げつつある会社は、自らを「グローバル企業網」(global enterprise web) に変身させつつある会社である。確かにある

国にその中枢部を置いてはいるが、そのような会社はどこか特定の国に対する忠誠の義務を負わない。噛み砕いていえば、そのような会社の株主は世界中に散らばっており、雇われて働く人々も同じようにちりぢりばらばらに各地に分かれて働き、賃金を支払われている。

　ライヒの恐怖劇のシナリオは次のように語っている。来たるべき世紀においては、地球規模で起こりつつあるこの変化が、「政治と経済を再編成するだろう」。「特定の国が産出する製品や技術はなくなり、国家産業も潰える。いまわれわれが理解している意味での国民経済というものも存在しなくなる。国という境界の中に存在し続けるのは国家を形成する人々だけになる。各国家の第一義的資産は、その市民の技術と洞察力である」(Reich 1991, p.1.)。そして、進んだ地球経済において最も価値のある技術と洞察力は、問題が何であるかを理解し(problem-identification)、問題を解き(problem-solving)、問題を仲介する(problem-brokering)構想力である——ライヒのいわゆる「象徴的分析」(symbolic analysis)である。

　グローバル化論は、文化の領域では、経済の場合のように一貫性をもって語られてはいない。たとえば、グローバルなコミュニケーションは、差異化と統合化の両方向に働く力として論議されている。とはいえ、文化理論の提唱者たちは、少なくともその古典的な意味における「国家的なるもの(あるいは、国民的なるもの)」が役割を終えたという意味において、政治的グローバル化理論の提唱者たちに同調している。彼等が厳密に決めかねていることは、国家的なるものの代わりに何をそこに置くかということである。技術と、商業活動と、文化の同一性(同調性)を通じて、世界がますます規格的になり標準化されつつあることについては、一般的な同意があるものの、そこで描かれる図柄はいろいろなものの混合である。ロバートソン(Robertson, Roland)にとっては、グローバル化するコミュニケーションは、同時に、グローカライゼーション(glocalization)を意味する。彼は次のように述べている。「グローバル資本主義は、文化的同質性と文化的異質性によって条件づけられると同時に、その両者を促進する。差異と多様性を産

み出すことと、それを統合し強化すること（consolidation）は、現代資本主義の本質的な特質である。それは、どの場面でも、多様性に富むミクロ市場（国民文化的な、人種民族的な、ジェンダー的な、社会階層的なというようにさまざまな市場）を育てることにますます巻きこまれるにちがいない。同時に、そのミクロ市場は加速される普遍的グローバル経済活動の文脈において生起する……かくして、われわれは、『現実の世界』（real world）が、現代生活のマクロ的側面という意味におけるこの地球世界を、後期19世紀的な生活のマクロ的側面という意味における地域的なものに結び付けようと試みることを、肌で実感するにちがいない。日本において明らかなように、（大まかにいえば、グローバルなローカル化を意味し、土着化という概念に由来する）「グローカライズ」という言葉の造語こそが、このことを最も良く示す事例であると思う」（Robertson, 1992, p.173）。

　政治理論では、グローバル化にかかわる一連の議論は国家主権説と自律の問題を中心に行われている。この二つの問題が、新しいグローバルな秩序にどう融合されるかをめぐって論じられている。

### 生き残る国民国家

　経済、文化、政治におけるグローバル化が大きな影響をもつものであるとしても、それにもかかわらず、グローバル化論への批判があることを強調しておかなければならない。グローバル化論に対する批判的評価の一つ、ハーストとトンプソン（Hirst, Paul and Thompson, Graham）の『問われるグローバル化』（1996年）という書物は、その意味で適例である。二人の立場は次のようなものである。すなわち、ある地域では経済と政治においてますます国際化が進んでいることを示す証拠があるけれども、全地球の尺度でそれが進行していることを論じるところは弱い。歴史─経済的手法に沿いながら、二人は、貿易と投資の国際化には長い歴史があり、しかも20世紀を通じてそれが辿った発展の足取りは地域的に均等に起きたものではなく、また散発的だったという（Green, 1997, pp.157-8）。二人が出す結論は、ある国

の文化と社会的生産基盤は、その国の競争的な場面での有利さに関しては国ごとに異なるものを産み出しており、それは地球規模の経済によって消し去ることのできないものであるということ、さらに、経済の地球規模化は、その長期的な結果がどのようなものになるかを予想するにはまだ時期尚早な、ひとつの現象にすぎないということである。

　文化の領域でもまた、グローバル化論は批判されている。世界中の文化の次元で起こっている反グローバル化運動が政治的分野に対して一定の意味をもつに至ったことは、だれの目にも明らかである。

　政治の次元では、主権国家であり続けることを放棄することが最終的に当該国の主権を放棄することになると信じる理由はどこにもない。ヨーロッパを例にとると、教育・健康・交通・保安などの役務がいくつかの国々において私企業化されたことは事実であるが、それとてすべての国々において起こったわけではない。政府が財政政策や金融政策で影響力を行使することも稀になり、その労働市場政策をグローバルな競争に合わせなければならなくなったことも本当である。「しかし、長い目で見れば、政府の統制が及ぶ範囲は、減ったのではなくたぶん増えたのである。政府が直接責任を負うことになった領域には、環境・情報・著作権・航空の管理その他があり、そこでは政府は徐々にではあるが主役になりつつある。そればかりではない。ギデンズ(Giddens, Anthony)が述べているように(Giddens, 1985)、新しい情報技術は国家による管理と監視の潜在的可能性を増やすかもしれないという議論が広い範囲にわたって行われている」(Green, 1997, p.168)。

　人によっては、国民国家を救済するために、ヨーロッパ共同体のような超国家的な構造物を構想することもある(Milward, 1992)。そのような構造なしには、国民国家はかつてそれが果たしえた、そして国家を正統化しえた、安全と繁栄のための手段をその市民に提供することができなかったのだろうか。長い国民国家の歴史の道程のなかから、超国家的構造が育ってきた。しかし、ヨーロッパ統合は新たな一つの国(state)になることではな

い。それぞれの国で人々が、それぞれの国の諸制度に所属しているからであり、またブリュッセルの官僚機構に対して懸念が広がっていたり、中心部と周辺部があまりに遠く隔たっているからである。

　社会について纏めてみよう。先に述べたように、デューイは国民国家を民主主義に代えようと考えた。しかし、歴史はデューイが誤っていたことを示した。これまでのところ、国民国家は生き長らえており、予見される限り、将来も生き残っていくだろう。ここ当分の間、実際に国民国家に代わるものが現れるようにもみえない。しかしながら、それなら国民国家だけでいいかというとそうでもない。ライヒが公準として立てて見せたように、グローバル化する事態は国民国家を消滅させたりはしないだろうが、それは、現存する国民国家をして集団として協働するように強いるにちがいない。そうしなければ国民国家は自分自身を守れないからである。結果として、将来の社会は今日以上に極めて複雑な社会になるだろう。ハーストとトンプソンの語るところに沿っていえば、「政治は今まで以上に多極的になり、国家は重複しあっている複雑なシステムの一部になりさがり、しかも、政府の競合しあう諸局の輻輳したシステムの一レヴェルに過ぎなくなるかもしれない」(Hirst & Thompson, 1996, p.442)。

　極端に進むグローバル化に対抗して自らを守るために、もしかすると民主主義が依然として国民国家(中間段階の構造)を必要としているのかもしれない。また、あるいは、少なくとも一定程度同一の文化的伝統を認識している国民国家群のまとまりの内において、民主主義は機能する必要があるのかもしれない。そうであるとすれば、今日もなお、伝統的な国民国家がもともとそこから育ってきて、そして人類というものをつくりあげてきた、人間の異質的な文化集団は、人間にとって共通の運命なのかもしれない。

## 4　個人・教育・比較教育

### 個　人

　上に述べたことがらは、すべて、個人の水準にも影響する。おそらくは、ますます個人主義を目指す傾向が生まれるのではないだろうか。その場合、問題は、自分の利害と必要とによって動機付けられる個人が旧来の市民にどの程度までとって代わるかである。それは、われわれが、合理的に動機付けられた新しい地域のコミュニティの興隆を、国際化した世界、あるいは多くの人々が疎外された世界を公正に補正するものとして、どの程度まで容認するかということ問題にもかかっている。言い換えれば、周囲の世界を意に介さないような新しい人間集団の文化についての反省を欠き、狭い感情に訴えるようなものをよろこぶ人々の心のありようをどの程度まで容認するかという問題でもある。果たして、広がりはじめている新しい形の個人は、その拠りどころを地球規模のコミュニティと地域的なコミュニティの双方に同時に持っているのだろうか。それは、かつてチェコの教育者コメニウスが「愛国的世界人」(un patriote cosmoplite) と呼んだような個人だろうか。むしろ、その新しい世界の個人は、祖国 (fatherland) を持たない自己探求者、文化的相対主義者、世界の労働市場で自分の専門性を売りつつ、しかし多くの人々が共有する価値の文脈から離れて、自己が作り上げた世界にだけ住む個人ではないだろうか。

### 教　育

　そして、教育の分野ではどのような変化が予想されるだろうか。われわれの国で受け継がれてきた教育制度は、もはや知識の調整者として機能しないのだろうか。国民的学校制度 (national school system) は徐々にヴァーチャルで個別化された学習ネットワークにその道を譲るべきだろうか。最近の教育がますます国際化してきたこと、いくつかの国では地方分権化が進ん

だこと、そして、ますます市場化が進んだことは本当のことである。しかし、政府は学校制度を依然として統御しており、国の目的のために学校制度を利用している。それゆえ、現代社会において社会的な統合力として働くべき教育の展望は、グローバル化によって必ずしも狭められたわけではない。「狭められたのは」、アンディ・グリーンに従えば、「少なくとも西欧では、社会的統合と安定をその目標として追求する政府の意思である。しかし、学校制度は、グローバルな市場の導入によって社会が原子化し、ますます機能不全に陥っている以上、変わらざるをえない」(Green, 1997, p. 186)。

　しかしながら、未来のために見通されるべき教育の組織的モデルはどのようなものだろうか。一つのモデルは、国民国家がこれまで以上に特定の知識分野でその規制力を強めたモデルである。特定の知識分野とは、母語・国民の歴史・国民の文学である。その場合、国民的な遺産や国民的な趣味、そしてその評価を守るために公租により財政措置を講じつつ教育課程の細部にまで立ち入ることをつうじて、国家による規制が行われる。このモデルは、フランスのように、他に比べればより中央集権化された国家にも、今日のデンマークのように、どちらかと言えばより地方分権化された国家にも、当てはめることができる。そこでは、教育課程開発の指針が、政府・地方議会・市議会・専門団体の間の協議によって実践されている。このモデルの長所は、それがある程度の同質性を保障することである。このモデルの弱点は、費用が嵩み、官僚制に傾き、変化して止まない情況に対応することが遅くなることである。もちろん、教育における自由な選択という要求にどの程度まで応えられるかという問題もある。

　これと対極をなすモデルがある。市場モデルである。その特徴は、極度の教育の「私事化」(privatization)である。それは、教育の受容と供給とを市場の決定に委ねることである。国家が介入するのは、教育の最低限度の質と基準を充足させるためである。制度を動かす経費は利用者の支払う代金である。このモデルの長所は、公的負担が軽減されること、新しい需要に

いち早く応えることができ、非官僚的であり、かかわる諸機関に相対的に高い自治と自律とを供与することである。不利な点は、国民統合あるいは社会統合という点から見たとき、文化的多様性を支持し、国民・社会の統合という点からは望ましくないことである。また、当該国民国家の成員の間に、社会的経済的階層間格差が広がり、その調整をとることができないのではないかという疑いも生まれる。アメリカと日本の高等教育セクターでは、このモデルが支配的である。

　第三のモデルは、複合的なモデルであるが、上述の二つのモデルの長所を活かし、短所を除去したモデルである。要するに、このモデルでは、公的に財政措置された国の教育制度という核を存続させ、そこでは教育の構造やカリキュラムや評価については法律によって定め、そうすることで「優れた教育」(good education)の基準を関係する教育制度に対して保障し、その他のことは需要と供給の私的市場に任せ、市場の利点を活用する。利用者が料金を負担するという不利な点を取り除くために、私的セクターはしばしば擬似的市場として組織される。つまり、本物の市場としてではなく、教育制度とそのサーヴィスをひとりの生徒が購入した場合に支払わなければならない金額を、その生徒に給付するというやり方で（ヴァウチャーと呼ばれる）あたかも市場の如き制度を導入するのである。このようなやり方で、競争の利点が保たれ——少なくともそういうふうに理想化されている——経済的に弱い位置にある子どもを窮状に放置しないのである。このモデルは、〈生徒は選択を許されたら質の良い教育を選ぶ〉という仮説に立っている。したがって、このモデルは一般に教育の改良に貢献するはずだと見なされている。しかしながら、生徒の選択は、つねに自覚的であるとは限らないし、そうであるべきだと計画者によって想定されているほどに合理的でもない。施設の方も、また、人為的に作られた競争で生き残るために生徒を集めることを狙って、人の気を引くだけの軽率な選択肢を用意することがある。

　教育の基本問題は、デューイによれば、国家的国民的な教育の目的ともっ

と広い社会的な教育の目的との間の葛藤から生まれる。そうして生まれた問題には、いまだ、ちゃんとした答えが与えられていない。もっとも、今日では、社会的統合ともっと大規模な地球的目標との間の葛藤として、問題はデューイよりもずっと正確に定式化されている。

**比較教育**

　1817年は、通常、「比較教育」が誕生した年だといわれる。それは、ほかでもないジュリアンが「計画」を書いた年で、最初のデンマーク国民教育法が制定された年から僅か三年後のことだった。1814年と1817年とは時間的には近い。人は、偶々、同じ頃だったのだろうと思うかもしれないが、それは違う。比較教育の歴史は国家的学校制度の歴史と緊密に関連している。国民国家群を比較し、普遍的な教育問題と見なされた問題への違った対応を見出すことは、その時代の比較研究の主要な目的だった。今日では状況はやや変わっている。比較研究の実質的な部分は、依然、国民国家間の比較だろうが、文化と文明のように、数ヶ国にまたがり、あるいは数ヶ国に重なるような、広範囲な教育的実態間の比較が求められている。国民国家群は経済的・政治的な構造によって統合される過程にあり、この過程に比較教育は付添っていかなければならず、その過程はやがて徐々にではあるが比較教育のあり方を変えるにちがいない。同時に、比較教育にとっては、基本的で普遍的な教育問題について討議を続けていくことも重要な課題である。個人的には、社会―個人―教育を頂点とする三角形以上に誰にとっても重要な問題は他にないと思う。

**文献**

　Buzan, B. and Segal, G.（1998）, *Anticipating the Future*, London: Simon & Schuster.
　Dewey, John（1916）, *Democracy and Education, Middle Works*, vol. 9, by Jo Ann Boydston（eds.）Carbondale, IL: The Southern Illinois University Press.
　Fukuyama, F.（1992）, *End of History and the Last Man*, London: Hamilton.

Green, A. (1997), *Education, Globalization and The Nation State*, London, MacMillan Press.

Hirst, P. and Thompson, G. (1996), *Globalization in Question: The International Economy and Possibilities of Governance*, Cambridge: Polity Press.

Huntington, S. (1996), *The Clash of Civilizations and the Remaking of the World Order*, New York: Simon & Schuster.

Milward, A. S. (1992), *The European Rescue of the Nation State*, London: Routkedge.

Reich, R. (1991), *The Works of Nations: A Blueprint for the Future*, New York: Vintage.

Robertson, R. (1992), *Globalization, Social Theory and Global Culture*, London: Sage Publications.

# 第4章　制度としての近代教育
―― 正当化のグローバル化

田中　智志

## 1　近代教育の正当化問題

**なぜ教育は善いものか**

　ここで試みたいことは、社会理論の見地から、近代教育を正当化してきた意味のメカニズムをスケッチすることである。ここでいう「正当化」(legitimate)は、バーガー(Berger, Peter L.)ふうにいうなら、偶然的に生成した意味を必然的に存在する規範にかえることである。ある秩序・規範について、それが言説によって構成されたものだという本性をできるかぎり隠蔽し、本来、無から形成されたはずの秩序・規範を、まるで原初以来、存在してきたかのように思わせることである(Berger 1967=1979: 48ff)。

　したがって、端的にいえば、正当化とは、一定の言説空間において歴史的・社会的な出来を普遍的・超越的な実体として意味づけることである。そのいみで、近代教育の正当化は、局所的に・偶然的に生じた善きものとしての近代教育、つまり「モダニティとしての教育」(森重雄)が普遍的に妥当する善きものに変貌することである。

　なるほど、〈なぜ教育は善いものなのか〉という問いには、すでに常識的な答えが用意されている。たとえば、「人間の完成」「発達」「自由」「平等」は、理念としてかかげられている社会的な規範だから善いものであり、教育は

子どもの「人間の完成」「発達」を保障し、「自由」「平等」という理念を実現するために営まれているから善いものである、という答えである。ほかにも、(社会的)「成功」は善いものであり、教育は子どもに「成功」をもたらすものだから善いものである、という答え方もあるだろう。

　こうした答え方はすべて、〈教育目的が善いから教育行為も善い〉という目的／手段の関係にもとづく正当化論である。目的／手段の関係にもとづく正当化論はもっともらしく見える。〈なぜ教育は善いのか〉という問いを過度に単純化してきたものは、こうした目的から行為を意味づけるという論法である。善い目的のためにやっているから善い行為である——この論法のいったいどこが問題なのか、といわれるかもしれないが、大きな問題がある。残念ながら、善い目的のためにやっているから善い結果を生みだすとはかぎらないからである。

**教育への疑念**
　善い目的のために営まれてきたはずの教育は、いわゆる「教育問題」「教育病理」を生みだしてきた。日本の場合、たとえば、世代間にわたる階級的不平等の再生産、行きたくても行けない不登校、学校に行くとどういうわけかやりたくなるいじめ、あからさまな暴力が減少するなかで増大する動機なき殺人の欲望などである。

　事実、善い目的をめざしてなされる行為が善くない結果を生みだすというパラドクスに直面してはじめて、教育(近代教育)にたいする疑念も生まれてきた。日本の場合、それは努力信仰がゆらぎはじめたおよそ1980年代以降のことである。そのころから現代にいたるまでの教育にたいする疑念は、ごく大まかにいうなら、次の三つに分類されるだろう。

　教育にたいする疑念の第一のタイプは、教育手段に問題があるのではないか、という疑念である。教育方法・教育内容・教育管理が適切ではないのではないか、と。第二のタイプは、教育目的が見失われているのではないか、という疑念である。「子どものため」といいながら、じつは「学校の

ため」「教師のため」ではないか、と。第三のタイプは、善い目的のためにやっているだけで善い行為といえるか、という疑念である。この場合、疑いの眼は、教育目的・教育方法をふくむ教育全体に向けられている。

　これら三つのタイプの教育にたいする疑念は、それぞれ固有なかたちで教育的な言説を生みだしてきた。第一のタイプは、もっと教育方法・教育内容・進級形態を工夫しようという、広い意味でのカリキュラム改革論を生みだしてきた。第二のタイプは、教師の教育者としての自覚をうながす教職教育改革論を生みだしてきた。そして、第三のタイプは、「反教育学」「脱学校化論」「批判的教育学」のような、教育の廃絶を視野に入れたラディカルな教育批判、つまり近代社会全体にたいする批判を生みだした。

　教育の正当性を問うことは、第三のタイプに属する議論である。第一のタイプも、第二のタイプも、教育の目的を疑っていないからであり、また工夫を求めているにしても、教育の手段そのものを疑っていないからである。いいかえるなら、第一のタイプも、第二のタイプも、教育の〈目的／手段〉図式を支えている思考様式を無批判に受容しているからである。これにたいして、第三のタイプは、教育の〈目的／手段〉図式を成り立たせている思考様式そのものを批判しようとしているからである。

　教育の〈目的／手段〉図式を成り立たせている思考様式の批判的対象化は、近代的事象としての教育を正当化する歴史的・社会的なメカニズムを明らかにすることである。すでに明らかにされているように、教育は普遍的・超越的な実体ではなく、近代という時空間に登場した歴史的・社会的な事象である (Illich 1982, 1984; 森 1987, 1993; 田中 1999)。そのいみで、私たちがよく知っている教育は近代教育である。この近代的事象としての教育を普遍的・超越的な実体と誤認することは、結果によってその出現を説明することである。それは、いいかえれば、善いものとしての教育はもともと善いものだったから生みだされたと考えることである。これはトートロジーであり、社会科学的な説明ではない。

　社会科学的な説明は、すくなくとも普遍的・超越的な実体を想定する形

而上学から無縁でなければならない。近代教育学のように人間形成としての教育に絶対善を見いだし、教育の正当性を確認することではなく、いささかフーコー (Foucault, Michel) のいう「歴史的存在論」 (ontologie histoire) に傾斜した考え方であるが (Foucault 1994=1999-2002, No.84: 14)、かつていかがわしいものと見なされていたはずの教育を普遍的・超越的な実体に変質させていくメカニズムを暴くことこそが、社会科学的な説明である。

すくなくとも日本の教育史学においては、この種の社会科学的な先行研究は見あたらない。なるほど、1970年代・80年代のアメリカに目を転じるなら、「リヴィジョニスト」 (revisionist) とよばれた社会学的な教育史学が[1]、教育システムの組織の変化、学校組織の改革運動をめぐって、教育の正当化にかかわる議論を展開したが、その議論の射程は、19世紀後半から20世紀前半のアメリカにおける教育と資本主義との関係に限定されていた。

以下、社会科学的な教育正当化論の一つとして、「制度主義」 (institutionalism) の教育システム論をとりあげたい。制度主義は、マイヤー (Meyer, John W.) を中心に、ラミレス (Ramirez, Francisco O.)、ボリ (Boli, John)、トーマス (Thomas, George) たちが追究している社会理論であり、それは、教育を国民国家を土台として存立する近代的な「制度」と位置づけ、教育のグローバル化を国民国家的な統治形態のグローバル化から説明している。ともかく、彼らのいわんとしていることを確認しよう。

## 2 近代教育の制度化論

**教育という謎**

マイヤーは、1977年に制度主義派のバイブルともいえる論文「制度としての教育の効果」を発表し、教育（近代教育）の特徴について、次のように述べている。

「教育が近代社会の神話であるとするなら、それは強力である。し

かし、この神話の効果は、個々人がこの神話を信じているから生まれるのではない。個々人が、みんながこの神話を信じていると〈思っている〉から生まれる。つまり、みんなが〈すべての実際の目的に〉教育がふさわしいと信じているから生まれる」(Meyer 1977: 75)。

つまり、マイヤーにとって、教育が近代の神話であるということは、大多数の人びとが「教育は善いもの」と信じていることである。いいかえるなら、教育の有用性ではなく教育の自明性が教育を正当化していることである。この教育という近代の神話を再生産しつづけているメカニズムを、マイヤーは「制度化」(institutionalization)と呼んでいる[2]。

「制度化」という言葉には、マイヤーの教育にたいする不信が滲みでている。私たちの多くは、教育を人格・能力を形成するポジティブな営みであると考えている。しかし、マイヤーは、教育を人格・能力を形成するポジティブな営みであると考えていない。彼にとって教育はあくまでも、自明化されている社会秩序をあらためて自明化する営みなのである。

「私は、教育を入念に個人を形成する生産組織と見なす現代的な教育組織観から離れる。近現代の教育は、生産組織というよりも、強力なイニシエーションの儀式をつうじて[子どもに]新しい社会的な役割を与える、制度化された儀礼のシステムに見えるからであり、また、あらたな権威的な知識によって諸階級をあらたに創りだすことによって、社会を次世代に継承させる装置に見えるからである」(Meyer 1977: 56)。

マイヤーにとって、教育の第一の機能は「人材配分」である。「教育関係者が抱いている関心は、教育システムで用いられる諸カテゴリーを社会的な規準に合わせることによって教育システムを社会に適合させることである」(Meyer=Scott 1983: 49)。もっと端的にいうなら、マイヤーにとって、教

育は人格形成・能力形成の営みというよりも、ソーティングマシンである。それは、人格も能力も生産しないまま、一定の社会的な規準にもとづいて、子どもを分類し彼(女)らを社会的な位置に配分するだけである。

　しかし、マイヤーにとっての問題は、教育システムで用いられる配分規準がメリトクラシー(業績主義)であることではない。マイヤーにとっての問題は、教育システムが子ども・人を社会的地位に配分するだけであり、工場のような生産的機能を果たしていないにもかかわらず、重視されているという社会的現実である。つまり、近現代社会においては、一般に非生産的なものは善いものと見なされないにもかかわらず、その非生産的である教育がどうして善いものと見なされているのか——これがマイヤーにとっての問題なのである(Meyer 1977: 58-65)。

　マイヤーが用いる「制度(化)」という概念は、教育の謎めいた現実を説明する概念である。それは一般的な意味では無用であるが、一般的な意味で有用なものを可能にしている基礎的なルールであり、それを具体化し再生産することである。彼は、学校組織・教育実践は、その学校組織・教育実践をとりまいている社会の規範・神話・象徴・儀礼・態度など、それ自体は生産的なものではないが、その社会を成り立たせている意味世界的な台座である基礎的なルールを体現し、そうすることによって社会の意味世界的な台座を再生産している、と考えている。つまり、マイヤーは、いわゆる「生産」は、この社会の意味世界的な台座(＝制度)の体現と再生産という営み(＝制度化)に支えられてはじめて可能である、と考えているのである(Meyer 1977, Meyer and Rowan 1977; Meyer=Scott 1983)。

### 制度主義の立てる問い

　1980年代に入ると、マイヤーの制度(化)概念は、彼の仲間たちの間(マイヤー学派)で共有されていった。1987年のマイヤーたちの定義によれば、「制度」は、自然科学的ないみでの自然に対立する概念であり、「社会的な活動に一般化された意味を与えるとともに、それを一定の定型化されたか

たちで制御するひとまとまりの文化的な規則」である。「制度化」は、「こうした文化的な規則が自然なもの・自明なものに見えるようになることであり、それ以外の解釈や規制が無視されるようになることである」(Meyer, et al. 1987: 36-7)。しいていえば、マイヤーたちのいう「制度」は、その基底性からして、ヴィトゲンシュタイン（Wittgenstein, Ludwig）のいう「言語ゲームの規則」に近いといえるだろう（Wittgenstein 1968=1976）。

　1980年代から現在にいたるまで、マイヤーたちが制度（化）概念を駆使し明らかにしようとしたことは、教育が「世界文化」(world culture) となったことであり、個々の国家領域をこえてグローバルし続ける制度であることである（Ramirez=Meyer 1980; Boli=Ramirez 1986; Meyer and Ramirez 2000）。教育は、「キリスト教信仰」と同じように、国家内事象ではなく国家間事象である。ボリ=ラミレスは次のように述べている。

　　「なるほど、キリスト教教義の本質もその教会も国ごとに大きく異なっている。とりわけ宗教改革以降、そうした傾向にある。しかし、キリスト教信仰の核心は、キリスト教が世界のいたるところで個人的な意味、社会的な意義をもっていることである。いいかえるなら、個々の国家というレベルにおいてではなく、国家間事象としてキリスト教信仰が存在することである。教育は、キリスト教信仰と同じように、国家間事象である」(Boli=Ramirez 1986: 66)。

　マイヤーたちにとっての問題は、どのようなメカニズムによって、近代教育が世界全体に広がろうとしているのかである。世界をおおうような巨大国家も存在しない。近代教育はもともと国家に帰属し国家を台座として成立していたはずである。にもかかわらず、なぜ今、近代教育は世界に広がろうしているのか。マイヤーたちは、価値論的に、近代教育が普遍的に善いもの見なすことで、この問いに答えようとはしていない。マイヤーたちは、あくまで社会科学的に、近代教育をグローバルな規模で正当化する

ものを明らかにしようとしている。彼らの議論を詳しく確認しよう。

## 3　教育を支える政治的神話

**国民国家・世界政体という契機**

　マイヤーたちは、近代教育の主要な存立契機が近代の国民国家であることを否定していない。むしろ、それは彼らの大前提である。「高いレベルで制度化された集合的な権威は、国家のない社会に通過儀礼という祭式を創りだした。国家のある社会では、強権的で権威的な国家が大衆教育を創出し拡大し全国化していった」(Ramirez=Meyer 1980: 373)。

　しかし、大衆教育(近代教育)は国家がむりやり国民に押しつけたものではない。マイヤーたちによれば、大衆教育は「文化というイデオロギー」を文脈とすることによって、人びとに善いものとして自然に受けいれられていった。このような「大衆教育の制度化にリンクしているものは、国民形成のプロセスである——つまり複数の国民共同体を統合する政治的な[意味]構築のプロセスである」(Ramirez=Meyer 1980: 393)。

　それなら、なぜ教育は国家間事象となるのだろうか。マイヤーたちは、その理由を国民国家と外部環境との相互依存関係に見いだしていく。すなわち、近代の国民国家は、ウォーラスティン(Wallerstein, Immanuel)が提唱した資本制経済の世界システムに類するもの、すなわち国民国家の世界システムとしての「世界政体」(World Polity)を構成し、この「世界政体がそれぞれの国民社会(national societies)を『サブ経営体』(subeconomies)[＝国民国家の統治組織]にしたてていく」という。いいかえるなら、「国民国家はたがいに模倣しあうとともに、一つの国民国家をこえた世界システム[＝世界政体]を創りだすのである。こうしておどろくほど類似した……国家形態、国家機関、教育システムが創られていく」と(Meyer 1987a: 42)。

　マイヤーたちは、教育システムと国民国家との関係と、教育システムと世界政体との関係を区別している。国民国家は、教育システムを生みだす

主要な契機(「起源」)であり、世界政体は、教育システムを拡大再生産する決定的な要因である。18世紀後期から19世紀初期にかけて教育システムを立ちあげたものが国民国家であり、19世紀末期から20世紀後期にかけて教育システムをグローバル化したものが世界政体である(Ramirez=Meyer 1980: 371)。ようするに、教育システムが国民国家を台座としながら創出され、次に世界政体を台座としながら拡大していく——これが初期の段階(およそ1980～1985年)において、マイヤーたちが描いた教育システム形成の基本的なシナリオである。

**社会的な変容**

しかし、1980年代後半になると、マイヤーたちは、教育の制度化論をさらに広く深い文脈に位置づけるようになった。すなわち、彼らは、教育を制度化するものを、ヨーロッパ全体の「社会的な変容」と「国民社会の西欧モデル」(Western European model of national society)という二つのレベルに見いだした。「社会的な変容」とは、(反)宗教改革、国民国家の形成・国家間システムの形成、交換経済の拡大である。マイヤーたちとりわけラミレス＝ボリは、教育システムの起源をこの「西欧の文化・政体・経済の相関的な変容(related transformations)」に見いだした(Ramirez=Boli 1987b: 3)。

a. まず、ラミレス＝ボリは、宗教改革・反宗教改革の展開は、教育を可能にする三つの効果を生みだしたと主張している。第一に、キリスト教のヘゲモニーがくずれ、かわりに世俗的な権力が信じられていくことである。内部抗争しつづけるものを、人びとはしだいに信頼しなくなるからである。第二に、神が人格の内部に見いだされ、リテラシーにもとづいた個人の自律化(個人主義)が醸成されていくことである。第三に、子どもが原罪を刻まれた悪しき存在ではなく、未来に開かれた無垢なる存在とみなされ、人びとのあいだで子どもの社会化にかんする関心が高まることである(Ramirez=Boli 1987b: 12)。

b．次に、ラミレス＝ボリは、国民国家の登場は、キリスト教をたんに否定したのではなく、キリスト教の思想構造を再構成して国家の統治構造に反映させていったと主張している。すなわち、教会が「神権」(divine right)を守護し、そうすることによって自分を正当化したように、国家は「人権」(human right)を守護し、そうすることによって自分を正当化していったと考えている。この国民国家の存立契機は、「ヨーロッパに固有な政治的な特徴である国家間システム」であり、この国家間システムに、ローマ帝国におけるローマ・カトリックのような中心は存在しない。国家間システムは、国家がそれぞれ主権をもちながら、たがいに牽制しあい、模倣しあうという状態である(Thomas=Meyer 1984)。つまり、国家は、人びとを「国民」に成型し守護する存在となり、そうした在りようを国家間システムをつうじて広めていったのである(Ramirez=Boli 1987b: 13)。

c．最後に、ラミレス＝ボリは、「交換経済」(資本制経済システム)は、国家の在りようを大きく変えたと主張している。第一に「交換経済」が国家財政を強化し、統治作用を充実させたこと。つまり、行政組織を生みだしたこと。第二に、「交換経済」が契約法を発達させ、私有財産を増大させ、労働市場を創出したこと。いいかえるなら、人びとを農奴制・借地制のくびきから解放するとともに、人びとを労働力商品に変えていったこと。第三に、「交換経済」が国家の関心を生産的な人間の形成に向けさせたこと。つまり、実学教育・社会医学を生みだした。第四に、「交換経済」が「教育あるブルジョア階級」を官僚制国家機関に専門職者として参入させ、教育の社会的な価値を増大させたこと。つまり、学歴・資格が職業上・社会的な成功の主要な手段と見なされるようになり、メリトクラシーが確立したことである。

ただし、ラミレス＝ボリは、アメリカの教育史学のリヴィジョニストを批判して、資本家階級・中産階級が教育システムの拡大を求めたわけでは

ない、と述べている。むしろ、資本家・中産階級は競争の激化を恐れて、それに反対してきたのだ、と。にもかかわらず、「中産階級の経済的成功によって、国家の組織的な権力が強化されるとともにその魅力も高まったため、人びとの普遍的な公教育を求める欲望をとどめることはできなかった」と。したがって、ラミレス＝ボリにとっては、国家による教育システムの拡大が中産階級の成功がもたらした「意図せざる帰結」であるように、国家と教育システムとの結合も、宗教改革の勝利がもたらした「意図せざる効果」である(Ramirez=Boli 1987b: 14)。

　ようするに、マイヤーたちによれば、宗教改革・反宗教改革が生みだしたものは〈教会支配よりも国家支配のほうが善い支配である〉という通念であり、国民国家と国家間システムが生みだした効果は〈公立学校・公立病院・保健所・刑務所といった社会的な統治機関がそなわっている国家が善い国家である〉という通念である。そして、交換経済が生みだした効果は、〈「中産階級」(アメリカ・ブリテン)、「ブルジョアジー」(フランス)、「教養市民層」(ドイツ)に属する人間こそが善い人間である〉という通念である。

**大衆教育を制度化する政治的神話**

　このような「社会的な変容」を文脈としつつ、教育システムの制度化を生みだした第二の条件がある。それは「国民社会の西欧モデル」である。マイヤーたちにとって、「国民社会の西欧モデル」は「現実を規定するものであり、ひとまとまりの制度化されたものである。それは象徴界[＝意味世界]として作動し、国民社会内部のなんらかの実体、組織形態、行動計画に意味と正当性をあたえ、それら以外のものを知りえないもの、維持されえないものにしたてる」言説である(Ramirez=Boli 1987b: 3)。

　「国民社会の西欧モデル」は、次の五つの基本概念から構成されている。①19世紀に家族・クラン・宗派などの「共同体的な単位」を切りくずすために創りだされた自律的な存在としての「個人」。②この個人の総和として、これもまた新しく創りだされた「国民」。③全体社会が発展するための前提

としての個人の「発達」、国民を総動員して「よりよい未来の実現過程」としての「進歩」。④この「よりよい未来」をになう子どもにたいする国家の働きかけつまり「教育」、そして不断に人生の課題を解決していくプロセスつまり「連続的なライフサイクル」。⑤最後に、国家が養育した国民を守護し、進歩を保証する「国民国家」という概念である (Ramirez=Boli 1987b: 10)。

　マイヤーたちにとっては、「個人」「国民」「進歩」「教育」「ライフサイクル」「国民国家」といった概念はすべて、国民国家が人びとを政治的に操るために創りだした概念、つまり「政治的神話」である。しかし、これらの概念は今や、全世界にひろがる「世界システム」の主要な構成要素になりつつある。世界システムを構成する国民社会に生きる人びとにとって、これらの概念は自明性・必然性にみえる。この自明性・必然性の人為性・偶有性を示すことによって、自分たちを自分たちが信じている神話から解放すること――これがマイヤーたちの基本的な目的である (Meyer, et al. 2000)。

　したがって、マイヤーたちにとって、教育はきわめて重要な問題である。教育は、西欧近代を支えている政治的神話の中核に位置しているからである。教育は、主権をもつ国家と自律的な個人がともに制度化されているところに生じた制度だからである。国家と個人とは、「国民」という概念によって媒介されるが、この国民を形成する営みが教育システムだからである。したがって、世界が主権国家（国民国家）によって分割され覆われるなら、世界は必然的に教育で充満していくはずである。

　ようするに、マイヤーたちが論じる教育システム拡大のメカニズムは、①宗教改革、国民国家の誕生、交換経済の拡大が「国民社会の西欧モデル」という言説を醸成すること、②国民社会の西欧モデルという言説が宗教改革、国民国家、交換経済の登場したあとの社会現実にふさわしいことから、正当性（自明性・必然性）をえていくこと、③この正当性（自明性・必然性）にみちた国民社会の西欧モデルが近代教育の前提命題であること、である。こうして近代教育は、人が個人になろうとし、個人を守護する国家を信頼しようとし、さらに社会の進歩を信じているかぎり、正当化されていく。

教育が国民社会の西欧モデルによってフォーマットされているかぎり、教育によって実際に不平等・貧困といった社会問題が解決されなくても、教育は善いものと信じられていくのである。

## 4　近代を支える文化的記述

**存在を創出し意味を構築する文化**

　ところで、森重雄は、マイヤーたちの教育の制度化論について、共感的に批判している。1987年に森は、なるほどマイヤーたちの議論は教育の存立メカニズムを明らかにしようとしている点において高く評価できるが、彼らは「制度化」という言葉をマジックワードとして使っているように見える、と述べている（森 1987）。また、2000年に彼は、さらにふみこんで、マイヤーたちは「前提が結論となり結論が前提となる種類の論点先取りの誤謬」を犯している、と論じている（森 2000）。

　森の批判はもっともな批判である。マイヤーたちは、たしかに制度化がどのように始まるのか、その点を問題にしていないからである。具体的にどのような組織が制度化を実行したのか、どのように実行したのか、不問に付されているからである。端的にいえば、彼らは、教育という制度が教育を具体的に制度化するメカニズムを何も論じていないのである。

　しかし、マイヤーたちの議論を読み込んでいくなら、彼らが制度化の基本的なメカニズムをいくらか具体的に示していることがわかるだろう。注目すべき概念は、マイヤー＝ボリ＝トーマスが考案した「文化的記述」（cultural account）である。「文化的記述」とラミレス＝ボリがいう「政治的神話」との関係は、はっきり述べられていないが、おそらく「政治的神話」は「文化的記述」を前提にして成り立っていると考えられるだろう。なぜなら、「文化的記述」が「現実の記述であり、事態が何であり何でないか、何でありえて何でありえないか説明するもの」（Meyer, et al. 1987: 29）、つまりもっとも基底的な世界像の内容だからである。

「文化的記述」は、いわば命題を成り立たせ、意味を構築する存在論である。彼らにとって「文化」は、行為をたんに条件づける道徳的な規範や科学的な規則ではない。行為そのものを可能にする言説(意味世界)の土俵のようなものであり(Thomas 1989: 13, 22-23, 89)、大まかにいえば、クーンのいう「パラダイム」、フーコーのいう「エピステーメ」にあたる。もしも「文化」が私たちの行為を条件づける規範・規則に見えるなら、それは私たちが行為主体を実体化し、「文化」を道具化しているからである。

> 「個人であれ、集合体であれ、社会的な行為者を物象化することは、『文化』という敷物の下にある重大な営み[すなわち文化による命題創出・意味構築]をきちんと認識しないまま掃き捨てることである。社会的な行為者を具体的な実体と見なすからこそ、文化の概念は一般的な価値(たとえば、宗教的な道徳)という通念、知識・技法の体系(たとえば、科学的な規則)といった通念に還元されていく。つまり、文化は、それが行為者の意識構造・思考様式、すなわち個人的な価値観・情報、集合的な価値観・技法に浮かびあがるときにだけ、注目されるようなものになってしまうのである」(Meyer, et al. 1987: 21 [ ]内は引用者の補足)。

つまり、マイヤーたちが「文化的記述」に命題創出・意味構築という働きを見いだすわけは、文化が「社会それ自体の制度的なモデル」つまり社会像をふくんでいるからである。すなわち、文化は「社会とはこういうものである」という一定の社会像をつくりだし、またそのような社会像にふさわしい行為者像をつくりだしていくからである。マイヤーたちにとって、従来の文化の概念の多くは、「近代社会の核心をなしている文化的記述が近代社会に意味や価値を与えているという事実、そして文化的記述が近代社会を構築しているという事実を忘れている」のである(Meyer, et al. 1987: 21)。

## 存在論としての「文化的記述」

　マイヤーたちが注目する「文化的記述」は西欧に固有なものであり、西欧を根底的なレベルからフォーマットしてきたものである。マイヤーたちによれば、「文化的記述」は、次の三つの命題から構成されている。

　第一の命題は、〈歴史的で多様な社会の外部にある宇宙（cosmos）は普遍的であり抽象的である〉という命題である。これは、宇宙は神の創りだした普遍的で単一の秩序であり、社会は人の創りだした歴史的で多様な秩序であることを意味している。こうした〈社会／宇宙〉の区別は、もちろんユダヤ＝キリスト教に由来する考え方である（Meyer, et al. 1987: 30）。

　「文化的記述」の第二の命題は、〈道徳的な権威と自然とを結びつけるものは社会である〉という命題である。マイヤーたちによれば、人間も社会も、本来、神の意志にかなうべき「道徳的な企て」である。いいかえるなら、道徳的でない人間にも社会にも存在意義はない。人間の「発達」（development）であれ、社会の「発展」（development）であれ、すべての「進歩」（progress）は、それが「道徳的な企て」であるからこそ価値がある。現在、「進歩」の多寡は貨幣量によってはかられがちであるが、マイヤーたちによれば、本来、「進歩をめざすすべて営みは［神意にかなう］普遍的な文化の枠組のなかで生みだされたものであり、その多寡は、普遍的な価値規準によってはかられるものである」（Meyer, et al. 1987: 30）。

　「文化的記述」の第三の命題は、〈個人は個別的で道徳的な存在である〉という命題である。マイヤーたちによれば、キリスト教的な意味での「魂」は、神と直接的に結ばれているが、近代社会に存立する「個人」は、社会を介して神と間接的に結ばれている。いいかえるなら、社会は、神意にかなう道徳的価値（「正義」）によって評価されなければならない」。西欧社会における「正義」は、「進歩」と同じように、神という道徳的権威とリンクしている。この正義を達成する営みが、「社会に参加すること」すなわち労働し投票し消費することであり、また「自然の恩恵が分配されること」すなわち収入を

確保し生活を向上させ資材を所有することである (Meyer, et al. 1987: 31)。

　たとえば、近代社会に広まった教育システムの組織(学校)は、こうした「文化的記述」を前提にし、それを体現している。それは、けっして合理的な問題解決方法ではない。

> 　(教育システムのような)「西欧的組織の構造は……具体的な問題にたいする合理的な対応策ではなく、裾野の広い文化的な前提命題にもとづいて創りだされた儀礼的な制定物と見なされるべきである。どのような複雑な社会においても、儀礼的な形態と実践的な問題とははっきりと区別されているが、ほかの場所と比較するなら、近代西欧においては、普遍化され高度に抽象化されている宇宙の概念のために──そして自然と道徳の究極な権威のために──この区別があいまいだった」(Meyer, et al. 1987: 32)。

　つまり、近代西欧社会においては、ユダヤ＝キリスト教の理論が、科学的な言説と見まがうくらいに抽象度が高く自明性をおびていたために、医療行為のように因果関係が比較的明白な領域はともかく、教育行為のように因果関係があいまいな領域では、その神学的な儀礼が人びとの思考をつよく規定してきた、というのである。

　以上のようなマイヤーたちの議論を整理するなら、教育システムを正当化する言説として、①国民社会の西欧モデルという「政治的神話」があり、②この「政治的神話」をささえている、ユダヤ＝キリスト教の神を前提にした普遍的な道徳、この普遍的な道徳を求める社会・個人を信じて疑わないという「文化的記述」がある。ひとことでいえば、教育を支えている「政治的神話」は、ユダヤ＝キリスト教的な「文化的記述」によってフォーマットされている。そして、教育は「文化的記述」「政治的神話」という基礎言説にフォーマットされているからこそ、そうした基礎的言説にフォーマットされた西欧社会に広く受けいれられたのである。

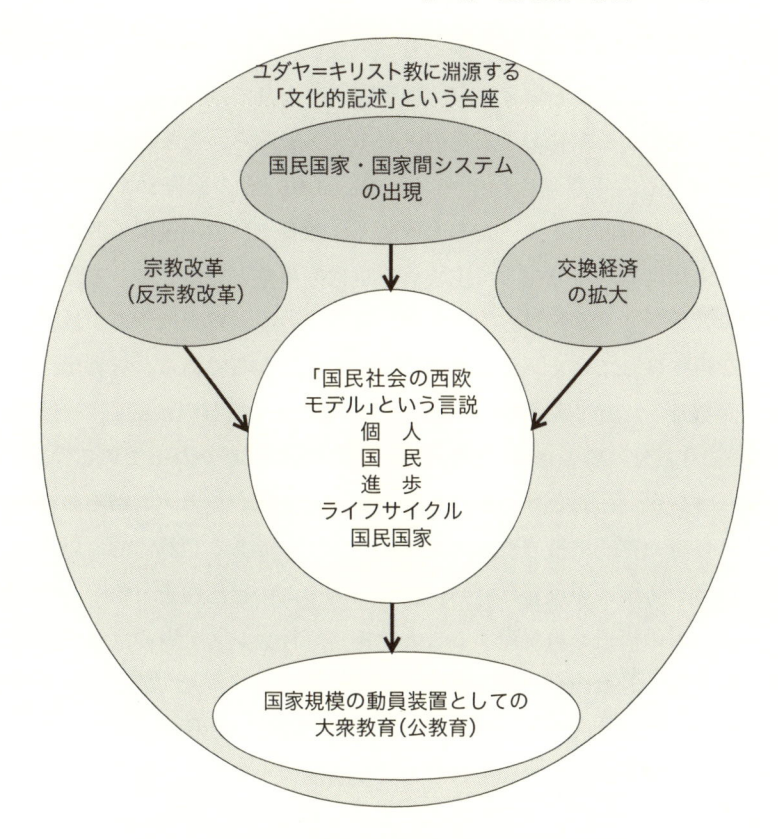

## 図1 マイヤーたちの大衆教育の存立メカニズム

（図の内容）
- ユダヤ＝キリスト教に淵源する「文化的記述」という台座
  - 国民国家・国家間システムの出現
  - 宗教改革（反宗教改革）
  - 交換経済の拡大
  - →「国民社会の西欧モデル」という言説
    - 個 人
    - 国 民
    - 進 歩
    - ライフサイクル
    - 国民国家
  - →国家規模の動員装置としての大衆教育（公教育）

## 5 近代教育の自己正当化論

**教育による教育の正当化**

　なるほど、これまで述べてきたように、教育（近代教育）は、マイヤーたちが「国民社会の西欧モデル」と呼ぶ「政治的神話」によって、そしてユダヤ＝キリスト教を前提にした道徳的な社会・道徳的な個人を信じて疑わない「文化的記述」によって正当化されてきたのだろう。しかし、マイヤーたちの教育の正当化論は、教育言説がどのように教育そのものを正当化してい

るか、そのメカニズムを明らかにしていない。「文化的記述」は、教育言説の土台をなしているといえるが、教育固有の土台ではない。

　教育言説による教育の正当化のメカニズムを明らかにするうえで役に立つ議論がある。それは、ルーマン(Luhmann, Niklas)の教育システム論である。ルーマンも、マイヤーたちと同じく、教育を18世紀後期の西欧社会において生活世界から分化して生まれた近代的事象と見なしているが、ルーマンの教育システム論は、マイヤーたちと違い、教育システムが教育システムを再生産していくメカニズムを論じているからである。それは、ルーマンが機能システムの働きを「機能」(Funktion)・「寄与」(Leistung)・「反省」(Reflexion)と分けるときの「反省」にもっとも密接にかかわっている[3]。

　ルーマンが「反省」と呼んでいる営みは、ある社会システムがその社会システム自身の存続に役立つものを提供することである。具体的にいえば、ある社会システムの反省は、当の社会システムの自己像を表象し、その社会システムの構造を再生産することである。社会システムの反省を可能にするものは、社会全体が機能的に分化されているという状態である。「教育システムは、社会がようやく機能的に分化した社会秩序への移行を終えたのちの……18世紀においてはじめて反省能力を獲得し、自分を全体社会とは異なるものとして主題化できるようになった」(Luhmann=Schorr 1988: 38)。18世紀末期における西欧における教育学の誕生は、この教育的な「反省」の誕生である(田中 1999)。

　教育的な「反省」は、教育システム固有の「象徴的メディア」を設定し、これを中核にすえながら教育的な「意味世界」(Semantik)を構築していくことである。象徴的メディアは、本来的に多様化・散逸化するコミュニケーションを当の社会システムを保全する方向に収斂させる概念である。教育システムの場合、それは「子ども」が意味するものである[4]。

　ルーマンによれば、「子ども」という言葉は、ルネサンス以降の西欧社会において三つの意味で象徴的メディアだった。まず最初に登場する子どもの意味は「完全性」(humane Perfektion)である。子どもは「完全性」にいたる素

材であるといういみで、象徴的メディアだった。それはルネサンス期から近世にかけて信じられた教育的な概念であり、子どもが本来的にめざす状態である。「完全性」への衝動は生得的なもの、すなわち「人間的自然」(human nature)であり、教育者はそれをわざわざ創りだす必要はなく、ただ導きだすだけでよかった。個々の人間の「完全性」の内容は、神の定めた位階的秩序(「存在の階梯」)によってあらかじめ決定されていたからである。

　次に登場した子どもの意味は「完成可能性」(Perfectibilität)である。子どもは「完成可能性」であるといういみで象徴的メディアとなった。それは18世紀から19世紀にかけて信じられた教育的な概念であり、他者による操作の可能性である。他者による操作の可能性は技術的なもの、すなわち「理性」の産物であり、教育者は、善きものを創りだすという自分の職責を全うするうえで不可欠な概念だった。人間が、神の定めた位階的秩序を超えて自分の「理性」を駆使する存在となったからである(Luhmann=Schorr 1988: 79)。

　最後に登場した子どもの意味は「学力」(Lernfähigkeit)である。子どもは知識・技能の素材であるといういみで象徴的メディアとなった。それは19世紀後期から20世紀にかけて信じられた教育的な概念であり、試験の得点のような数値に還元されるものではなく、新しい状況に適応対処する可能性を意味している。新しい状況に適応対処する可能性は「学習可能性」(learnability/ Lernmöglichkeit)[5]、すなわち「自己言及的な学びの力」であり、それは操作する教育者ではなく、自己生成する学習者に不可欠な概念である。20世紀を迎えるあたりから、人間は、理性によって見通せない多様で未知の世界に適応し多様で未知の問題に対処しなければならなくなったからである(Luhmann 1991=1994; Luhmann=Schorr 1988: 61-2)。

　学習可能性(臨機応変な対応力)は、現代のように、高度に機能的に分化しつづける社会に適合している。機能的な分化が支配的である社会においては、たえず新しい複雑性が出現し、人びとに選択行動を強要するからであり、あらかじめ学習内容を完全に規定すること、ようするに、まえもって充分な「予習」ができないからである。正しいテクストを学習すればよい

という機械的な思考によって教育を行えば、新しい事態に対してどうしていいかわからず、途方にくれる人間をふやすだけである。

　ようするに、教育的な意味世界を構成する象徴的メディアは、社会構造と密接に関係している。「完全性」は位階的に分化した社会構造に対応した反省概念であり、生まれながらの身分を生きる人びとに対応する概念である。「完成可能性」も位階的に分化した社会構造に対応した反省概念であるが、それは新しい階級（「教養市民層」「ブルジョアジー」「中産階級」）に対応した概念である。これらにたいして、「学力」（学習可能性）は機能的に分化した社会構造に対応した反省概念であり、それはたえず未知の多様性にさらされている人びとに対応する概念である。

## マイヤーとルーマンの補完関係

　おそらく、マイヤーたちの教育制度化論とルーマンの教育システム論を綜合するなら、近代教育を正当化するメカニズムがどのようなものか、およそのところ明らかになるだろう。さしあたり、次の三つの文脈的位相を区別することで、マイヤーたちの教育制度化論をルーマンの教育システム論とすりあわせることができるだろう。

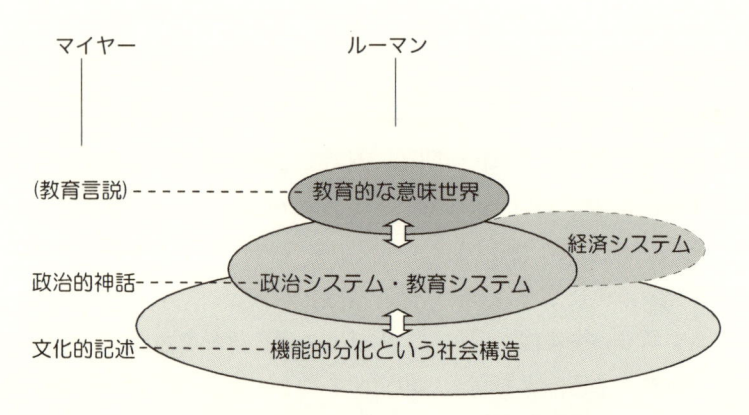

```
           マイヤー              ルーマン
              |                    |
              |                    |
（教育言説）-------- 教育的な意味世界
                            ⇅                経済システム
政治的神話 -------- 政治システム・教育システム
                            ⇅
文化的記述 -------- 機能的分化という社会構造
```

**図2　教育を正当化する文脈の三層構造**

第一の位相は、ルーマンが詳細に論じている機能的分化という社会構造の位相である。この位相はしかし、より具体的に見るなら、マイヤーたちが論じている「文化的記述」と重なる部分が少なくないだろう。というのも、マイヤーたちがいう道徳的な社会・個人は、ルーマンがいう機能的分化とほとんど一体だからである (cf. Luhmann 1986)。

　第二の位相は、この機能的な分化とともに形成された社会システムの位相である。具体的にいえば、これは、政治システム（国民国家）、そしてこれと連動しながら形成された教育システム（公教育）である。政治システムも教育システムも、その意味世界（反省言説）については、マイヤーたちが論じている個人・国民・進歩・教育・ライフサイクルなどから構成される「政治的神話」と重なる部分が大きいだろう。

　第三の位相は、第二の位相と連動する部分もあるが、教育システムの内部で構築されていく教育的な意味世界（フーコーふうの言いまわしをすれば、教育言説）という位相である。教育的な意味世界は、狭いいみでの教育学の言説であり、教育実践はいつのまにかこれによって枠づけられていく。教育的な意味世界について、マイヤーたちはほとんど何も論じていないが、先に見たようにルーマンが詳しく論じているし、『狂気の歴史』『監視と処罰』（邦題『監獄の誕生』）『主体の解釈学』などのフーコーの一連の歴史存在論的な研究も、教育的な意味世界批判と見なすことができるだろう。

　第一の位相、第二の位相、第三の位相は、重層的な関係にあるといえるだろう。機能的分化という社会構造がもっとも広い文脈であり、そのうえに政治システム・教育システムというやや狭い文脈があり、そのうえに教育的な意味世界という狭い文脈があると考えられる。私たちの多くも、日本社会に住んでいながら、これら三重の西欧的な文脈にとらわれながら、現在の教育にかかわってきたといえるだろう。日本でも、たしかに多くの人が教育論を激しく闘わせてきたが、わずかな例外をのぞくなら、この三重の文脈を脱構築するようなラディカルな教育論は展開されてこなかったのではないだろうか。教育論争が不毛に見える理由も、このあたりにあり

そうである。

　教育論は、たえず教育を形式化し、またたえず教育を生成化してきたように見える。教育論は、多くの場合、かつての教育人間学のように、生という語りえないものを語ることによって自己正当化し、そうすることによって語りえない生を見失い、見失った語りえない生を語ろうとしながらも、ふたたび自己正当化してしまったように見える。教育の意味世界は、こうしたアイロニカルな運動を繰りかえしてきたように見える。近代教育を正当化することなく語りえない生を語るためには、近代教育をフォーマットしている西欧的な文法を可能なかぎり析出し、そこからずれていかなければならないだろう。そのかぎりにおいて、教育を疑うことは、シニシズムではなく、もっとも真摯な教育再構築への第一歩である。


## 注

（1）リヴィジョニストとは、カッツ（Katz, Michael B.）、カリアー（Karier, Clarence）、スプリング（Spring, Joel H.）、グリア（Greer, Colin）、ラザーソン（Lazerson, Mervin）、ボールズ＝ギンティス（Bowles, Samuel / Gintis, Herbert）、ファインバーグ（Fineberg, Walter）など、1970年代に登場したアメリカ教育史再解釈派である。彼らは18世紀末期以来、アメリカの中産階級（資本家をふくむ）が信奉してきたホイッグ的な教育思想に資本主義擁護に傾いた政治的戦略を見いだした。ごく簡単にいえば、中産階級の人びとは、学校・教育が道徳的・文化的に善いものだから普及させたのではなく、学校・教育を普及させると自分たちが政治的・経済的に得をするからそうしたのだ、と。

　1970年代末期になると、リヴィジョニスト批判者が登場し、リヴィジョニストの描く歴史は「政治的なイデオロギー」に偏向したものであり史実をゆがめるものだ、と激しく非難した。もっとも有名な批判者は、『リヴィジョニストを正す』（The Revisionists Revised.）という本を書いたコロンビア大学のラヴィッチ（Ravitch, Diane）である。彼女は、たとえば、ボールズ＝ギンティスについて次のように述べている。「彼らのアメリカ教育史の理解は、彼らのマルクス主義者としての見方が反映されたものである。彼らは、自分たちの理論を支持する史料なら何でも強調するが、そうでないものは何でも無視する

か、ねじまげている。彼らにとっては、過去に起こったことはすべて資本主義者の命令に対応したものか、資本主義によって引き起こされた矛盾でなければならないのである」(Ravitch 1978: 146)。

こうしたラヴィッチのリヴィジョニスト批判にたいして、ファインバーグ、カッツらが『ラヴィッチに応えるリヴィジョニスト』(*Revisionists Respond to Ravitch.*)と題した反批判を展開した(Feinberg et al. 1980)。カッツはそこで、ラヴィッチによるボールズ＝ギンティス批判にたいして――彼らのかわりに――次のように応えている。「ラヴィッチは、『彼らは、デモクラティックなリベラリズムをかなりつまらないものと評価し、いってみれば、デモクラティックなリベラリズムを自分たちの革命の呼び声を妨げるものと見なしている』と述べている。しかし、ボールズ＝ギンティスの主張の中心は、デモクラティックな政治的なプロセスと経済的な生活の位階的な組織とのあいだに矛盾が存在することである」(Katz 1980: 70)。

(2) マイヤーの制度化論の前史にあたるものがないわけではない。たとえば、セルズニックは、1949年に、社会的な組織の起源は、ヴェーバー学派が論じているような、効率的な人材配置、課題遂行、経済活動よりも「制度的な環境」に見いだせる、と論じている(Selznick 1949)。また、1970年にイリイチが、「学校化」という状態を説明するために、マイヤーに近い意味での「制度化」の概念を用いている(Illich 1970)。

(3) ルーマンが「機能」と呼んでいる営みは、社会システムが全体社会に何らかの有用性を提供することである。教育システムの場合、それは、子どもを発達させ人間として完成させることである(Luhmann=Schorr 1988: 35)。ルーマンが「寄与」と呼んでいる営みは、ある社会システムが別の社会システムに有用性を提供することである。それは、たとえば、経済システムに労働力(という有用性)を供給することであり、政治システムに政治主体(という有用性)を供給することである(Luhmann=Schorr 1988: 36)。

(4) ルーマンは死の直前に、教育システムの新しい象徴的メディアを提示している。1997年に発表された「ライフコース形成としての教育」という論文において、ルーマンは、子どもだけでなく大人もふくめた新しい教育システムの象徴的メディアとして、「ライフコース」(Lebenslauf)という概念を提唱している(Luhmann 1997)。ライフコースという概念は、ルーマンの共同研究者ショルが死の直前まで教育システムの象徴的メディアとして考え続けていたものであり、ルーマン独自の概念というわけではないが、ルーマンは、死によってこの概念を展開する可能性を奪われたショルになりかわり、この概念の有効

性を論じている。

　ルーマンによれば、成人教育・生涯教育など、大人を対象にした教育が盛んに行われるようになったために、そしてマスメディアをつうじて他者のさまざまな人生が自分にも生きられるかもしれないものとして、つまり他者の人生が選択可能なライフコースとして与えられるようになったために、教育システムは、新しくライフコースという概念で自己正当化をはかるようになった、と述べている(Luhmann 1997: 25ff)。

　しかし、ルーマンは、このライフコースを提唱することによって、これまでの子どもメディア論を否定したのではない。たとえば、同論文においても、彼は「教育システムのメディアはひとまず子どもである、ということになる」と述べている。しかし、成人教育や生涯教育が始まって、子どもだけでなく大人が教育を受けるようになれば、いくら意味世界上のことであるとはいえ、彼(女)らを「子ども」と呼ぶわけにはいかない。そこで、「機能システムの理論的な統一性を維持するために」「より包括的な概念」が必要になってくる(Luhmann 1997: 12, 13, 11)。いいかえるなら、具体的な子どもにも大人にも適用である「上位概念」が必要になってくる。それが「ライフコース」である。

(5)学習は、学習した語彙を適切な機会に反復することではなく、学習した規則を変更し新しい事態に対処することである。1890年代に、アメリカのヘルバルト派教育学者たちが「転移論」(transfer doctrine)を展開し、激しい論争を巻きおこした。それは、ある情況においてあることを学習したあとに、別の似たような情況でその学んだことを活用することができるかどうか、ようするに応用がきくかどうかという論争である。たとえば、1894年に教育学者のハインズデール(Hinsdale, Burke Aaron)は、アメリカ教育協議会(National Council of Education)の席上、「もっともらしい学問のドグマ」(The Dogma of Formal Discipline)と題した報告を行い、転移が起こるか起こらないかは、「教育科学にとってまちがいなく根本的な問題である」と論じている。もしも転移が起こらなければ、まったく同じような情況など生じるはずもないから、学習がほとんど無益なものになってしまうからである(Good 1962: 320)。

## 文献

田中智志, 1992, 「完成可能性の解読・序説」『近代教育フォーラム』1: 127-44.
————(編), 1999, 『ペダゴジーの誕生——アメリカにおける教育の言説とテクノロジー』多賀出版.
原聡介, 1979「近代教育学のもつ子ども疎外の側面について」『教育学研究』46(4).

藤村正司, 1995,『マイヤー教育社会学の研究』風間書房.
森重雄, 1987,「モダニティとしての教育」『東京大学教育学部紀要』27: 91-116.
─────, 1993,『モダンのアンスタンス─教育のアルケオロジー』ハーベスト社.
─────, 1999,「〈人間〉の環境設定─社会理論的検討」『社会学評論』50(3): 311-329.
─────, 2000,「教育社会学における批判理論の不可能性」藤田英典ほか編『変動社会のなかの教育・知識・権力』新曜社.
Berger, Peter, 1967, *The Sacred Canopy*. Garden City, NY: Doubleday. = 1979, 薗田稔訳『聖なる天蓋──神聖世界の社会学』新曜社
Boli, John and Meyer, John W., 1987, "The Ideology of Childhood and the State: Rules Distinguishing Children in National Constitutions, 1870-1970," Thomas, et al. 1987: 215-241.
Boli, John and Ramirez, Francisco O., 1986, "World Culture and the Institutional Development of Mass Education," John G. Richardson ed., *Handbook of Theory and Research for the Sociology of Education*. New York: Greenwood Press.
Feinberg, Walter, et al., 1980, *Revisionists Respond to Ravitch*. Washington, DC: National Academy of Education.
Foucault, Michel, 1994, *Michel Foucault: Dits et Écrits, 1954-1988*, 4 vols. Paris: Gallimard. = 1998-2002, 蓮見重彦・渡辺守章監修『ミシェル・フーコー思考集成』10巻 筑摩書房.
Good, H. G., 1962, *A History of American Education*, 2nd edn. New York: Macmillan.
Heller, Thomas C., et al. eds., 1986, *Reconstructing Individualism: Autonomy, Individuality, and the Self in Western Thought*. Stanford: Stanford University Press.
Illich, Ivan, 1970, *Deschooling Society*. New York: Harper & Row. = 1977, 東洋・小澤周三訳『脱学校の社会』東京創元社.
─────, 1982, *Gender*. Boston: Marion Boyars. = 1984, 玉野井芳郎訳『ジェンダー』岩波書店.
─────, 1984, "The History of Homo Educandus," Cuenavaca. = 1991, 桜井直文監訳「ホモ・エデュカンドゥスの歴史」『生きる思想』藤原書店.
Luhmann, Niklas, 1982, *The Differentiation of Society*. New York: Columbia University Press.
─────, 1986, "The Individuality of the Individual: Historical Meanings and Comtemporary Problems," in Heller, et al. 1986: 313-25.
─────, 1987, "Strukturelle Defizitte: Bemerkungen zur systematischen Analyse des Erziehungs wesens," Oelkers, J. und Thenort, H. E., hrsg., *Pädagogik,*

―――, 1991, "Das Kind als Medium der Erziehumg," *Zeitschrift fur Pädagogik* 37 (1): 19-40.= 1995, 今井重孝訳「教育メディアとしての子ども」『教育学年報』4 世織書房.

―――, 1997, "Erziehung als Formung des Lebenslaufs," D. Lenzen und N. Luhmann, hrsg., *Bildung und Weiterbildung im Erziehungssystem: Lebenslauf und Humanontogenese als Medium und Form*. Frankfurt am Main: Shurkamp.

Luhmann, Niklas und Schorr, Karl E. 1988, *Reflexionsprobleme der Erziehungssystem*. 2 Aufl. Frankfurt am Main: Suhrkamp. = 近刊 田中智志・今井康雄監訳『教育システムの反省問題』世織書房.

Meyer, John W., 1977, "The Effects of Education as an Institution," *American Journal of Sociology* 83(1): 55-77.

―――, 1986, "Myths of Socialization and of Personality," Heller, et al. 1986: 208-21.

―――, 1987a, "World Polity and the Nation-State," Thomas, et al. 1987: 41-70.

―――, 1987b, "Self and Life Course: Institutionalization and Its Effects," Thomas et al. 1987: 242-260.

Meyer, John W., Boli, John, and Thomas, George M. 1987 "Ontology and Rationalization in the Western Cultural Account," Thomas, et al. 1987: 11-38.

Meyer, John W., Boli, John, Thomas, George M. and Ramirez, Francisco O., 1997, " World Society and the Nation-State," *American Journal of Sociology* 103(1): 144-181.

Meyer, John W. and Rowan, Brian, 1977, "Institutionalized Organizations: Formal Structure as Myth and Ceremony," *American Journal of Sociology* 83(2): 340-363.

Meyer, John W. and Scott, W. Richard, 1983, *Organizational Environemnts: Ritual and Rationality*. Newbury Park, CA: Sage Publication.

Meyer, John W., and Hannan, Michael T., eds, 1979, *National Development and the World System*. Chicago: University of Chicago Press.

Meyer, John W. and Ramirez, Francisco O., 2000, "The World Institutionalization of Education," Jürgen Schriewer, ed., *Discourse Formation in Comparative Education*. Frankfurt am Main: Perter Lang.

Ramirez, Francisco and Boli, John, 1987a, "Global Patterns of Educational Institutionalization," Thomas, et al. 1987: 150-72.

Ramirez, Francisco and Boli, John, 1987b, "The Political Construction of Schooling: European Origins and Worldwide Institutionalization," *Sociology of Education* 60(1): 2-17.

Ramirez, Francisco and Meyer, John W., 1980, "Comparative Education: The Social Construction of the Modern Woprld System," *Annual Review of Sociology* 6: 369-99.

Ravitch, Diane, 1978, *The Revisionists Revised: A Critique of the Radical Attack on the Schools*. New York: Basic Books.

Selznick, Philip, 1949, *TVA and the Grass Roots*. Berkeley: University of California Press.

Thomas, George M., 1989, *Revivalism and Cultural Change: Christianity, Nation Building, and Market in the Nineteenth Century United States*. Chicago: University of Chicago Press.

Thomas, George M. and Meyer, John W., 1984, "The Expantion of the State," *Annual Review of Sociology* 10: 461-482.

Thomas, George M., Meyer, John W., Ramirez, Francisco O., and Boli, John, 1987, *Institutional Structure: Constituting State, Society, and the Individual*. Newbury Park, CA: Sage Publication.

Wittgenstein, Ludwig, 1968, *Philosophische Untersuchungen*, 3rd edn, G. E. M. Anscombe ed. Oxford: Basil Blackwell ＝ 1976, 藤本隆志訳『ウィトゲンシュタイン全集』第8巻 大修館書店．


※本章は「教育の正当化──社会理論的な考察」(『東京学芸大学紀要 第一部門 教育科学』第52集 2001)を大幅に書き改めたものである．

第 2 部

# 現代の教育言説をめぐって

# 第5章 アイデンティティ喪失の危機と教育

ヴォルフガング・ミッター（訳：鈴木慎一）

## 1 個人的アイデンティティと社会的アイデンティティ

　アイデンティティ喪失の危機をめぐる議論は約50年もの間続いていて、今も終わりそうにない。むしろ今日、その論争は重要な主題になりつつあり、哲学的な省察や科学的な分析、果ては日常のメディアの論議にいたるまで、広範な関心を呼んでいる。一連のアイデンティティ喪失の危機についての議論では、とくに行動科学と社会科学で行われている。この主題が広く関心を呼ぶ理由は、事実、社会変化がグローバルな規模で進行し、かつすべてに波及しているからである。これまで多少とも安定していると見なされてきた社会構成体と地域社会が崩壊し、大家族か核家族かを問わず、家族的結合が揺らぎ、とくに宗教と政治における閉じられた体制の動揺と強制収容をめぐる論争が激しくなり、価値変容とその受容に関する新たな傾向が生まれるなどの、近年の社会をめぐる多様な動揺に、個人がさまざまな仕方で、さまざまな度合いで影響されないはずがない。「生の危機」「不確実性」が日常的に語られるようになり、その極端な結果が社会の周辺ばかりか中心部でさえも眼につくようになった。たとえば、アルコール依存症、薬物依存症、自殺など、数え上げればきりがない。「アイデンティティの喪失」が、したがってまた「新たな自己の発見」が口々に語られるように

なったのは、このような文脈においてである。

　本論では、「アイデンティティの喪失」に関する多様な研究方法・論証・研究結果を含め、現在、行われているアイデンティティの概念構成にかかわる問題には言及しない。もちろん、断片的であることを断らなければならないが、以下に論じることの正当性を明らかにするうえで、多少は根源的な問題についても触れることもあるだろう。改めて付け加える必要があるとは思わないが、本論の主題が「グローバルな拡がり」をもつことを考えながら、つまりアイデンティティ問題をグローバル化、社会変化、社会変容に関係づけながら、論じたい。

　ここで紹介したいと思うのは、カーク（Quirk, Rabdopf）の論説集『言語とアイデンティティの多様性』（Language and Concepts of Identity）である。カークはそこで「自己」と見なされるものの二つの側面を挙げている。一つは〈個人としての自己〉（the individual self）であり、もう一つは〈分かち合われる自己〉（the shared self）である。社会心理学的な用辞法によるなら、〈内向的〉（intrinsic）な自己、〈外向的〉（extrinsic）な自己と言っても良いかもしれない。

　〈個人としての自己〉は「個人的アイデンティティ」として現れる。しかし、この自己についてはここではあまり深く立ち入らない。なぜならば、「個人的アイデンティティ」についての議論は、行動科学と心理分析によってすでに行われているからである。さらに深く「自我」について考えようという向きには、エリクソン（Erickson, Erick）の深い探求と考察を推奨したい。包括的に振り返るならば、私たちは、デルフィの神殿の神託――〈汝自身を知れ〉――に立ち戻り、そこからさらに〈汝を見出せ〉という句まで引き返し、〈汝の居住する地域社会における汝の居場所を定めよ〉、もっと正確にいえば〈汝の人格の形を定め深めよ〉というべきだろうか。

　通常の環境においても、「生活の危機」と呼ばれる情況においても、「人格的アイデンティティ」（人としての自分らしさ personal identity）は、幼児期に始まる生の流れの中で創りあげられ、そして深く長くつづく安定の中で、変化への抵抗の中で、特色あるものに仕立てられていく。この過程では、

多分、人格(character)と分別(conscience)とを区別しておくべきだろう。人格がどの程度安定するかは、子ども期、少年期、そして青年期に一人一人がたどる人格発達の過程で、「個人的アイデンティティ」(個人としての自分らしさ)がどのように作られていくか、その道筋によるのだと思う。

　「個人的アイデンティティ」は、三つのカテゴリーに分けられる要件から成り立っている。すなわち、(ア)〈宗教的な態度〉(これを特定の宗派や宗教への傾倒や帰依と混同しないようにしよう)と、それに対立する〈非宗教的な態度〉、(イ)基本的な価値(たとえば、正しさ・正直さ・思いやり・社交性・寛容など)と、それに対立する反価値(利己的・残忍・悪意・残酷さなど)、(ウ)基礎的な資質(態度と行動様式)(たとえば、勤勉さ・忍耐強さ・持続性・信頼性)と、それらに対立する資質(だらしなさ・信頼に欠けることなど)。倫理学的にこれらの要件がどのように議論されるかについては、本論では触れない。これらの要件の区別が問題になる場合もあるが、この問題については最後にたち戻ることにしよう。生得的な気質や教育が、どの程度まで個人的アイデンティティを創り出すことにかかわるかについても、ここでは詳述しない。のちにふれるように、この過程に教育が密接に関係することを強調することで、満足しよう。また、人生における「回心」が本来何を意味するかについても、言葉をつつしみたい。人は、その全体において魂の回心を遂げたのか、それとも回心は、ただたんに宗教にだけ関係しているのか。私は回心にかんする問いを開いたままにしておきたい。

　「社会的アイデンティティ」は、カークに従えば、私たちが「関心と仮説」を分かち合う他者と自分との関係を意味している(Quirk 1998: 292)。カークは、とくにバーク(Burke, Edmund)に依拠して議論している。『フランス革命について』(1791年)のなかで、バークは「より広くより公共的に開かれた関心」の大事さを訴えている。個人的アイデンティティの相対的な一貫性に比べると、社会的アイデンティティの特徴は、むしろ変化にさらされるという点で特徴的である。というのも、アイデンティティの社会的側面は、外部からの働きかけに直接依存する面があるからである。人間の社会的ア

イデンティティは、その目標をいろいろと変えながら形づくられるところにその特質がある。当人にとっても他者にとっても、問題となる局面は、そのようにして変化しつつ成長していく場面である。さらに付け加えるなら、社会的アイデンティティの動揺こそ、個人的アイデンティティを作り上げていくことに大きな力を発揮する。もちろん、人を社会化する道筋の中で作用する教育は、その大きな力の一つである。

アイデンティティの社会的側面について考えて行くうえで、以下の四つの特徴を考えないわけにはいかないだろう。

①アイデンティティの個人的側面と社会的側面は、分かちがたく相互に依存し、かかわり合っており、カークの描くその相互依存の関係は、集団的スポーツがもつ集団形成的な場面に見られるものにそっくりである。

「サッカーチームは、鍛えられた人びとが協力し合い、一まとまりになったものだ。チームはそのようなものとして競技を行う。メンバー一人一人は、敵のチームと戦いつつ、自分のチームに自分を結びつける。ゴールを割れば、それは全員の協力の結果として記録される。一人のプレイヤーが味方にボールをパスするとき、彼(女)は多分、個人としての野心を殺しながら、自分はこのチームと一体なのだいうことを自覚しているにちがいない。得点はまさしくチームに帰される。しかし、私たちがテレビの画面で観て知っているように、ゴールが認められると、実際にゴールをきめたプレイヤーが勝利の喜びを表す。腕を広げ、観衆の面前で、単純にしかし陶酔したかのように、自分をアピールする。そうしながら、彼は観衆に向かって喝采をしてくれと求める。そこでは、そのプレイヤーの〈アイデンティティ〉が主張される。〈私たち！私たち！〉ではなく〈私！私！〉が強調される。少し考えてみればすぐ分かるように、潜在的な葛藤、

不合理な緊張などがチームの中にはあったりなかったりするが、アイデンティティの二つの側面は、チームの中では相互依存的である。プレイヤーがそのチームのプレイヤーでなければ、チームは勝てない。しかし、競技に勝つのは個々のプレーヤーの技能であって、チームそれ自体ではないのである」(Quirk 1998)。

　この引用に一言付け加えるとすれば、ここで述べられている個人的アイデンティティと社会的アイデンティティとの相互依存の関係は、個人的アイデンティティ、社会的アイデンティティに作用するだけではない。それは、それぞれのアイデンティティを形づくる要素にも、またその要素の背後に隠れている要素にも作用する。そうだからこそ、一人の人間が廉直でありながら怠惰であるようなことが実際に見られるのである。この点については後述で改めてたち戻ろう。

　②原則として、アイデンティティは個人に関係する資質である。だから、アイデンティティは人間の自由を表明することにつながる。前に引用したカークが挙げる例では、個々のプレイヤーの人格をけっして譲り渡すことのできない人格として受容し支持し、かつ強調するものがチームであり、そうすることがチームの役割である。個々のプレイヤーは、個々に自分なりの決断をしながら、チームの規則に背く決断をしない。これにかんして、「グループ・アイデンティティ」(group identity)という言葉が使われることがある。たとえば、フランスの人類学者オンコ(Honko, Lauri)は、それを「価値と象徴と感情の集合で、人々を結び合わせ、継続的なやりとりを通して、帰属感と合体感を人びとの間に生みだし、彼らとは違う私たちの空間を構築するもの」と定義している(Honko 1995: 134)。この定義については、「継続的なやりとり」という言いまわしに注意するべきだろう。なぜなら、一人一人の自由な意思決定から集団が構築されることを、それは指し示しているからで

ある。そしてこの言葉を、ソヴィエトの教育学者マカレンコ（Makarenko, Anton）によって高く推奨されていた「集団的アイデンティティ」（collective identity）からはっきり区別しなければならない。

③ アイデンティティの形成は、自己意識と他者との相互コミュニケーションの緊張の中で行われる。それゆえ、個人は、自分の態度、意思決定、行為に対する周囲の反応を受け容れる必要がある。

④ アイデンティティは人間性を構成する要件である、と定義することができる。それゆえ、全体としてみた場合、「アイデンティティの喪失」は人間性の喪失を意味すると言われる。しかし、実際に「アイデンティティの喪失」という言葉が使われている場合を見ると、それは「人間性の喪失」というような端的な使われ方ではなく、アルコール依存症、薬物依存症、不道徳というように、欠陥とか病いという程度の意味を示す言葉として使われているようだ。つまり、「心の動揺」「精神的ショック」を意味している。アイデンティティは、この意味では、言葉の総合的な広がりにおいて文化に深くかかわっている。

## 2　社会的アイデンティティの深み

他者とは誰であるか？　バークを引用しつつ「広義の公共的利害関心」の達成目標を改めて仕分けてみたいと思う私は、この問いを避けて通ることができない。カークは、社会的アイデンティティを二つの基本的水準に分けている。低い方のその水準に位置するものは、家庭と地域共同体である（Quirk 1998：293）。

> 「家庭と近隣を超える拡大共同体は、地理的空間という意味ばかりではなく、社会的・時間的空間という意味でも広がっている。人々にとっては、自分がグラスゴー市民であることと、同時に釣り仲間の一人であることはごく自然に成り立つ。同じことは、相手が先生

やキリスト教徒でも、自分と彼(女)らとの間で成り立つ。しかし、今日の緊張している情況から判断すると、『ヨーロッパ人』と呼ばれる仲間や、さらには『英国人』(Britons)と呼ばれる仲間との間で、自分と同じだなと感じ合うことは、必ずしも容易ではないように思われる。言葉を換えれば、多くの人々にとって、拡大共同体の広さは、どうやら、国によって限界づけられているらしい……」(Quirk 1998: 293)。

カークの言葉の最後の部分は、多少の保留が必要だろう。というのも、国境を越えた地域の出現や多国間企業の設立、世界規模の学術会議の設立なども、変化する社会的アイデンティティに関係するものとして、考えなければならなくなるからである。そうではあるものの、カークの言葉が全体として適切であることは、この問題の文脈の広がりと複雑さから推して、少しも否定されない。本論文においては、カークの二水準の分類を三水準の構造に変換して、十分ではないにしても、論じてみたい。私のいう三水準は、行為の達成目標にそって次のように区分されている。

〇文化の水準：言葉・宗教・民族・伝統[1]。
〇狭義における社会の水準：これは次の二つの水準に分けられる。
　ⅰ）社会的地位・職業（専門職を含む）[2]・余暇と習慣・教育水準にかんする水準。
　ⅱ）地域共同体や国家（政府）、あるいは国籍を超える諸制度等にかんする水準及び、民主主義的に確立された憲法だけでなく非民主主義的に定立された憲法に基礎づけられた国家にかんする水準。

この分類図式の中にある宗教的アイデンティティ、専門職的アイデンティティ、及国民的アイデンティティについては、若干の具体的事例を挙げておきたい。まず、これらのアイデンティティは「アイデンティティ

それ自体」の諸水準あるいは下位水準として理解されるべきである。個人に準拠しつつ、それぞれのアイデンティティは多様な結び合い方で——個別水準相互間であったり、同一水準の内部であったり、と多様に——融合される。これが、人びとが多様なアイデンティティをもちうるかという理由である。

このように、アイデンティティの融合がさまざまに織り成され、アイデンティティが相互にかかわり合っていることは、個人の中で、ある水準のアイデンティティ形成が他のアイデンティティ形成よりも優先されたり、高低・前後の順位がつけられることとも矛盾しない。そのような優先順位は内向的な原因や外向的な理由から変化する。したがって、宗教的なアイデンティティ形成と国民的なアイデンティティ形成は、人の実存において異なった意味をもつにちがいないし、それにとどまらず、言語的アイデンティティ形成や専門職的アイデンティティ形成と競合することもありうる。

このような文脈において、「二重のアイデンティティ形成」とか「多元的アイデンティティ形成」とかが視野に入るようになるが、それらは基本的に「アイデンティティ形成」それ自体の別称（類義語）と見なされる (Mitter 1996: 123)。とくに〈民族的（エスニック）〉アイデンティティと〈国民的（ナショナル）〉アイデンティティを区別したり、それらを関連づけようとするとき、最近の議論ではこうした類義語が用いられる (cf. Linz 1993)。

確かに最近になって論議が沸騰しているが、この民族的アイデンティティと国民的アイデンティティの相関については、19世紀と20世紀における国民国家の出現の時代までの長い歴史を辿ることができる。ヨーロッパに生まれ、違った形態、違った構造、違った傾向を示しつつ、しかも多くの論争を伴いながら、世界中に国民国家は広がった。他の場所よりも長いその歴史を持つヨーロッパの事情を瞥見するために、プライスラー (Preissler, Gottfried) の手になる1936年の随想から一部を引用してみよう。それは、チェコスロヴァキア第一共和国 (1918-39) におけるチェコの「国家国民」(the Czech "state nation"）とズデーテンドイツ少数派との間に生じ、ついに解決されなかった葛藤に関連する随想である（Preissler 1936）[3]。

> 「私たちは繰り返し繰り返し、ズデーテンドイツの学校がチェコスロヴァキアの教育制度の中にあり、社会学的にも教育学的にも特殊な地位にあること、そして特殊な役割を果さなければならないことを、明らかにしてきた。その学校が占める特殊な地位は、学校が二つの社会的布置（configuration［ドイツ語のGestaltに当たる］）にかかわるところから生み出されたのである。すなわち、チェコスロヴァキア国（Czechoslovak state）とドイツ人集団（German ethnicity）の双方に対して、学校は教育組織としての機能を果たさなければならない。ということは、わが国が始まって以来はじめて、一方ですでにチェコの市民であるはずの若者を――手に銃を持ち、国家と憲法のために戦う用意のできている若者を――改めてチェコスロヴァキア市民に育てなおし、他方で学校に通ってくる子どもたちをドイツ民族（Volkstum）の文化的心性を当然のものとして受容していくようなドイツ市民（Volksbuerger）に仕立てなければならない。学校は、この二重の文化的課題を担わなければならないのである。なぜなら、学校は生活のために準備するところであり、若者を卒業後の生活の中で出合う役割課題に向けて鍛えることが学校のそもそもの役割だからである」（Preissler 1936）。

ここに書かれている歴史的事例から見えてくる状況は、本来、本論の文脈に相応しいものとはいえないかもしれない。しかし、プライスラーによって語られたような市民となるための教育を受けた子供たちが、予想された〈二人の私〉を経験する機会をもたないわけにはいかなかったという点は、軽視されるべきではない[4]。

## 3 変化する社会の中のアイデンティティ形成

　ここまでのところ、人が人でありうる要件は人間性であるという仮説に立って、アイデンティティの基本問題を論じてきた。しかし、すでに述べたようにアイデンティティの現実、とくに変化する社会的アイデンティティについては、まさしくプライスラーのいうような事態にこそ注目しなければならないのである。彼が言及する「チェコスロヴァキアの市民」という言い方は、「国民国家」という地位を求める一つの国としてチェコスロヴァキアが実在しなければ、意味をなさない。というのも、ハプスブルグ帝国(オーストリア＝ハンガリー二重帝国)以前の時期について考えると、いま述べたような意味合いにおいては、この種の議論は不適切になるだろうからである。ハプスブルグ帝国以前の時期には、政治的支配と民族的構成との関係は、ちょうど反対の状況を呈したからである。つまり、チェコ民族少数派が、超国家的帝国としてのドイツの支配に抗っていたからである。歴史的カテゴリーとしての「民族的市民」(ethnic citizenship)についても、同様のことがいえる。つまるところ、社会的アイデンティティは、それがもつ総合的な広がりのゆえに、それが形成される歴史的条件につねに左右されるのである。

　時代が、社会的にも経済的にも政治的にも、いわば「静謐」である場合には、言いかえれば、ゆっくりとした長い変革の時代である場合には、アイデンティティは変化や危機には晒されない。しかし、私たちが住んでいるこの時代は、コインのもう一つの側面を示している。個人的アイデンティティが生活の価値と質の変化に直面しているのに対して、社会的アイデンティティ[たとえば、日本らしさ、ドイツらしさ]は、社会の目的や各層の水準にかかわる多様な動向の影響を免れない。たとえば、伝統的な家族や職場仲間の絆の衰退、受け継がれてきた宗教的・民族的・政治的な忠誠心の瓦解など、私たちがこれまで親しんできたものが失われている。世界規

模で人びとが移動し、それにともなって各地で異教徒・異民族が迫害され、現代的な差別としてのゲットーが生まれたことは、たしかに事実である。しかし他方で、世界規模の人びとの移動が、教育水準も文化内容も政治信条も多様でありながら、さまざまな生活形態がうまく混在共存している地域を作り出したことも、また事実なのである。

　このような状況がもたらしたものの中でとくに留意すべきことは、本質的に重複的である「国民的アイデンティティ」が新たに誕生したことである。それは、成人・青年・子どもの自己認識に影響し、民族的集団を凝集させるとともに拡散させていった。全体としてみると、個人・社会の生活形態を作りだす力としての「移動」(地理的、社会的、専門職的、政治的な移動)に関する人びとの考え方は、否定的なものから肯定的なものに変化していった。移動がもたらすものが期待に変わったのである。こうした変化は、人びとに基本的な変化に対して開かれた態度をとるように求めること、また国・地域が重なり合い、交じり合う地域社会に適応して生きるように求めることと、深くかかわっている。

　ニーチェ(Nietzsche, Friedlich)は、100年以上も前にこうした移動の時代の到来を構想し予言していた。そして彼は、その時代を「比較の時代」(Zeitalter der Vergleichung)と呼んだのである。

> 「そのような時代は、固有の意味をもっている。なぜなら、そこではさまざまな世界観や習慣や文化がお互いに比べられ、そして経験されるからである。それは、その時代以前には不可能だった。というのも、かつては、どの文化にも地方固有の規範があり、それはちょうど、すべての芸術形態が時と所に縛られていることと同じだった。……今こそ比較の時代である。それは誇るべきことだ。しかし、同時にそれは悲しむべきことだ。だが、悲しむことを惧れないようにしよう！　むしろ、この時代は、私たちを可能なかぎり偉大にしてくれるからだ。この課題を受け入れようではないか」(Hannerz 1996: 29

からの引用)。

ニーチェが「比較の時代」を語る文脈においては、多少なりとも「クレオール化」(creolization)という考え方に注意するべきだろう。「クレオール化」という考え方を編み出したのは、民俗学者のハンナース(Hannerz, Ulf)である(Hannerz 1996)。それは言語学に由来する考え方で、もともとはカリブ海地域の「言葉」を意味していた。スペイン語・フランス語・英語など植民地と関連する諸言語とアフリカの諸言語とが交じり合って産まれた「言葉」である。アイデンティティを育てるという点にこの考え方を引き写してみると、それは次のように翻訳することができる。すなわち、これまでバラバラだった民族や国家のアイデンティティを融合し、その果てに新しいアイデンティティを作り上げた、と。もっとも、そのアイデンティティの礎石は、今はまだ姿が見えるものの、しだいに輪郭を失っていく。

「二重のアイデンティティ」(dual identity)、「多元的アイデンティティ」(multiple identity)にかかわるこの種の議論を集約すれば、次のようになるだろう。すなわち、アイデンティティをめぐる問題は、正常な状況においても、そうではない状況においても、数世紀にわたり論議されてきた。しかし今、問題はあらゆる地域のすべての人びとの問題になりつつあり、ますます人々を支配する問題になりつつある。それは、人里離れた村においても孤島においても変わらない。そればかりではなく、若い世代のアイデンティティ(私らしさ)探しに関連することだが、そのことと不可分とされてきた「世代間ギャップ」という耳慣れた言い方も、若い世代と老いた世代の双方に共有されている「不安」「不確定」という新しい共通性にとって代わられようとしている。つまり、かつては若い世代の固有の問題であったアイデンティティ探しが、世代間の違いを超える社会的アイデンティティの探求に姿を変えたのである。しかも、子どももアイデンティティの探究にこれまで以上に深くかかわることになったため、問題が早い時期から生じてくる。ストリートチルドレン、年若い犯罪者、十代の兵士というような人々

に警告を発する事象の中に、問題の極端な顔つきが見える。同時に、家庭や学校の普通の生活場面にも問題があることを忘れないようにしたい。子どもは、親の支援と励ましを必要としているからである。

しかし、多くの子どもたちは親の支援と励ましを得ることができない。この現象の幅も度合いも複雑で多様である。けれども、もしそれらをあたかも「周辺のこと」だと放置したり、「いつものことだ」と蔑ろにしたりするなら、それはストリートチルドレンを蔑ろにすることと同じで誤りである。たとえば、先進社会の中産階級的な「よい」学校で、教室の仲間や教師を殺し薬物にふける少年がいるが、その少年の自分探しをどう考えればよいのか、この問いこそ、本論文で扱うべき主題である。

## 4  多元的アイデンティティのための教育

アイデンティティ形成にとって、教育は本来、役に立つ営みの一つである。教育は、個人的なものと社会的なものとを一まとまりにする。上に述べた輻輳する変化を視野に入れると、教育の役割を全うしようとする教育者が抱える課題は、それが学校の場合であれ、それ以外の場合であれ、きわめて多様なものになる。しかし以下では、とくに学校における社会的アイデンティティについて論じたい。ただし、メディア・スポーツクラブ・少年を対象とする諸施設などの学校外教育についても、間接的ながら言及することにする。

アイデンティティ［〜らしさ］を形成するうえで、学校はどんな役割を果たすべきだろうか。それは次の二つであると思う。

第一に、学校の外にいる教育関係者たちが本来、果たすべき役割を果たさなかったために、学校はその代役を果たすことを求められている。スポーツクラブなどの少年を対象とする諸施設がうまく働かなくなったのは、社会に広がっている不確実さや不安定性と連動している。とくに少なくない親たちは、自分の「親としてのアイデンティティ」［親らしさ］を修正するか

安定させなければならないと感じている。その点は、大家族であろうと核家族であろうと変わりはない。若い世代が社会的諸制度、宗教的諸制度、そして少年向け諸施設を受け入れなくなった場所では、親がこれまでよしとしてきた「親としてのアイデンティティ」と新たに求められている「親としてのアイデンティティ」とのずれが大きくなっている。地域共同体に限らず、広域的・国家的な規模で制度化されてきた社会的組織のなかで人びとをつなぐ絆が緩んでいる場合、学校がその埋め合わせをしなければならないのである。

　第二に、学校そのものが積極的に機能することである。1960年代に改革運動に参加した学生たちは、学校こそが社会を変えうると夢想していた。しかし、学校は社会を変えることができない。今やこのことを誰も疑わないが、学校は、学校を〈人間味にあふれる民主的な対話が可能で、話し合いとかかわり合いが可能な場所〉にすることを通じて、子どもたちがそれぞれのアイデンティティを形成することを手助けできる。具体的にいえば、学校は子どもたちの人格を形成し、若者たちを職業人としても市民としても、責任を負いうる大人に育てることができる。その意味では、学校の子どもを動機づける役割は無視できない。

　要するに、学校が促進するにちがいないアイデンティティの形成は、統合的な人格発達と言い直すことができる。それは、学習の知性的・情動的・社会的領域を包含する動態的な「過程」である。多くの学校において、学習の知性的領域に比して情動的領域がこれまで過小評価されてきた嫌いがあり、結果的に、知識を子どもたちに機械的に注入することに学校の役割が貶められてきた。そういうわけで、学級の外でどのようなことが可能であるかについては、ほとんど省みられなかった。休日を祝うこと、スポーツで競い合うこと、演劇や絵画に親しむこと、日帰りの遠足やもう少し長い旅行を愉しむこと、こういった学級外の活動すべてが生徒同士、生徒と教師が互いにわかり合う機会を提供する。

　もちろん、こうした動態的な過程に葛藤がまったくないわけではない。

葛藤は、一人一人のアイデンティティが崩されるところから生じるばかりでなく、一人一人にかかわりかつ一人一人を超える文化的・社会的・政治的なアイデンティティの多様性が生みだす緊張からも生じる。民族的なアイデンティティと国民的なアイデンティティとを和解させるという目的は、学校のなかではとくに達成しにくくなってきた。その理由は、単一の国民性をもつだけでなく、法的に二つの国民的なアイデンティティをもつ生徒が学級に集うようになったからである。

　たとえば、最近発効したドイツの市民法は、ある条件下においては、二つの国民的なアイデンティティをもつ生徒が学級に集うことが可能であることを示している。そのような場合、いわば、二重の緊張が葛藤の発生をうながす。その緊張・葛藤が顕著になるのは、古いものであれ新しいものであれ、ある特定の事件や事態の推移について、どういう態度をとるかが二国間で異なる場合である。歴史や社会科学の教育課程は、教科書の採択や補助教材の選択を含めて、その観点から再検討される必要があるだろう。しかも、この種の問題は歴史や社会科学に限らず、母語と外国語の教科としての扱いにも見出される。

　具体例をあげると、コソヴォ州でセルヴィア人の支配が優勢であったときに、教科書を読んで、セルヴィア人の先生から、セルヴィア人がオットマン帝国に敗れた「コソヴォ盆地の戦い」(1938年)が、ヨーロッパのキリスト教圏を守るために払われたセルヴィア人の犠牲であったばかりでなく、その地をセルヴィア人が永久に支配する権利を確認する意味をもっていると聴かされた場合、民族としてのアルバニア人(とくにムスリムの人々)はどういう反応をするだろうか。この種の軋轢を経験して、それぞれのアイデンティティはどういう衝撃を受け、また影響を被るだろうか。この話はしかしまだ終わっていない。それどころか、コソヴォ戦争後、前にもまして事態は悪化している。同じ教室の中に、アルバニア人とセルヴィア人の教師と生徒とが同居する情況下で、このようなディレンマをどう扱うのがよいのか、やがてはっきりしてくるだろうか。この問題を一般化するなら、

前述の情動的領域が一層重要であるということになるだろう。それは、国の祝日に国旗、国歌、国家予算、軍楽隊、愛国唱歌などのように、讃えられる国家制度の象徴と向き合うとき、とりわけ重要になる。

　以上の議論を踏まえると、「問い」を次のように立て直しても差しつかえないと思う。すなわち、子どもたちが国民国家に属しつつ、もともとそうだったにしても（難民・移民・移住者として）新しくそうなったにしても、少数派である場合、いいかえるなら、子どもたちが一つの国家教育制度の生徒でありながら、同時に「みんなの学校」「みんなの学級」で仲良く共有する時間を分かち合っている場合、校長や教師は子どもたちのアイデンティティをめぐる葛藤をどう処理すべきだろうか。今、そのような場面は世界中で日々増えつつある。そのような情況下で、歴史と社会科の授業を一方に偏った国民国家的関心に委ねることは、正当化できるだろうか。それは不寛容なやり方ではないだろうか。そういう一面的な偏りから子どものアイデンティティ形成を解放するために、教科書執筆者は自分の役割が何であるのかを再検討すべきではないだろうか。私は、ここでリンツ (Linz, Juan) が提起したことを思い出す。それは「多元的アイデンティティ」を「二重のアイデンティティ」に縮減し、それを住民間で共有するという提案である。リンツは、次のように言葉を継いでいる。

　　「そのような二重のアイデンティティを強調することは、民主的な国家の建設に関する新しい公式を可能にするように思われる。私の見解では、それは流動的な状況であり、そこでは国家規模の趨勢を方向づける人びとの選択と政府の代表者による選択に多くの事柄が依存するような状況が生まれる」(Linz 1993)。

　リンツが言及していることは、政治という大きな局面でのアイデンティティであるが、この見取り図を学校や学級という小さな局面に応用することも可能だろう。リンツによれば「多元的国民国家 (multi-national states) を構

築する道、あるいは多元的国民国家が生き残る道は、まさにこの二重のアイデンティティ以外にない」(Linz 1993: 363)。

アイデンティティ形成は、あらゆる事柄に関連している。上にあげた事柄の他にも、(宗教教育が教育課程の一部を為している場合)それは宗教にかかわり、また職業教育や市民教育にもかかわっている。生徒たちは、広い範囲でこの問題に直面せざるをえない。というのも、生徒たちは、学級の仲間であると同時に、スポーツクラブのメンバーであり、商品の消費者であり、本の読み手であり、いうまでもなくテレビの聴視者であり、インターネットの使い手だからである。しかも、そのような事実は、すべて学校のカリキュラムに含まれていない。教師も、それぞれ「教師としてのアイデンティティ」[教師らしさ]を再検討することを余儀なくされている。求められていることは、もちろん教師が自分の関心・興味・忠誠心を隠すことではなく、むしろ気軽に生徒の感情や信念について語ることである。とくに生徒のアイデンティティ探しが揺らぎに満ちることを理解し、また教師自身の社会的なアイデンティティが修正されうるものであることを理解していなければならない。教師が、他の国民や宗教や民族を差別したり愚弄する冗談を言ったり、そうした逸話に触れたりする場合、それが市民を形成する教育になるかならないかを分けるものは、教師が自分自身の自発性に基づいてルビコンの橋を渡るか渡らないかである。

## 5 道徳教育と市民教育に映し出されるアイデンティティ形成

本章を締めくくるにあたって、アイデンティティ形成と道徳教育・市民教育との相互依存の関係について論じることにしたい。ただし、その詳細を論じることは紙幅等の関係で不可能なので、若干の点に言及するにとどめたい。キーワードは「価値教育」(value education)である。アイデンティティ形成の問題を議論する際、倫理的に問題の当否を問わず、中立的な立場から考察すべきだと主張することは正しい。そのかぎりにおいて、麻薬依存

者、嘘つき、ファシスト、レイシスト（人種差別主義者）でさえも、それぞれのアイデンティティを慮ることができる。

　しかし、そのようなことは、今、私が教育とアイデンティティについて考えている場面でいいたいと思っていることではない。それらは倫理と道徳から無縁になりえないからである。倫理と道徳は、世界宗教、大作家・大思想家の作品、民主的憲法に体現されているような基礎的価値を一まとまりのものとして受け容れられなければならず、価値教育の内容は、民族史とそれを超える人類史において受け継がれてきた文化的規範であり、国際連合憲章に表明されているものである。これらの価値は、教科書の内容の基礎であるべきであり、教師の日常実践の基礎でもなければならない。他方、生徒たちは、成人学習を含む生涯学習という文脈において、ひとりの人間としての出自、文化的条件を自覚しつつ、アイデンティティ形成という課題に挑戦しなければならない。この挑戦には、それぞれの生徒がその市民権を享受することを補償している国家の憲法的基礎を、その民族的遺産や宗教的関与の如何にかかわらず、認識し受容することが含まれている。アイデンティティ形成は、個人的アイデンティティの探求であると同時に社会的アイデンティティの探求でなければならない。政治的・文化的な境界を越えて行われる対話は、それが連携して行われるとき、一層強化される。それこそが、その道をたどる人びとの歩みを最も効果的なものにするにちがいない。

**注**

(1) 「人種」(race)をここに含める人もいるかもしれない。しかし、私はそうすることに反対である。というのも、「人種」は文化的水準にではなく生物学的水準に位置するものだからである。
(2) 短期間の仕事、使い回される仕事については、固有のアイデンティティがもてるかどうか、怪しいところだろう。
(3) プライスラーは、第一次大戦から、1938年にヒトラーがズデーテン地方に侵

攻してくるまでの間、ズデーテンドイツの教師協会において指導的な立場にあった。

(4) プライスラーが述べているように、ズデーテン系ドイツ人が国民的アイデンティティと民族的アイデンティティとの調和を達成する見込みは、ナチスがチェコスロヴァキア共和国(1938-9)を占領し破壊することによって、そしてナチス・ドイツの崩壊とともに行われたズデーテン系ドイツ人の追放によって潰えた。

## 文献

Hannerz, Ulf, 1992, *Cultural Complexity*, New York: Columbia University Press.

Honko, Lauri, 1995, " Tradition in the Construction of Cultural Identity and Strategies of Ethnic Revival," *European Review* 3(2): 131-146.

Linz, Juan, 1993, "State Building and Nation Building," *European Review* 1(4): 355-369.

Mitter, Wolfgang, 1996, "Probleme kultureller und nationaler Identitaeten in Bildungswesen: Kontinuitaet und Wandlungen," Bandau, Susanne, et al, *Schule und Erziehungswissenschaft im Umbruch*. Koln: Bohlau Verlag.

Preissler, Gottfreid, 1936, *Grundfragen der tschechoslowakischen Schulreform vom Standpunkt der deutschen mittelscule*. Prag: Deutscher Verein.

Quirk, Rabdopf, 1998, "Language and Concept of Identity," *European Review* 6(3): 291-298.

訳注：文中［　］で括った部分は、訳者の補足である。

# 第6章　教育とネオ・リベラリズム
——戦後教育言説の「罠」からの脱出に向けて

越智　康詞

## 1　はじめに

　「聖域なき構造改革」というスローガンに象徴されるように、現在、日本では新自由主義的な社会改革の動きが力を増大させつつある。そして、「聖域なき」という言葉が示すように、こうした改革の流れは教育の領域においても例外ではない。
　新自由主義(ネオ・リベラリズム)とは、「神の見えざる手」としての市場の調整力に絶対的な信頼をおき、透明で効率的な市場システムを社会全体に貫徹させようとする政治プログラムである。この政治プログラムは、一方で経済のグローバル化による不可避な流れであるとして自然化され、他方で政治的癒着、管理的権力の拡大、税金のムダ使い等をストップさせ、市民の自由とその活力を解放する正義の使者であると宣伝される。だが、こうした流れはけっして必然でも世界全体の動きでもなく、また、こうした政策方針は市民的自由を実現するための好ましい手段というわけでもない。合理化・効率化の妥協なき追求やグローバル・スタンダードへの安易な追従は、人間＝社会にとって不可欠な冗長性・固有性・多様性を取り除くことになるだろう。また、自己責任・受益者負担の原則の徹底化は、個人の自由・自律性を尊重すると強調しながら、個の自由・自律を実質的に支える社会的公共性や

共同性を崩壊させ、個人（とりわけ弱者）からそのパワーを剥奪するものとなるに違いない。

　教育の領域における新自由主義的な改革として容易に念頭に浮かぶのは、学校選択性の導入、学校のスリム化、自己責任・受益者負担の強調、教育のサービス化・商品化、学校運営のマネジメント化の推進などである。自己責任による選択、教育の商品化・サービス化を推進するこれら一連の改革が、学校の公共的性格を骨抜きにし、学力等の社会的格差を広げ、教育領域の独自性を解体することへの危機感は、徐々にではあるが、広がりつつある[1]。

　だが、新自由主義の影響は、たんなる政策プログラムとして、学校教育の制度＝外枠を変革するにとどまらない。それは、日常的な教育実践の編成原理にまで浸透し、（公）教育という近代のプロジェクトの内実を根本から書き換えるものとなるだろう。

　とりわけ、ここで強調しておきたいのは、個性教育、ゆとり教育、こころの教育、生きる力の育成など、一見、人間学的・教育内在的に見える改革も、社会の構造的矛盾をことごとく個人の問題として処理し、公的責任を極小化することを旨とする新自由主義的な改革と無関係ではない、という事実である。実際、「生きる力」の育成などの提案も、「強い個人」を前提とする社会、「生きる力なしにはよく生きられない過酷な競争社会」という社会ビジョンとの関連抜きに受け取られるならば、とんでもない失敗を招くことになるだろう。

　教育こそが市民の自由を実質化し、社会の公共性を支え、資本主義＝システムの諸力による人間の包摂に抵抗するひとつの拠点となるべき場所だとすれば、教育の領域が新自由主義の原理・言語によって規律化され自己形成していくことは、社会正義の実現という観点からみても、きわめて深刻な事態であるといえるだろう。

　しかしながら、新自由主義、とりわけ教育の領域に浸透しつつある新自由主義の諸力を実効性のあるかたちで批判するのはそう簡単なことではな

い。そもそも新自由主義は、現代社会における教育の病理や教育言説の閉塞状況を打開する「切り札」として登場してきたものだからである。こうした文脈を無視して新自由主義という「外圧」を批判することに終始していると、そうした批判＝実践自体が反動的で現状維持的なイデオロギーに転化することにもなりかねない。

　まずわれわれは、政治＝経済界のみならず、相互に対立関係にあった文部（科学）省や日教組までもが共同して「新自由主義の翼賛体制」（佐藤2002）の一翼を担いはじめた事実を直視し、新自由主義的な思考の根深さ・力の秘密を内側から理解することから始める必要がある。そのために本章では、新自由主義的な教育言説を、戦後日本の教育観・教育言説のおおまかな流れの中に位置づけ、それがいかに教育言説の閉塞状況を打開するものであったかを示すとともに、これまでの教育言説と新自由主義的な（教育）言説に共有された前提および問題点を摘出する作業を行うことにする。単なる反動に陥ることなく新自由主義的な教育改革に有効に対処し、教育の新たな方向性を模索していくには、こうした回り道がぜひとも必要なのだ。

## 2　戦後教育言説の「(負の)中心点」——教育勅語的なるもの

　戦後における、わが国の教育言説の特徴としてまず指摘しておきたいことは、それらは、表向きには、そこから距離を取ることを「進歩」とする、しかし実践的・身体的には、われわれに亡霊のようにはりつき、そこからはなれることの困難な「(負の)中心点」によってネガティブに編成されてきた——ネガティブにというのは、理念を具体化する思想努力よりも、そこからの差異化を自己目的的に追及する傾向を示している——という点である。その「(負の)中心点」を、ここでは「教育勅語的なるもの」と呼んでおこう。

　では、「教育勅語的なるもの」とは何か。そこには相対的に独立しつつ、相互に支えあうふたつの特徴がある。

ひとつは、この言説は、その「言説内容」のレベルにおいて、国家主義＝国家総動員体制という、政治戦略的・現実主義的な原理が組み込まれている点である。もうひとつは、この言説は、その「言説スタイル」や「言説実践」のレベルにおいて、教育を現実世界から切り離し、純粋で無謬な営みとして定位するとともに、これを想像的・幻想的な次元において「真理」に祭り上げようとする欲望と一体化しているという点である。

　戦後的視点からすると、この言説の「言説内容」と「言説スタイル」のあいだには矛盾がある。内容的には政治的現実を強く反映していながら、この言説は、超現実的・超政治的な「真理」として自らを主張しているからである。だがこうした矛盾は、もうひとつの幻想的な仕組み、すなわち、国家権力（身分序列）を、家族的な関係の観点から自然化し、地位や役割を人格や愛情として表象する仕組みを通して解消されていた。このように実在する権力を超政治的な「真理」として導入することで、国家権力は安定化されたのである。

　とはいえ、こうした教育勅語的な「真理」や家族国家観的な幻想＝物語を、単に支配者層が民衆に押し付けたものとするのは正確でない。むしろ、そうした「真理」や幻想＝物語は所与の現実を生きていく上で民衆自らが望んだものであり、民衆自身の欲望にまさに合致するものであった、という点を認識しておくことが肝要である。

　民衆も共に、こうした幻想的次元に深くのめりこんでいたせいであろう。敗戦という「現実的なるもの」との遭遇を通して、教育勅語的な「真理」や家族国家観的幻想＝物語に同一化してきた作為の記憶は、とりわけ良心的な教育関係者にとって、一種のトラウマとなった。かくして戦後の教育言説は、「あのような悲劇は二度と起こしてはならない」とする合言葉を起点として、自己形成されていくことになる。とはいえ、戦前的＝教育勅語的なるものから距離をおく方法はひとつではない。そこには大きく分けて、ふたつの道筋があった。

## 3　戦後教育言説の主流——教育ロマン主義的言説

　ひとつは、「言説内容」のレベルにおいて、教育勅語的言説に含まれる「国家主義的イデオロギー」を批判しようとするものである。そして、この新しい教育言説は、教育は「個人のため・子どものため」に行われるべき神聖な営みであり、その意図・方法・プロセス自体、純粋に「子どものため」のものでなければならないと主張する。こうしたコードに支配された言説を、ここでは教育ロマン主義的な言説と呼んでおく。ここで押さえておくべきポイントは、このタイプの言説は、一方でその「教育言説内容」において「教育勅語的なるもの」に真っ向から対立しているが、他方で教育領域を政治的・現実的世界から切り離し、この領域の純粋性を求める「言説スタイル」において、「勅語的なるもの」の特性を引き継ぐものであるという点である。

　教育ロマン主義的言説にも、言説内容の純粋性を求めるその実践のラディカルさにおいて、二つの種類・段階がある、といえるだろう。ひとつは「子どものため」というフレーズを「殺し文句」（新堀 1985）とするが、その具体的内容としては自由（＝空虚）な言説であり、もうひとつは、「子ども中心主義」イデオロギーによって比較的タイトに編成された言説である。

### 「子どものため」フレーズの跋扈

　戦後から高度成長期にかけての時期は、「子どものため」というフレーズをその中心に掲げた教育ロマン主義的言説が教育関係者や一般大衆の心を捉えていた。教育観や教育方針の対立は、しばしば「どちらがより子どものためか」という尺度のもとで争われた。とはいえ、この言説は、教育の現場や教育関係のあり方に対して、具体的かつ決定的な変革力を有していたわけではない。じっさい、「子どものため」という「殺し文句」の強力な浸透にもかかわらず、イデオロギーや理念にかかわる部分を除くと、日本の学校は、その伝統的で権威主義的な構造を、かなりの程度そのまま維持し

てきたといえるだろう。
　では、なぜ学校では、「子どものため」という「殺し文句」の拡大・浸透にもかかわらず、伝統的な支配構造やその権威主義的な性格を維持することができたのか。
　ここで私が注目するのは、「子どものため（の教育）」というフレーズは、「何が子どものためか」というその具体的内容を深く問いただすものではなく、むしろこの言説は、その「言説実践」のレベルにおいて、教育的世界の神聖さを追求するものであり、「子どものために尽くす学校や教師の意図の純粋さ」により大きな関心を抱くものであった、という点である[2]。要するに、「子どものための教育」という言説の内容上の空虚さは、教育主体の「こころがまえ＝動機（人格）」に対する規範的要求によって埋め合わせされてきたのである。
　もちろん、こうした学校や教師の意図の純粋さへの規範的要求は、個々の学校、ひとりひとりの教師に対し、過大な要求をつきつけるものであり、学校を根底から変革する力となっても不思議ではない。だが、こうした学校・教師への過大な要求や批判の運動は、一定の条件に支えられることで、学校秩序を揺るがす圧力になるというよりも、むしろ、学校なるもの、教師なるものの聖性・権威を高め、現状を正当化する機能を果たしてきたのである（越智 1997）。
　そうした条件のなかでも特筆すべきことは、①「子どものため」の内容が「子どもの将来のため」という観点によって大きく規定されていたこと、②効率的な組織運営上の必要など教育外在的要求をも「子どものための活動＝教育内在的活動」として提示するさまざまな翻訳コード——苦行に耐えることこそが人間的成長の「糧」であるとか、教師の恩恵に応え、恭順な態度を示すことが人格的成長の「証」であるといった——が強力に作用していた、というふたつの条件である。こうした条件・文脈のなかにおいて、学校の伝統的慣行や教師の情熱は、その内容とは無関係にそれ自体が神聖な営みとして正当化され、逆に「子どものため」というフレーズが、ひとりひ

とりの具体的な子どもの主張や子どもの現在(の要求)と接合されて捉えられることはほとんどなかったのである。

## 「子ども中心主義」的言説の台頭

ところが、現在では、こうした学校の権威構造を正当化する伝統的な意味構造＝翻訳コードは、しだいに効力を失いつつある。とりわけ決定的だったのは、「子どものため」を「子どもの将来のため」に直結させ、現在の苦労を将来の成長に結びつける「伝統的かつ近代的な価値構造」を、その背後から支える近代的な舞台装置――たとえば、社会全体が生産・蓄積・進歩など、現在を絶えず未来のための手段として組み込んでいく運動の中にある状態――がシステム社会・消費社会の成熟にともない、崩壊してしまったことである[3]。

こうした新しい社会的文脈のなかで、学校・教師が一方的に「何が子どものためか」を定義し、善意を押し付けようとする教育行為の胡散臭さが浮き彫りになり始めた。とりわけ、無謬性を追求する教育ロマン主義的言説のなかでは、子どもの意志や個性に反する活動を「望ましい教育活動」として提示することはほとんど不可能になった。かくして教育ロマン主義的言説の内部では、子どもの現状(個性)や意志をそのまま肯定し祝福することを規範化した「子ども中心主義」的言説がそのヘゲモニーを獲得することになったのである。

ところが、古いタイプの教育ロマン主義的言説の虚偽性を批判し、その言説内容(子どものための教育)を徹底化する「子ども中心主義」的言説は、やっかいなジレンマに直面することになる。この言説は、「言説内容」のレベルにおいて、子どもの主体性を賛美し、学校や教師の権力・強制行為を批判するが、言説スタイルのレベルで「教育の聖性」を手放すわけではない。この言説は、学校や教育による子どもの「囲い込み(配慮・教育する側の責任)」については、むしろこれを強調するものとなっているのだ。その結果、この言説は、さまざまな遂行的矛盾――学校・教師の責任を拡大しておき

ながら、その権限や資源を否定するという矛盾、子どもの主体性を賛美しながらこっそり彼・彼女らを教育の枠の中に囲い込むという欺瞞、子どもによる子どもへの暴力という問題を処理する方法の喪失——を生み出すことになるのである[4]。

## 4 反ロマン主義としての現実主義的言説

「教育勅語的なるもの」から脱却する道筋には、教育ロマン主義とは異なるもうひとつの経路がある。勅語が掲げる「言説内容」にではなく、その「言説スタイル」そのもの——社会的・現実世界から教育を切り離し、これを想像的・幻想的な「真理」に祭り上げようとする欲望——から距離をとり、事実や現実に準拠して教育を語ろう(導こう)とする言説群がこれである。ここではこうした"勅語的「言説スタイル」に対抗して生産されてきた言説"を、現実主義的(教育)言説と呼ぶことにしよう。

とはいえ、容易にわかるように、「教育固有の語り口や思考様式」からの差異化を目指す言説にとって批判の対象となりうるのは、なにも戦前の言説だけではない。むしろ、このタイプの言説は、その言説形式において勅語的なものを引き継いできた戦後の教育ロマン主義的言説をこそ、その批判の最大のターゲットとしてきたといってよい[5]。

ところで、現実主義的言説の信奉者の多くは、事実や現実に基づく合理主義的＝脱イデオロギー的な言説であると自認しているが、それ自体が現実へのひとつの解釈であり、実践的介入であることを免れるわけではない。教育ロマン主義的言説が、教育の社会的・現実的側面を視野の外に排除しがちであるのに対し、現実主義的言説の多くは、学び＝プロセスの人間学的意義や未来の可能性に向けられた教育のプロジェクト的側面を無視して、これを事実・計画としての教育に矮小化し、教育を社会の一機能へと解消してしまいがちである。

また、これらの言説は、その意図がどのようなものであれ、言説実践と

してみた場合、それが批判のターゲットとする教育ロマン主義的言説の言説内容に対立する内容・立場を支持するものとなり、結果として保守的＝反動的イデオロギーとして機能することになりやすい。近年では、「プロ教師の会」の言説に代表されるように、中立性の見せかけを捨て、それ自身のイデオロギー的な立場を前面に押し出す主張も増えはじめている。そして、現実主義を、ひとつのイデオロギーとして取り込んだ言説の光により、教育ロマン主義的言説の自己矛盾や欺瞞——"自由教育の実践家であるという教師の自己像は、自らの実践が、制度や権威に保護されて成立していることを忘却することで成立しうるものである"とか、"子どもの権利を神聖化する教育評論家的言説は（労働者としての）教師の権利を不当に軽視するものである"といったこと——が次々に明るみに引き出されることとなったのである[6]。

　だが、こうしたイデオロギー化された現実主義的言説も自己矛盾から自由なわけではない。この言説の信奉者たちは、言説＝イデオロギーを超えた次元で、社会も学校も大きく変化してしまった事実を正面から受け止めようとしないで、ただひたすら教師の権威・権力の復活を求めている。だが、こうした方法では「古きよき時代？」の秩序を回復することは不可能である。そもそも現状の学校教育体制、とりわけ大量生産＝一斉授業方式の体制を維持したまま、これまでの学校秩序・安定性を維持するには、——人々が教育的価値を信じ、学校や教師を当然のごとく尊重するといった——高度に「ありそうもない」前提が必要である。彼らはロマン派の楽観主義が、伝統や権威（権力）に支えられて成立するものだということを見抜いたが、学校の伝統や権威そのものが教育に対するロマンチックな幻想を媒介とした信頼関係（他者の行為への期待・その期待へのさらなる期待……）によって支えられていることにはまったく無自覚なのである[7]。

## 5　戦後教育言説を包摂する新自由主義的(ネオ・リベラリズム)言説のロジック

　新自由主義的な教育改革は、確かに、基本的には、経済のグローバル化＝アメリカ化の影響をうけたひとつの政治イデオロギーであり、教育外在的な観点、とりわけ経済＝財政的な観点から教育の制度を変革しようとするものである。だが、こうした改革が教育関係者内部からも進んで受け入れられるようになった背景には、以上に見てきたように、戦後の支配的な教育言説が、――子ども中心主義的言説にせよ、現実主義的言説にせよ――次第に深刻化する教育の病理現象にうまく対応できないばかりか、ある種の自己矛盾＝閉塞状況に陥ってしまっているという現実があった。以下では、ネオ・リベラリズムのロジックがそれまでの教育内在的な議論に対して、いかに都合のよいロジックを提供するものであるかについて、二つの観点から検討しておくことにする。

### ロマン主義と現実主義の対立の止揚

　これまで、教育ロマン主義的言説は、自由や個性などの理念・理想に目を奪われ、秩序や効率(平等)といった社会的現実的課題をないがしろにしている、として現実主義的言説から批判され、逆に、現実主義的言説は、現実的・機能的視点を強調するあまり、人間の自由や尊厳をないがしろにする管理的発想に陥りやすいとして、教育ロマン主義的な観点から批判されてきた。個性か秩序か、自由か現実(全体)かというイデオロギー的な対立軸が形成され、不毛な議論が繰り返されてきたのである。

　ところが、私的領域と公的領域を明確に区別し、公的領域を自由＝自己責任というルールに限定してこれを厳密に守らせようとするネオ・リベラリズムのロジックは、こうした二律背反を見事に解消してしまう。それというのも、このロジックにより、教育ロマン主義が主張する個人・個性・自由といった価値は私的領域においてそのまま確保され、しかも同時に、

現実主義者の強調する社会秩序・社会効率も、自己責任なるルールにより制御される公的領域において達成可能となるからである。

　しかも、このロジックはたんに二つの主張の両立可能性を提供するだけではない。ネオ・リベラリズムのロジックは、ある意味で、「子ども中心主義」的言説以上に自由の保護を徹底させ、現実主義者の方法（強制や管理）以上に秩序・支配・効率を向上させるものとなる。

　では、ネオ・リベラリズムのロジックが「子ども中心主義」的言説以上に自由の保護を徹底するとはどういうことか。

　ここで、「子ども中心主義」的言説の「言説内容」と「言説実践（言説が構成される枠）」の遂行的矛盾についておさらいしておこう。なるほど、「子ども中心主義」的言説は「言説内容」のレベルにおいて子どもを「主体」として位置づけることに情熱を注いできた。しかし、この言説は「言説実践」のレベルにおいては、あくまで子どもを「対象」として位置づけるものであり、この言説の枠内で思考する限り、その「主体性」は教育的に配慮された枠の内での主体性に限定されてしまうのだ。

　これに対し、ネオ・リベラリズムのロジックのもとでは、子ども（親）はまぎれもなく教育を選択する「主体」である。少なくとも理論上は、子どもは好きな学校を選択し、いやな教師を首にできるのだ。その際、子ども（親）が誤った選択をしたとしても、それは自己責任の問題であり、学校（教育行政）は何らその帰結について責任を負う必要はない。

　もちろん、このロジックは「それは無責任ではないか」という疑問への答えも用意してある。それというのも、このロジックのもとでは、子どもと親は、教育選択において、同じひとつの主体であり、子どもの自己決定の未熟さは親の配慮によってカバーできるからである。だがそれだけではない。このロジックは、「教育的に配慮しないことこそが教育的である」とするダーウィン主義的な脱教育的教育理論を提供する。曰く、教育者の過剰な配慮への子どもの囲い込みが子どもをスポイルしてきた元凶であり、むしろ自己責任の原則のもと、自己の選択の帰結（＝失敗・痛み）を自ら引き

受けることによってこそ、人間は強くなるのだ、と。ここでは取り返しのつかない失敗や社会的格差や烙印等の問題については言及されないのだが、こうした自然主義的な論理を打ち出すことで、ネオ・リベラリズムは、教育ロマン主義がそこから抜け出すことができなかったパターナスティックな配慮に終止符を打つものとなったのである。

では次に、ネオ・リベラリズムのロジックが「現実主義」的言説以上に秩序と効率の達成に有効であるとはどういうことか。

これまで、社会の秩序にせよ学校の秩序にせよ、現実主義者が秩序を求めるさい、その主だった方法は、規制、道徳、強制によるものだった。こうした規則と強制による統制は、実はそれ自体が反逆者や逸脱者を生み出す条件ともなっている。これに対し、新自由主義が提示する市場＝競争という方法は、個人に課す規制・強制を最小限に止め、私利私欲の追求というその「自然本性」を解放することで、全体への貢献を引き出す仕組みである。自由を最大限に尊重しつつ、秩序と効率性を向上させるとは、なんというパラダイスだろう！

また、ネオ・リベラリズムのロジックのなかでは、教師の権力の低下は、教育の質の低下と必ずしも結びつくわけではない。むしろ、このロジックの中では、学校や教師が子ども（親）に従属することは、彼らが市場の評価にもまれながら、教育商品（サービス）の洗練・開発に向けて、熾烈な戦いの中に置かれ、懸命に努力することを意味している。しかも、競争による淘汰をへて、より優れた学校・教師、より望ましい内容の教育だけが、生き残ることになる（はずである）。

## 戦前的価値と戦後的価値を包括する（超）論理の提供

ネオ・リベラリズムのロジックは、たんに「教育ロマン主義」と「現実主義」の対立を止揚し、「勅語的なるもの」から距離をとろうとする戦後言説をその完成に導いただけではない。驚くべきことに、このロジックは、戦後的・民主主義的価値と、そのヘゲモニーのもとくすぶり続けてきた伝統的・

全体主義的価値のあいだの闘争を解消する超論理も密かに備給している。

　まず容易に確認できることは、このロジックが、近代化・消費社会化を通して脱共同体化・私事化され、社会的責任と当事者意識を失った現代の若者の感性にぴったりのロジックを提供するという点である。近年の若者は、他人に干渉したり、されたりするのが苦手である。「自分にとって意味がない」と判断したものについては、まったく興味を示さず、他者がどのような考えを示そうとも「ひとつの考え」として突き放す。こうした自己防衛的＝事なかれ主義的な価値観の支配するなかでは、自由＝自己責任というルールは説得力をもちうる唯一のルールなのである。

　ところが他方、このネオ・リベラリズムのロジックは、こうした若者の自由奔放さに我慢ならず、その社会的負債感覚の欠如にルサンチマンを募らせてきた(超)保守的＝共同体主義的心性の持ち主にも、それなりの満足を与えるものとなっている。

　満足の消極的な源泉は、私的領域における自由を保障するネオ・リベラリズムのロジックは、一般世論に抵触するような過激な保守感情に対しても、その自由な活動の足場を提供するものとなっている、という点だ。どんなに偏狭で排他的な考えも、「私(私たち)が好きでそう考えている(他者に強制してはいない)」という限りは保護されるのだ[8]。

　だが、ネオ・リベラリズムのロジックには、保守的心性を満足させるより積極的な内容も書き込まれている。それは、自由というルールを至上価値として導入するこのイデオロギーの眼目は、個人の自由の実現というよりもむしろ、自己責任や自由競争を通して達成される社会全体の秩序や効率の向上にある、という事実である。とりわけ、自由競争のロジックは、国家間に繰り広げられるグローバルな競争に勝利するためといった目的＝観念と結びつくことで、とりわけ心情のレベルにおいて、豊かさの中に薄まりかけていたナショナルな「われわれ意識」を強く刺激するものとなっている。

　ネオ・リベラリズムのロジックは、確かに「私的領域＝自由を侵害して

はならない」とするルールにより、国家(大人)による国民(子ども)への統制・強制を制限する。このことに我慢ならない保守層はリベラルな価値観自体を敵に回し、権力によって「愛国心」や「奉仕活動」を強制しようと躍起になる。だが、こうした方法は必ず抵抗に出会う。これに対し、自己責任＝自由競争を強調する方法は、民衆にそれと気づかれることなく、その支配を浸透させることができる。そもそも、民衆を競争状態に置くことは、権力に抵抗する連帯を破壊する有効な手段である。それに加えて、この市場＝競争という物質的土台が提供する自己責任の「道徳」は、社会に対する正当な「権利」意識・批判意識を剥奪し、弱者を切り捨て、「痛みに耐える」ことを正当化するものにさえなる。

近年、「生きる力」や「こころの教育」が強調されるようになってきている。これは人間教育としては一見、申し分ないことにみえる。しかし、こうした強調の背後に、新自由主義的な弱肉強食の社会プランがあるということはけっして忘れてはならない。

## 6 新自由主義(ネオ・リベラリズム)言説と戦後教育言説に共有された前提

さて、これまでの検討から明らかなように、ネオ・リベラリズムのロジックは、たんに教育の外部から教育の領域を侵食しつつある「外圧＝侵略者」なのではない。むしろ、それは戦後日本の教育言説の延長線上に位置づき、しかもその閉塞状況を打開するひとつの方向性を指し示すという点で、教育関係者の欲望にも合致するロジックなのである。このことが、教育の領域における「新自由主義の翼賛体制」の成立を説明する。

だが、ネオ・リベラリズムのロジックが、戦後日本の教育言説の矛盾を解消し、その閉塞状況を打開するといっても、それは多分にレトリカルなものに過ぎない。ここで人間の「自然本性」と呼ばれるものは、システムが捏造した人間性の虚像にすぎない。自己責任のロジックは、確かに短期的に見れば、社会が対処すべき問題を減少させるかもしれないが、それは、

社会矛盾の犠牲となった民衆の憎悪の対象を「強制する国家」から、「ふがいない自分自身」に向けさせることを通してそうするのである。問題・矛盾が消えたとしても、その多くは本当に解決されたためではなく、公的領域＝可視的領域から排除されたために過ぎないのだ。

とはいえ、ここでネオ・リベラリズムをイデオロギー的に批判すれば事足りるというものではない。繰り返し論じてきたように、そもそもネオ・リベラリズムは他の教育言説の閉塞状況を打開する「切り札」として持ち出されたものであり、教育ロマン主義や保守主義の観点からそれを批判しても、せいぜい問題が振り出しに戻るだけである。こうした不毛な繰り返しから脱出するには、ネオ・リベラリズムのロジックにその姿が露となった、戦後の教育言説に共有された前提・限界について考察しておかなければならない。

では、ネオ・リベラリズムを含め、戦後の教育言説に共有されたコードや枠組みとはどのようなものなのか。

共有された前提の中でも重要なのは、それらのロジックはいずれも、個人か全体か、自由か社会的拘束・義務かという二項対立を大枠＝前提としているという点である。確かに、ネオ・リベラリズムのロジックは、個人の権利・自由の肯定を通してシステム合理性（公共的利益）を達成するという意味で、この二項対立を止揚しているようにもみえる。しかし、社会や公共領域をルールやシステムとして人間の「外部」に設定し、同時に「自由の主観化（私的領域への囲い込み）」を完成させる点において、ネオ・リベラリズムのロジックは、それ以前の二項対立図式の解消というよりも、そのさらなる徹底なのである。

ここで覆い隠されるのは、人間が実践的＝過程的＝関係的存在であるという事実、さらにいえば世界―内―存在であるという事実に他ならない。

ネオ・リベラリズムが強調する自由は、所有・交換・選択の自由であり、もっぱら「〜からの自由」という消極的自由、因果論的図式のもとで理解された自由である。そして、この裏側には、「拘束や権力以前に完全な主体（自

由)が存在する」という素朴な自己完結的人間観がある。重要なことは、これは単に「認識上の誤り」であるばかりでなく、現実の人間・社会に決定的な影響を与える規範となっているという点である。自己完結的人間観を前提とする自由の規範化(誰もが強い自己を持つべきだという理念)によって、人間はおよそ自らあずかり知ることの不可能な決定＝選択の責任を負わされるだけでなく、そのアイデンティティやパワーの源泉である社会的存在性格を剥奪されてきたのである。

　もちろん、だからといって私は「自由」を否定し、人間の共同性をこそ絶対原理に据えよと主張しているわけではない。重要なのは「自由」を複合的・実践的・関係的に捉えなおし、その思索をおしすすめることである。とりわけ、「自由」をいかに実質化するか、自由を支える社会をいかに構想するかという問題、社会を支える活動や社会的ルール作りに参加する「政治的自由(〜への自由)」の問題は、「自由」について考える上で決して忘れてはならない視点である[9]。

　「自由」について考えるのは困難だというのであれば、「人権」や「尊厳」などの用語から、(再)検討をはじめるのもよいかもしれない。果たして「人権」や「尊厳」は、なにか「あるもの・あること」を示す「概念」なのか。それらは、なにかを成す＝実現するための実践的な「道具＝補助線」であり、人と人の関係、とりわけ、われわれがある理想に向けて社会を共に作り上げようとする実践的関与＝文脈とともに、はじめて意味を受け取る「用語＝用法」なのではないか。これが、本章の立場である。こうした立場＝実践的文脈のなかにおいて、われわれは教育のあり方についても再考していく必要がある。

## 7　教育の共生体としての「民主主義」の構築に向けて

　18世紀、公教育は、ひとりひとりの自由＝主体性の実現を支援することで市民社会を実質化せんとする市民教育(近代のプロジェクトの一角)として

構想された。しかし、日本に公教育制度が取り入れられる19世紀はすでに国民国家の時代であり、とりわけ市民社会の伝統をもたない日本では、公教育はより純粋に国民教育として展開してきた。そして、戦後の国家主義の否定、経済社会による教育の包摂によって極端な「個性主義」教育や「消費」としての教育が台頭してくるようになったのである。もちろん、現実の公教育制度は多様な機能が複合的に組み合わさって成立しているものであり、こうした現実を無視した改革は、それ自体、暴力行為以外のなにものでもない。だが、過度に個人化された教育の理想の追求と現実主義的な対処療法に終始しているあいだに、教育の社会プロジェクト的な側面、市民教育の視点がいつの間にか消え去ってしまったのも事実である。

　こうした傾向を決定づけるように登場してきたのがネオ・リベラリズムの教育改革である。この改革は、戦後教育の理念なき拡大のもたらした袋小路を打開するひとつの「切り札」として登場してきたものだが、それは戦後教育の思考傾向をさらに純化し、曲がりなりにも含まれてきた教育の公共的側面を根底から破壊しつつあるのである。

　ネオ・リベラリズムのロジックのひとつの特徴は、公的領域と私的領域を峻別し、「自由」を私的領域（主観的問題）に囲い込むことでその社会的＝公共的性格（客観的側面）を剥奪し、同時に、公的領域を技術化＝脱政治化することにある。

　「見捨てられた境遇」(displaced)に着目することで、自由を社会から切り離し、私的世界を賛美する傾向にいちはやく異を唱えたのはアーレント(Arendt, Hannah)であった(Arendt 1958=1994)。アーレントは、「私的」(private)と「剥奪された」(deprived)の語源的共通性にわれわれの注意を促し、人間にリアリティを与え、その自由を支える公共領域の重要性を指摘する。

　公共領域への注目は、もちろんたんにアイデンティティの観点からのみなされるわけではない。そこでは、利害・経験・パースペクティブを異にするヒトとヒト、集団と集団のあいだの潜在的な対立・交渉・対話からなる「政治過程（文化・世界の創造、関係の再編成）」を私的領域から救い出し、

ふたたび共通の場に引きずり出すことが賭けられている。私的領域に封じ込められた構造的暴力を再び政治の舞台に引きずり出すことを主張したのがフェミニズムであったが、アーレントは、これを人間学的な観点と結びつけ、公的領域からの政治・自由の排除は、世界＝自己の貧困化を招くと厳しく批判したのである。

ヒトとヒトが協働して世界を構成するプロセスこそが人間の自由とリアリティを支えるというアーレント的な思考の道筋は、「学び」について考える上でも重要な示唆を与えてくれる。

われわれが教育や「学び」について語るとき、「〇〇が△△を学ぶ」というように、「学び」は個人化され、「学び」の主体と対象の分離が前提とされてきた。効率的な「教育法」、「学習法」の追求、あるいは、その反動としての「自ら考える力」、「学ぶ意欲」の強調は、いずれもこうした二重の分離を前提とした議論である。

「学び」は実践的・過程的・関係的概念であり、佐藤(1999)が指摘するように、他者との関係、対象(世界)との関係、自己との関係を不断に編みなすプロセスとでもいうべきものである[10]。だから、「学び」は知識の私的所有の問題でなければ、たんなる共同体への参入というものでもなく、社会や世界の共同構築実践への参加に深く結びついた何ものかなのである。とりわけ、異なる世界に属するまったき〈他者〉にかかわり、社会の境界に立ちながら、社会変革的活動に従事することは、世界を創造＝再構成すると同時に、自己を再構成するプロセスに自らを置く重要な機会だといえるだろう[11]。

以上の事態を表現するのに、私はあえて「民主主義」(教育の共生体としての「民主主義」)という言葉を使用したい。ただし、ここで言う「民主主義」とは、参加し、互いに応答し、自由に学びつつある個人からなる、そしてそうした個人を支える公共圏・学習社会である。さらに付け加えるならば、こうした個々のプロセスは、全体のレベルでみると、問題状況を不断に発見、分析、克服し、自らをより「民主化」することを目指す「学習する社会」

を生み出しているのである。近代のプロジェクトを〈未完のプロジェクト〉と呼ぶとすれば、それは常に未だ不十分という意味ではなく、そのプロジェクトは、それ（人間の自由を支える社会の実現）に向けて協同して進むプロセス自体に意義（人間の自由？）をみいだすプロジェクトであることを示している。

## 注

(1) たとえば、『現代思想──特集 教育の現在』(2002年、第30巻5号)の児美川、大内、佐々木の論考、佐藤・斎藤の対談には、こうした危機感が共有されている。

(2) 日本では、教育技術や教授法よりも「教師論」が盛んである。実践的指導力という一見中立的な概念にも教師なるものへの人格的要求が含まれている。

(3) 相対評価＝人格序列や「問題児カテゴリー」も学校の安定性を支えてきたが、「不登校」という問題は、学校の秩序体系の自明性を支える翻訳コードを崩壊させた。学校への適応（良い子）と「望ましい」子どもの像とは一致しなくなったのだ。

(4) もちろん、教育ロマン主義は、このことに気づかない。性善説的人間観、植物＝自然成長モデル、矛盾のゴミ箱としての「教師」の無際限な利用がこれを可能にしている。

(5) ここには、たとえば、自由化・個性化言説に対して、社会化の重要性、教育の強制的性格を主張するもの。規範化された学校・教師批判に対し、制度的・組織的な改革を求めるもの。多義的で曖昧な概念を、概念と意味・対象が一対一対応した実証的な言語に置き換えることを主張するもの。ゆとり、体験を強調する言説に対して学力低下を批判するものなどがあげられる。

(6) 教育ロマン主義批判の代表的著作としては小浜(1985)の『学校の現象学のために』を、イデオロギー化された現実主義の代表的著作としては諏訪(1990)の『反動的！』を挙げておく。小浜は学校スリム化論など新自由主義的言説を先取りする論者でもある。

(7) 洗練されたロマン主義的な立場から、現実主義的言説への反逆も盛んである。たとえば芹沢(1999)などを参照。

(8) たとえば、多文化主義に悪乗りした新しい歴史教科書の会の運動は、教科書採用反対運動に対し、リベラルな論理をうまく利用している。

(9) たとえば、立岩の『弱くある自由へ』(2000)などを参照のこと。

(10) したがって、学ぶ意欲＝主体性だけでは不十分であり、むしろ、世界＝事象と新鮮さの感覚を失わず出会う「受動的＝能動性」の技法、社会的事象に当事者意識(責任)をもって主体的かつヴァルネラブルにかかわる作法、他者、事象、自己との対話を通しての自己および自己にとっての世界の吟味が必要なのだ。

(11) たとえば、ジルー(Giroux 1992)の「越境教授学」の議論を参照。

## 文献表

小浜逸郎, 1985『学校の現象学のために』大和書房.

児美川孝一郎, 2002「抗いがたき"磁場"としての新自由主義教育改革」『現代思想』第30巻5号、168-179.

越智康詞, 1997「学校組織の深層分析——「教育的/非教育的」コードの作用と機能に着目して」『信州大学教育学部紀要』(信州大学教育学部)第90号, 135-146.

大内裕和, 2002「教育を取り戻すために」『現代思想』第30巻5号, 92-99.

佐藤学・斉藤貴男, 2002「教育はサーヴィスか」『現代思想』第30巻5号, 72-91.

佐藤学, 1999『学びの快楽』世織書房.

佐々木賢, 2002「教育ネオ・リベラリズムの正体」『現代思想』第30巻5号, 180-193.

芹沢俊介他, 1999『脱「学級崩壊」宣言』春秋社.

新堀通也, 1985『「殺し文句」の研究』理想社.

諏訪哲二, 1990『反動的！』JICC出版局.

立岩真也, 2000『弱くある自由へ——自己決定・介護・生死の技術』青土社.

Arendt, Hannah, 1958, *The Human Condition*, University of Chicago Press.＝1994, 志水速雄訳『人間の条件』ちくま学芸文庫.

Giroux, Henry, 1992, *Border Crossing: Cultural Workers and the Politics of Education*, New York and London: Routledge.

# 第7章　共生への教育課程論
――総合学習が拓くカリキュラム転換

広石　英記

## はじめに――学びの公共性の構造転換

　モダンな装置として、日本の近代化に大きく貢献してきた学校教育が、21世紀を迎えた今日、その制度疲労が限界に達していることは、誰の目にも明らかである。学校という学びの公的空間が、受験勉強による競合的な空間に変質している現在の状況は、われわれの生の質それ自体の変質を意味している。学校が学びの空間から、競争の空間へと変貌しているという事態に象徴されるシステム合理性による現代社会の生活世界、意味空間、公共的空間の危機とは、われわれの共生という生の様式そのものの危機を意味しているといえよう。

　この問題に対して既存の制度の枠組みや既存の教育学的視点で対処することには限界がある。かといって、現状の学校教育があたかもすべての子どもたちにとって拷問装置であるかのように、クラスサイズの教育実践の生産性に一括して蓋をして、無責任な学校批判的言説に加担しても、明るい展望が開けないことはいうまでもない。

　私たちは既存の制度的もしくは学問的枠組みにこだわらない、徹底的な批判的考察を展開しなければならないだろう。そして、それはたんなる言説ゲームとしての現実否定ではなく、現実を転換する力を持った、制度の

根本的改革を視野にいれた、ラディカルな思考でなければならないだろう。既存の教育の枠組みの内部で思考するにとどまらず、従来の教育の枠組みをも組み換える、そのような教育関係者の意識改革が求められているのではないだろうか。

　たとえば、「教科」という教育領域の枠組みは、中央集権的教育行政と教育課程編成の硬直化の歴史の中で、あたかも文化的領域の普遍的枠組みであり、神聖不可侵の存在として自明視（制度化）されている。しかし、もともと「国語」や「算数」といった教科の枠組み自体は、その文化領域の情報や知識を問い直すための暫定的枠組みである。ところが、いったんその枠組みが成立し機能し始めると、その成立の要件は却下され「教科」そのものが、知識の領域を不変的に確定しているかのように流通し、さらにそれは細分化、自己増殖化し、われわれの生活とは乖離した情報群によって埋められている。

　「教科」という文化領域の分類は、人間の知的領域を、「教えやすさ＝教育的視点」によって、大人が一方的かつ任意に組織した領域の名称であり、なんら普遍的なものではない、という根本的な懐疑からもう一度私たちは再出発すべきではないだろうか。少なくとも地域課題に根ざした学びや個人の興味関心から沸き起こる課題研究を阻害する最大の要因は、教育の領域の隅々にまで及ぶ、「教科」の枠組みによる知の分断化、情報の脱文脈化であることの自覚が必要だと思われる。

　われわれの生活領域は政治における中央集権と縦割り行政システムの硬直化と、それを許してきたパターナリズム（paternalism: 個人の選択や責任からではなく、国家が家父長的に、国民の諸々の世話［教育・福祉・医療など諸々の行政活動］をするべきだという考え方）によって「まち（都市）」としての有機的で総合的な活力を失ってきている。たとえば、農林水産省によるほとんど使われることのない農道の建設、国土交通省の20年以上も古い計画に基づくダムや河川工事、さらには国政と整合性を持たない自治体の都市計画による道路建設などによって、私たちの生活世界としての地域社会は、そこに

住む住民の意向とは乖離し、総合的ビジョンを欠いた場当たり的な縦割り行政の報いで、個々の地方色は剥奪され、生活空間としての有機的な調和もズタズタにされている。地域に根ざした街づくりは、その立案システム（中央集権・縦割り行政）を根本から転換し、多くの行政裁量を地方分権化し、地域住民の意向を十分に汲み取る透明で公正な住民参加型システムへの転換なしには、地域に密着した「総合的で活力のある」政策の立案実現は難しいであろう。

　これと同様の事態が「学校教育」にもいえるのではないだろうか。従来、私たちは「教育」は国家から与えられる「恩恵」と捉え、「教科書の知識は、正しいはずだ」といったパターナリズム的な思考の枠組みの中だけで学校教育を捉えていたのではないだろうか。この「国家から与えられる学び」というパターナリズム的発想から決別し、「地域から、市民から創りだす学び」といった発想の転換が求められているのではないだろうか。公教育に関する多くの裁量権や教育課程の編成権を「地方分権化」（地域もしくは学校自治へ委譲）し、普遍的と信じられていた「教科」（縦割り行政区分）さえも、その編成権を学校へと委譲する事によって、はじめて「地域課題に密着した総合的で活力のある学び」「教科の枠組みにこだわる事なく、子どもたちの興味関心から必然的に生起する課題学習」「生活者視点の地域文化研究」「個々人の差異を尊重した対話的、共生の学び」が蘇生する展望が開けるのではないだろうか。

　均質的でマスプロ的な教育様式によって、日本の近代化に大きく貢献してきた日本の学校教育も、その耐用年数を過ぎて、新しい世紀に見合った、多様で互恵的な教育様式が求められているように思われる。本章では、このような問題意識によって、学校という空間を再び私たち個々人の参加が可能である公的な学びの空間として再構築しうる、すなわち学びの公共性を国家的公共性から市民的公共性へと転換しうるカリキュラム転換やその具体的戦略としての「総合的な学習の時間」の意義を考察するとともに、新しい時代に期待される新しい学びのイメージを考えてみたい。

## 1　学習観の転換

**二つの学習観**

　学校の定期試験の最終科目が終わったとき、日本全国の学級で(多くの大学でも)「やったー」という歓声と共に喜びと安堵の表情をたたえた子どもたちの姿が見うけられる。もちろん一部には、これまで学んできた学習の達成感を実感している者もあろうが、大半の子どもたちにとっては、気がめいるような暗記作業という労苦からこれで解放されるという気持ちの現れであろう。現に、彼らの多くは学校の試験が終わると、苦労して暗記した学習内容をきれいさっぱり忘れるために、様々な遊びに興じるのである。このような学生たちの生態は、私たちに何を示しているのだろうか。

　また、英語教育の問題点として、「中・高・大学と10年間、英語学習に膨大な時間をかけた多くの学生が、なぜ日常的な英会話さえ習得できないのだ」といった議論がしばしば聞かれる。しかし、これは外国語教育に限った問題ではなく、先ほどの学校生活の一コマの描写が、その根本的問題を暗示している。また「これは、試験に出るからおぼえなさい」といったしばしば聞かれる教師の常套句が、この問題をより鮮明にする手がかりを与えてくれている。

　日本の学校教育は、学習とは「より多くのことをおぼえる」ことであるといったイメージに支配されている。勉強するということは、暗記という無意味な作業をこなすことだと考えている生徒は、成績の優劣に関わらず実に多い。当たり前である、教師自体がそのような考え方に無意識的に支配されているからである。

　近代学校教育を支えていた理念は、個別的な生の外部に標準化された発達の図式(学習指導要領)を設定した上で、逸脱や沈滞を矯正し、平均的で均質的な発達を助成し、善良で有能な人材を効率的に養成するといった産業主義的、国家主義的、個人主義的な有用性・功利性に支配された社会化

論であった。この日本の近代学校教育の理念にとって整合性の高い学習観が、貯蓄型、暗記型、競争型という特徴を持つ学びの結果に重点を置く学習観である。

　この学習観においては、学習とは個人の頭の中での知識や技能の獲得過程のことであり、そこでいう知識とは、様々な文脈において転用可能なように状況から切り離された、一般的、抽象的なものに限定されている[1]。数学教育は、日常的な問題場面とは関わりなく、計算の定理や公式の段階的習得というカリキュラムで構成され、英語教育は、異文化理解から始まるのではなく、英単語や英文法といった抽象化された知識の習得からスタートすることに、その知識観が端的に反映されている。

　このような学習観にたつと、子どもたちの学力評価は、彼らが習得している記号やシンボルを一般的もしくは違う文脈で再現（表象）することができるかどうかをペーパーテストによって測定することになる。学習内容の暗記と再現力が学力であるという学習観にたつと、学習は容易に手続き化し、テストで成績を得ることを至上目的とする結果主義・効率主義におちいることとなる。つまりイイクニツクロウの世界が横行するのである。知識は歴史的文脈やその事件のもつ現実との関連性などが切り捨てられて、脱文脈化したオマジナイ（情報）へと矮小化されてしまう。

　教科書は、学校での学習を枠づけ、学習を意図的計画的な活動として実現する制度的装置であるが、教科書の知識は、生活の具体的状況から切り離され、様々な生活状況に転用可能な知識として、教えられ学習させられる。教科書に象徴されるように、学校化された社会では、直接的な生活状況から切り離された情報が、学習の内容を規定し、さらに複雑化している。学ばれる情報が、自己の生活文脈と乖離することによって学びが疎外されているのである（藤田1995：119-137）。

　伝達という一斉授業、暗記という学習形態、テストという評価方式、という一元的様式が頑迷に定着した近代日本の学校教育は、近視眼的で利己的な「勉強」[2]という個人主義的、競争主義的学びの様式に帰着してしまう。

学びを意味づける全体的な文脈を問うことを欠いた暗記学習の普及によって、子どもたちは、自らの学びを生きる条件（意味を問うという今を生きる経験）を剥奪され、ひたすらパッケージ化された知識を頭に叩き込む作業を強いられてきた。学校は学校知の獲得競争の場という最も非教育的な空間に変質し、学びの楽しみは勉強の苦しみへと転化し、目的意識を欠いた利己的な競争意識を学習意欲と取り違えるような倒錯した日本的学校文化が形成されている。このような近視眼的で利己的な学びは、他者へ開かれた心性を欠いており「みなと同じ」情報をより多く獲得することに狂奔する目的合理的で打算的な生き方に長けた知的エリートを大量に輩出してきたとも言えるだろう。

　競争的勉強という学びのスタイルが普遍化している。学校知の偏重による学力観の歪曲、不登校や学級崩壊等といった病理現象があらわになった学校教育をイメージで語ることが許されるとすれば、植林された日本の山々の景観と重なるものがある。植林された杉林は、その計画的な植林と、無駄な枝木や下草の伐採（学校単位での就学児童の選別や学習内容の一元的管理）によって、遠景としては大変整然とした美しさ（均質性）を持っている。しかし、同一種のみが生きることを許された空間（有用性・機能性・効率性を最優先することによって多様性を排除した学校空間）には、多様な動植物の生命を育む生活環境が形成されず、外界からの酸性雨などの刺激に対して、しっかりとした耐性が維持できない。そこには多様な植生が渾然と共生した（学びあう）原生林の生命力は期待できないからである。原生林や里山は多様な差異の共生の中で、森としての耐性を維持している。つまり、多様性こそがエコシステムを支えているのである。今の学校に差異や多様性を許容する空間や時間はあるのだろうか。

　ここにきて、先ほどの学校生活の一コマの意味、また英語教育の問題点が明瞭に理解されよう。日本の学校教育で支配的な、この種の、貯蓄型、暗記型、競争型という特徴を持つ学びの結果に重点を置く学習観では、大切なことは、ペーパーテストの結果であり、個人の内面が変化することで

はない。すなわち、「テストのために暗記という勉強をする」といった学習スタイルが日本の学校では普遍化し、テストが終われば、すっかり忘れてもと(ゼロ)に戻るというむなしい事態が日常化しているのである。この「おぼえる」ことに特化した学習観のもとでは、「おぼえた」ことをテストで吐き出しさえすれば、あとは「忘れてもとに戻る」の繰り返しが日常化している。そこには、人間を知的に鍛える意味ある経験は生起していないといえるだろう。

　しかし、私たちが「なにかを本当に学ぶ」というときには、これとは異質の事態が起きているのではないだろうか。たとえば、刃物で怪我をすることによりその怖さを本当に学んだ者は、もう一度、その怖さを忘れる(ゼロに戻る)ということはないであろう。つまり、なにかを本当に「学ぶ、分かる、理解する」ということは、もう元には戻らない内面的な変容を遂げたことを意味している。すなわち、本当に何かを学ぶということは、学習者がそれまで当然視していた前提(主観的な解釈、意味付けの枠組み)を自覚し、批判的に振り返り、物事に対する見立て方(世界認識の枠組み)が非可逆的に変化(既存のスキームの精緻化、新スキームの確立といったパースペクティブ変容)したことを意味している。

　試験の結果のみを求める効率主義の学習観では、たんに暗記したことは、テストが終わりしばらくすれば「すっかりわすれて」可逆的にもと(ゼロ)に戻り、忘れることによって学びは喪失されていた。このような学習観のもとでは、いわゆるペーパーテストで測定される個人の学力のみが注目され、測定が難しい領域たとえば、子どもたちの持ついわば内側としての様々な生成や変容は、あたかも存在しないかのように取り扱われる。しかし、学びの本質とは、テストでは測定不能な、子どもたちの内的な変容にこそあるのである。つまり、学びの第二の在りよう、自己変容としての学びこそが、今日の学校教育の閉塞状況を打破していく大きな鍵になるのではないだろうか。

## 自己変容をうながす学び（相互行為としての教育）

　複数の人間が関わっている行為は、そのすべてが相互行為であり、会議もスポーツも挨拶も、誰か一人の一方的な単独行為ではなく、複数の人間が相互応答的に他者の行為に反応する相互行為である。その意味で、教育活動も、あくまでも相互作用・相互行為（interaction/ reciprocal action）である。それは、教師による一方的な教授や、学習者個人の私的学習とは、異なる次元の活動である。

　教育者の〈教える〉行為における「意図」が、学習者の〈学ぶ〉「意味」と交流しえた時にのみ生成する活動と言いかえることもできよう。自己の行為が他者の行為を誘発し、誘発された他者の行為に再び私の行為が誘発される。相互行為とは、絶え間ない自己変容を、他者との関係性の場で更新していくコミュニケーション的行為による経験の再構成といいかえてもいいであろう。

　学校教育の閉塞的状況を打破する第二の学習観とは、この相互作用である教育の関係論的視点に立脚した学習観である。わたしたちが、もうもと（ゼロ）には戻らない内面的な変容（自己変容）を遂げるとき、生成している「学び」は、個人の頭の中のモノローグ的な心理学的現象などではなくて、共に学びあう仲間との関わりの中で生起しているコミュニケーション的行為、人と人とによる意味の生成、創造の過程であるという見方である。

　このようなコミュニケーション論の見地からすれば教育者の意図（教授活動）と、学習者の獲得する意味（学習活動）は、その帰属する次元を異にした出来事であり、両者の循環的相互触発は起こりえようが、学習者の学びを統制・操作することは絶望的であるとさえ考えられよう。相互行為は、その場で生起する生（ライブ）の活動であるために、しばしばこちらの予想を超えた事態が生起することが、むしろ常態なのである。

　学習という概念を、効率主義、結果主義の観点から見ると、学習の単位は個人の心理的活動に限定されてしまうが、学びのコミュニケーション的

側面に注目すれば、学習は、本来社会的なものであり、何らかの共同体との関係を分析の単位として学習が捉えなおされる必要がある(佐伯1996：24)。

　学校教育を根本的に変革していくための中心的課題の一つは、これまで個人主義的・結果主義的に捉えられてきた学びを、協働的な実践・対話的な経験として捉えなおすこと、学力を測定可能な達成度といったように矮小化せずに、学びの過程の中で、自己変容することによって常に生成していく学習可能性の広がりとそこで培われるセンス(見識)と捉えるような視点、すなわち学習観の転換を行うことではないだろうか。

　学校という、教師や仲間、豊かな教材や様々な人々がいる「学びの空間」における学習は、決して一人一人バラバラの孤独な活動などではない。学校の学びの真髄は、豊かなコミュニケーション的活動、協働の経験による学びなのである。コミュニケーション行為としての学びに参加することによって獲得されるものは、「なにかをおぼえた」といった次元の学びではなく、学習活動をとおして「わたしが変わった」という経験であり、それによる「新しいわたしづくり」の経験なのである。

　社会全体に染み付いた「勉強とは、制度(文部科学省・先生・教科書・試験問題)が保証する知識・技能を、効率的におぼえ、習得し、テストによって成果を示す個人的活動である」という強固な観念(ハビトゥス)を、一朝一夕に変革することは至難の業である。個人的学力の競争的獲得といった学習観に支配された学級では、テストの成績にのみ目を奪われて、今、教室で生起している学びの経験の意味や醍醐味(意味を問いながら今を生きる)が見失われている。教材の意義をめぐる、素朴ではあるが広がりを持った子どもたちの疑問の声は、非効率なものとして教師によって無視され、子どもたちの内面的な学び(意味への問いかけ)の時間さえも統制され疎外されている。

　相互性という学びの構造(学びの自主性、対話性、協働性、創造性)を省みない、わが国の開発途上型の学校教育では、〈伝達型一斉授業＝受容的暗記学習(勉強)＝テストによる個人の評価・選別〉という教育様式があたかも

普遍的様式であるかのように一元的に普及している。そのような絶望的状況に、かすかな希望を抱かせる制度改革が現実化している。その歩みは、たどたどしく心もとなく、従来の学習観を堅持する多くの人々からの強烈な批判にさらされてはいるが、少しずつ着実に希望に満ちた実践の成果を見せ始めている。そう「総合的な学習の時間」における様々な学びの試みである。

## 2 総合学習が拓くカリキュラム転換

### 総合学習が拓くカリキュラムの意味

　他者と共に自己実現、自己変容をめざす学びの再生、共生の教育への意識的転換を考えるときに、大きな障害になるのが、日本の硬直的なカリキュラム観である。従来、カリキュラムという言葉は、網羅的な知識を過剰に組織した既定の教科と教材、授業や学習に先立って決められた所与の「計画」を意味していた。このわたしたちの身体レベルにまで滲みこんでいる従来の硬直的なカリキュラム観、そのものを大きく揺さぶる可能性のある制度改革が「総合的な学習の時間」(以下、総合学習)である。

　文化の伝承が主たる目的である教科教育では「目標・達成・評価」によって単元が体系的に構成されていることに対して、現実の課題をともに探究する「総合学習」においては、教科書もカリキュラムも既定のものはない。つまり、総合学習においては、従来のカリキュラム観が予想する何かしらの既定の計画や組織された教科領域、周到に準備された教材といったものは存在しないのである。

　これまでの学習観からすると、学校での「教材」は、子どもが学ぶべき事がすべてパッケージ化されていなければならなかった。教師が「教材研究する」というときには、そのパッケージの中身を調べ、あらかじめ中の情報を把握しておくという程度のことであり、授業とは「教材の中に潜ませてある教師の用意した正解を生徒が当てるゲーム」(佐伯1995:37)という趣

があった。この種の授業構成に熟達することは比較的容易であり、新米教師も数年の教材研究を重ねれば、授業の勘所(当てっこゲームを盛り上げる場面構成)を想定できるようになっていくのである。

　しかし、総合学習には、あらかじめ準備された正解はなく、当てっこゲームを事前に準備できる組織だった既存の教材は存在しない。ここで、多くの教師は途方にくれ、彼らが自明視していた従来のカリキュラム観が粉砕されるのである。

　本来カリキュラムは、ラテン語の「走路(currere)」を語源とし、英米圏では「学びの経験の総体」を意味する概念である。つまり、この言葉は、学びにおいて経験される文化内容、その学習内容のプログラム、それを制度化した教科と教材の組織を意味する包括的概念であり、なによりも「学びの経験」そのものを指示している概念なのである(佐藤1995：143-145)。ここにいたって、つまり、わたしたちは、総合学習という未経験の学びを創り出す創意工夫の過程で、従来のカリキュラム観の破綻を経験することによって、始めて本来のカリキュラム(学びの経験)の意味へと回帰できる可能性を手に入れるのである。

　総合学習は、教師や教育学者が従来想定していた様々な教育に関する既定の枠組みを粉砕する潜在的起爆力を持っている。言い換えるならば、実生活や現実社会から隔離された学校という特殊な空間の中だけで硬直的に運用されていた様々な倒錯した学びの歪みを、わたしたちに正直に映し出す鏡の役割をになうことができるのである。

　たとえば、現実社会においては、わたしたちはなにか困った問題に直面することによって、はじめてその課題を認識し、多角的に調査し、課題の解決へ向かっていくつかの方法を試みている。しかし、学校の教室では、毎時間、無数回にわたって、教師のこのような指示が聞こえる。「次は、これが問題です。はい解きなさい」

　そこでは、いったいなぜこれが問題なのか。どこが問題なのか。誰にとっての問題なのか。といった問題の本質を考える作業は一切禁じられ、既定

の作業プログラムとして、すなわち子どもたちの取り組むべきニセモノの問題、生活世界との関連性を喪失したクイズとしての問題が、横行している。もし、真剣に「そのどこが問題なのか」と問題の意味を考えようとする子ども(自生的自己変容を遂行しようとする子ども)が出てくると、既定の授業プログラムの効率的作業をさまたげられた教師は、不機嫌になるのである。すなわち、本来、自発的、能動的に生起するの学びは、一元的な学校教育様式の制度化によって計画的、受動的にさせられる作業へと変質しているのである。

今こそ、本来のカリキュラム観にわたしたちは立ち返らなければならないだろう。学びの経験の総体としてカリキュラムを捉え直してみれば、学びの意味を一人一人が再び自らの手につかむために、一人一人の個人の文脈から現実的なテーマを探っていく総合学習は有効である。課題の設定や学びのデザインに参加する経験こそが、学ぶことの意味の模索から始まり、学びを個人的な経験から、共有される相互活動へと開いていき、学びをその私事化という隘路から解放する可能性を持っているからである。

人間が学ぶ様式はいろいろあるが、自己変容や行動変容につながるような学びとは、具体的にはどのようなカリキュラム(学びの経験)をさすのであろうか。

**カリキュラムの二つの類型**

佐藤学によると、学びの中軸をなす教育内容と学習者の関係性に焦点をあててカリキュラムを分類すると二つに大別する事ができるという(佐藤1995b:147)。その第一の様式は「階段型カリキュラム」と名づけられるものである。プログラム学習や到達度評価、完全習得学習などの理論も基本的には、この種のカリキュラム観を前提にしている。このカリキュラムは「目標・達成・評価」という枠組みで単元が構成され「工場」「アセンブリライン(流れ作業)」をメタファとして語られる効率性と生産性を追及する教育様式として現在の学校の支配的カリキュラムであるといえよう。

産業社会、競争社会に適応し、官僚的行政に照応している階段型カリキュラムでは、目標は一元的に規定されているので、学習の個別化も容易である。みんなが最終ゴールに向けて小刻みに用意された階段を一方的、直線的に登っていく学習編成原理が採用されているからだ。各人の学習の達成度は一元的・段階的に等級づけられており、学習者の序列化や個人差を顕在化・拡大化する傾向があるとともに、そこでは学習が個人主義的で心理学主義的に捉えられており、子どもの相互の学びあいなどの社会過程を軽視するカリキュラムという特徴を持っている。

第二の様式は、「登山型カリキュラム」である。このカリキュラムの特徴は、大きな主題(山)を中心として、いくつもの学習の道筋が用意されているところにある。「目標・達成・評価」で構成された階段型カリキュラムと比較して、この登山型では「主題・経験・表現」を単位として学びの経験が組織される。このカリキュラムでは、登山そのものがつまり山登りの経験それ自体が価値あるものとされ、たとえみんなが頂上に到達しなくとも各自がおのおの意味ある経験を享受でき、落ちこぼれる心配はないという。

「登山型」カリキュラムは、単元学習、トピック学習、テーマ学習、エポック学習といった諸外国における子どもの経験を重視した様々な教育改革運動の中で具体的な成果をあげてきたカリキュラム観である。

しかし、「登山型」の学びを実現する上では、一つの登山(単元学習)において、どのように文化的に価値の高い経験を組織できるかといった教師側の力量が大きくその成否を左右するために、わが国においては、「登山型」の実践が、文化的な実践というよりも単なる活動主義、体験主義、態度主義におちいる傾向があると佐藤は警告している。知識を欠いた体験は、文脈を欠いた情報の暗記と同様に、子どもたちに「意味ある経験」として定着することはなく、子どもたちの変容を促すような学びは生起しないからであろう。

その上で、佐藤はカリキュラムを「大量生産」モデルで構成された階段型から登山型へ変換することを提唱している。それは教育内容の変化だけで

はなく、学習の過程と文脈を構成する教室の人間関係にも変化をもたらし、学びの価値と意味の質的な転換をもたらす可能性があるからである（佐藤1995b：143-161）。

　学びを既定的、段階的、受動的活動から解放し、遂行的で、実践的で、共同的な活動と捉える佐藤のカリキュラム論は、機能不全現象がその臨界に達している、学校教育を編み直す確かな手がかりをわたしたちに示している。カリキュラムが、学びの経験の総体を意味するものであるならば、わたしたちは、今こそ、その学びを私たち自身の手に取り戻さなければならないからである。しかし、あえて私たち自身の学びの復権に焦点を当てて、カリキュラム論を構成しようとすると、もう一つのカリキュラムも検討の視野に入ってくるのではないだろうか。

**ピクニック型カリキュラム（意味生成の自由なカリキュラム）**
　ここで検討される第三のカリキュラムは、個々人の差異を肯定し、差異ある者相互のかかわりを重視するカリキュラム、学びのコミュニケーション的側面を支え、対話的な協働経験を援助するカリキュラムである。仮にそれを「ピクニック」型のカリキュラムとでも呼んでみよう。この「ピクニック型」と「登山型」の決定的な違いは何であろうか、それは目標の設定に関わる学びの経験の違いにあるといってよいであろう。

　「登山型」においては、教師は、その山（単元）の魅力を熟知しており、山々の布置や多様な登山道を準備することによって、危険な森や沼地や崖で登山者が困惑しないようにいざなう「旅の案内人」としての役目を負うと説明されている（佐藤1995：151）。しかし、このメタファで暗示されていることは、山（主題）の設定は、子どもたちがそれと自覚できないように、教師が熟知した単元で構成され、その学びの道筋は多様ではあっても、いくつかの想定される学び（登山道）からの選択の域を出ていないということを示している。これでは、またしてもわたしたちの学びは、ルソーの『エミール』よろしく、教師の手のひらの上でコントロールされている教育的オブラー

トで包まれた(ニセモノの作為的)経験にとどまるのではないだろうか。

　「ピクニック型」カリキュラムという言葉で、わたしが強調したいことは、あらゆる学びは、個々人の驚き・困惑・感動といった気づき(Sense of Wonder)から始まらなければ本物ではないだろうということである。一人一人の問題意識を尊重しない学びは、人間の考える構造を無視した、どこか不自然なニセモノの経験しか生まないという素朴な疑問である。

　「ピクニック」においては、その目的地(山頂、階段のテッペン、主題、単元)は、あらかじめ決められてはいない、各自が自分の好きな道(課題)を自分の好きなペースで歩め(探究)ばいいのである。

　路肩の樹木や、山々の景観、様々に出会う老人や外国人、守らなければならない交通規則の煩雑さ、汚れた河川やごみの山、遠くに見える障害者施設、何に興味を抱くかは、子どもたち次第である。そういう子ども自身の出会う様々な問題から、学びを創り出していくカリキュラムがあってもいいのではないだろうか。個々人の置かれている状況や環境、現実的な疑問や想いから自らが主体となって課題を設定していくことが、その学びに対する必然性をもたらすはずである。

　つまり「ピクニック型」カリキュラムにおいては、学びの操作・統制は、はじめから放棄されており、学びの道筋や課題の設定自体も、子どもたちに返されるのである。無理に一つの目的地に行かせる必要はない。自らの問題が発生していないところに、本当の学びは生起しないのだから。しかし、教師は何もせずに傍観しているのではない、教師も一人の経験豊かな学び手として子どもと共に学んでいくのである。あらかじめ決定された主題を探究するのではなく、対話しながら探究活動(学び)そのもののプログラムを創り上げることに心を砕くのである。

　生徒の小さな声、素朴な疑問に真摯に耳を傾け、隣にしゃがみこんで一緒に眺めるのもいいし、話を聞いてあげるのもいいだろう、同じような疑問や関心を持った子どもたちを、見晴らしのいい丘の上まで誘ってみてもいいだろう。

子どもたちは、自らが興味を抱いたこと、疑問に思える出来事、こだわりを持ってしまう考えなどを、教師や仲間に聴かれることによって、教師や仲間を信頼し、この関係性の場の中でより思慮深く考えるようになる。なぜなら、人は他者の面前で発言するときに初めて、自らの意見に確信が持て、それに対して責任(responsibility＝呼応可能性)が持てるようになるからである。考えれば考えるほど、人は個性的になっていく。対話的関係を媒介にして子どもたちの個性化が自然と促されていくのである。
　この対話的学びの過程で、様々な学びの道筋が交歓され相互の自己変容を喚起するコミュニケーションによって教師、生徒は一人では思いもつかなかった視点やアイデアを共有することができるかもしれない。うまくすれば、対話的な探究から協働的な行動が自発的に出てくるかもしれない。もちろんできないかもしれない。それが、ホンモノの問題であればあるほど、簡単に正解などは出てこないからである。
　しかし、少なくとも、みずからの疑問や興味を主題にした対話的な学びにおいて、多様で多元的な視点を自らに取り込み、自らの世界の見立ての枠組みを解体し再編し、新しい知識と行動を身につけること(自己変容する学び)が生起する可能性は高いのではないだろうか。一人一人の素朴な疑問から開始される対話的なカリキュラムにおいてこそ、今まで誰も問い直しを試みなかった制度が保証する正解や結論的な言説(たとえば、障害者は、その障害の種類や度合いに応じて郊外の障害者施設に収容しケアーすることがよい、といった福祉に関する言説)を越境する学びの可能性が生まれるかもしれない。
　経験による学びを、実現するには、「教える→学ぶ」という従来の教育図式を反転させることによって学びの蘇生を試みる必要がある。具体的には「教師の真理」による「生徒の意見」の抑圧という現状を反転させて、「教師の真理」を教室から排除した上で、「生徒の多様な意見」との対話によって、子どもたちが「知」への探究過程という経験(カリキュラム)をはじめから取り戻すということである。

教師や教科書、教科の枠組みや既定の教材の絶対的権威を無効にすることによってはじめて、何かを自分のものとして「知(・)る(・)」という自生する学び、「自己変容をもたらす学び」の機会が、教室に生み出される。その時に、学習と研究が連続したものであること、学ぶことと文化の継承が一つであることが"経験"されるであろう[3]。

## 3 共生の教育課程論

**自生する学び・生成するカリキュラム**

　本章をここまで読まれた方は、「一体何を言っているのだ。ピクニック型カリキュラムでは、何を学ぶかわからないではないか」「何かを学ぶ保証がどこにもないではないか」「先の予想がたたないカリキュラムでは、教師も生徒も不安ではないか」「子どもたちの疑問や興味は、気まぐれであるから、それに振り回されてしまうではないか」「ピクニック型カリキュラムでは、そのほとんどの学びは、挫折におわるだろう」といった疑問や批判を抑えることができないのではないだろうか。

　この疑問や批判に対するわたしの答えは、「そのとおりです」と言うほかない。もともとピクニックというものは、そういうものなのである。何かを学ぶか学ばないかは、子どもたちと教師との関係次第である。

　従来の貯蓄型、暗記型、競争型の学習観が想定するような、テストで確認できる学力を確実に学ぶ保証などはもちろんない。ここで学ばれる知は、あらゆる状況を想定した脱文脈的な抽象知ではなく、特殊な状況に埋め込まれた実践知であり、学校の教科書的知の土台ともいうべき生活知であるからである。

　先の予想が立たないからこそ、教師も子どもたちも真剣に考えなければならない。目的地が定まらないということは、学びの道筋が至るところにどんな方向にも延びているということを示している。探究の道筋が多様であればあるほど個々人も頭に浮かんだ解決策に自信がないから、仲間や教

師に考えを正直に打ち明け、それに対する助言にも真剣に耳を傾けざるをえないのである。

 教師は、子どもたちに振り回されることが予想されるために、ピクニックする校外（地域、文化領域、社会問題など）について常に多角的に情報を収集しておかなければならない。それでも、多くのピクニックでは、子どもたちの疑問がスッキリと解消されることはない。解決できたと思った瞬間に、次の課題が見えてくることの方が、ホンモノの現実だからである。

 だからこそ、子どもも教師も学びの不確定性、非完結性を自覚した上で、今を生きる学びを享受(appreciation)することができるのである。

 現在の「学び」が、あまりにも目的合理的行為として「労働・苦役」化し、受験システムで機能する学校知の獲得競争へと変質している現状に対抗するために、「学び」を生の実感にあふれた生成・変容の経験へと解放する（遊びのような）自己目的的行為として検討する必要があるのではないだろうか。

 知識の個人的な貯蓄と競争を志向する学びではなく、意味生成の自由のある対話的な学びによって獲得されるであろう、知識内容や、そのためのプログラムを、あらかじめ確定しておくことは、論理的に不可能である。なぜなら、そこで目指されている対話的、協働的な学びの経験によって獲得されるだろう知識は、まさに対話によって創造されるという意味で「未知の」「新しい知」だからである。

 その意味では、ここで提案されたピクニック型カリキュラムは、既定のカリキュラムとは目的も構成原理も異にした「自生するカリキュラム」「生成するカリキュラム」であるといえるだろう。

**協働経験としてのカリキュラムの再編**

 それでも、いやそうだからこそ、総合学習を中心としたピクニック型カリキュラムへの意識的な転換は、学校教育全体の学びを蘇生する一つのきっかけになるように思われる。教科の枠組みが硬直的で教育課程編成の

自由がまったくない日本の現状だからこそ、「総合学習」を「有意味な経験」の生起する学習活動へと意識的に転換すること、すなわち課題設定や学びのプロセスを子どもたち自らが考案し、参加し、対話し、協働し、挫折し、時には成果を表現する、といった学びの経験を大切にする一人一人の「総合学習」の試みが、カリキュラムそのものの再編のきっかけになると思われるからである。

　新しい学びを生成する新しいカリキュラムが模索されている。学びを協働的な経験として意味あるものへと構成していくためには、学習者の差異の存在が不可欠の要件となる。異質な者であるからこそ、各自が持つ意味の格差やズレの中に、既存の意味を超えていく新しい意味の生成の余地があるといえる。個々人の本当の差異は、子どもたちが共通の目標に向かって主体的に参加し、その協働の過程での相互の対立や緊張関係の中ではじめて成立してくる。個性は、協働の経験によって創られる相互作用と参加の産物である。

　よりよいものを創り出そうと協働的活動に参加することによって、個人的な変容ばかりでなく、共同体の関係構造そのものが、競争的関係から共生的関係へと変わってくるかも知れない。そのためには、互いが違っていることを相互に認め合う価値多元的な"公共的な空間"の設定が必要である。意味生成の自由は、人間の複数性を前提とした対話によって実現するが、十全な対話のためには、自己と他者が対等に出会う公的空間（学びの空間）の共有が必要だからである[4]。

## 共生のセンスへ

　「ともによりよく生きること」に人生の原点があり、教育の原点もある。子どもたちも教師も共に学びつづける存在になったとき、人間の平等（equality）と差異（distinction）という二重の性格を相互承認する「複数性」という人間の条件を前提とした対話的学びが生起するだろう。

　学びそのものを相互の自己開示や自己実現を通した社会的、協働的な相

互行為としてとらえ、学びの過程そのものを、開かれた意味ある経験として構想する必要がある。

多様な個性が交わり、互いの個性が対話の生産性を生み出していくような、対話的教育は、これからの異質な者同士がお互いの価値観を認め合うような価値多元的な共生社会の基礎的生活技術としてのコミュニケーション能力を涵養することが期待される。また、互いの価値観を超えた合意形成を生みだすために必須の、「相互信頼」「公正さ」「誠実さ」「謙譲」や「友愛」といった「共生のセンス(見識)」(市民としての精神)を育むことも期待されよう。

互いの差異を認め合う共生の社会を担う市民を育てる学びにおいては、順調に課題解決ができるような学びの経験よりも、深遠で複雑な問題との格闘や挫折の経験の方が、共生のセンスを育むためには貴重な経験となるであろう。難しい問題に直面すればするほど、私たちは一人では解決できずに協働的に取り組まざるをえなくなり、相互の関係性が深まれば深まるほど、学びの参加者すべての変容や相互の関係性の変容も深まっていくからである[5]。

暗記型、貯蓄型、競争型に偏った学習観の呪縛から、私たちは自身を解放することができるだろうか。新しい学びを意識的に展開する一つの起爆剤として、「総合学習」を使ったピクニック型カリキュラム(意味生成の自由なカリキュラム)を提案した。

生きて活動することによって、問いが生まれ、考え、対話を深め、協働する中で、状況への埋没状態から脱却し、結論的な言説を相対化し、新しい意味が獲得され、新しい自分が生まれていく、といった学びの基本的な構造を尊重した教育のデザインが求められている。生活と学習を再び結びつけること、教科の学習をもう一度生活者の視点から問い直す必要があろう。状況への深い認識が、状況の変革可能性への展望を開くかもしれない。教育は常に未来に向かって開かれており、また教育によって未来も新たに開かれていくのである。

「共生の教育(learning to live together)」が模索されている。われわれが必要とするのは、相互行為としての学びの再生を通じて、自らと他者、あるいは現実世界との関係を認識し、社会的政治的な責任主体へと成熟できる教育である。

　授業を受ける生徒から、学びのつくり手となった子どもたちは、これまでにない「学び」の実感を手に入れることは間違いない。すくなくとも、そこに見られるのは、みなと同じ情報の競争的暗記に狂奔する生徒の姿ではない。「学び」への参加による意味の創出を経験した学習者は、それによって自分の存在を肯定でき、意味ある生への確信が持てるようになる。そこにいるのは、仲間と共に身近な課題を協働的に解決しようともがいている小さな市民の姿である。

**注**
(1) 学習によって得られるのは「状況に埋め込まれた」知識である。従来の、抽象的で一般的な、個別的状況から脱文脈化した知識「転用可能は知識」は、実はごく初歩的な知識に過ぎないということが、コンピューターのエキスパートシステムの限界として知られるようになってきた。脱文脈化し、抽象化された知識は、ごく初歩的な知識に過ぎず、実際に具体的現実で発動する知識は、個別の具体的実践によって獲得された状況に埋め込まれた知識であり、それこそが、総合的判断の源であり、言語化されて「覚え込まされる」類のものではないのである(佐伯 1995:33-39)。
(2) 明治20年代にはすでに暗記中心の授業が浸透し始めていて、「勉強」という言葉が「学習」という言葉に置き換わって一般に普及している。「勉強」という言葉は、中国語ではもともと「無理をすること」「もともと無理があること」を意味しており、学習に相当する意味はなかった。受験学力が求められ、学業成績による差別と競争が求められるにしたがって、日本では「学習」が「勉強」に転換し、この勉強文化は、日本人の学習観に骨髄まで浸透してしまっている(佐藤 1997:89)。
(3) 日本の教育のあまり指摘されない問題点として、中等教育を構成する知識と大学教育で後式との間の「乖離(非連続性)」という隠れた課題がある。単純化して言えば、「受験知としての学校知」と「探求知・研究知としての学校知」との

間の分離の問題である。この問題は、探求知(個人の試行錯誤のプロセスの重視)や研究知を追及することを教えることが優れた初等・中等教育であるべきであると考えるアメリカと比較すれば明らかとなる。今世紀初頭の進歩主義教育の遺産としてデューイが提唱した「反省的思考(reflective thinking)＝探究」の方法は、問題解決学習の普及という形で全米に受け入れられ、この探究の精神は、大学・大学院では「研究の論理」としてさらに初等中等教育では「個性的リサーチの論理」の普及として全米のあらゆる段階の学校教育に浸透しているといえよう。ここに、「探究」と「個性」とが結びつく教育が誕生した。その意味では、アメリカでは優れた教育は、知的な領域であれ他の実践的な療育であれ、自らの関心に基づいた深い探究によって独自の個性が育成されるという一つの共通理念が作られたといってよい(早川　1996：33)。

(4) 自然的な属性に関しては、人は様々な差異を持っているが、集団内のメンバーを平等に扱うという規範が共有される公共的空間において、人は平等に扱われえるのである。自由主義は、人間諸個人の多様性を、平等主義は人間の本質的同質性を主張するが、そのどちらも相応の根拠があり、双方が対峙する関係にある限りは、力による解決以外には決着がつかない。この困難を打開するには、人々の共同のプラットフォームとも呼ぶべき一つの場が必要だろう。近代の『友愛』の原理は、そのような必要性から生まれてきた理念であろう。共存の求め方において多文化主義は、差異の承認と平等の要求を基本とする。少なくとも、教育の場において教師が、子どもの自生的学び・自己変容を承認するということは、子どもを操作対象ではなく、代替不可能な他者として受容することを意味するであろう。

(5) 現在の学校教育で、自己変容の可能性の高い学び(私が変わったという実感のある経験)が残っているとするならば、それは、学園祭や文化祭、生徒会活動や部活動などの比較的達成が難しい協働経験の生起する学校行事などの時間ではないだろうか。われわれの記憶にいつまでも残る、懐かしい学校生活の場面とは、一斉教授の時間などではなく、みんなと何か手ごたえのある行事に参加していたという経験であろう。

**文献**

アレント、H, 1958＝1973／94, 志水速雄訳『人間の条件』ちくま学芸文庫.
早川操, 1996「探究の精神と人間形成」市村尚久他『教育関係の再構築――現代教育への構想力を求めて』東信堂
今井康雄, 1999「ハーバーマスと教育学」「教育学批判の系譜」原聰介他編『近代教

育思想を読み直す』新曜社.
イリイチ, I／フレイレ, P, 1975=1980, 角南和宏他訳『対話――教育を超えて』野草社.
上野千鶴子, 2002『サヨナラ、学校化社会』太郎次郎社.
梅田正己, 2001『「市民の時代」の教育を求めて』高文研.
大庭健, 1997『自分であるとはどんなことか――完・自己組織システムの倫理学』勁草書房.
岡田敬司, 1998『コミュニケーションと人間形成』ミネルヴァ書房.
川崎修, 1998『アレント――公共性の復権』講談社.
木前利秋, 1987「理性の行方」藤原保信他『ハーバーマスト現代』新評論.
小阪修平, 1997『自分という「もんだい」』大和書房.
後藤道夫他, 1995『新たな社会への基礎イメージ』大月書店.
斉藤純一, 1987「政治的公共性の再生をめぐって」藤原保信他『ハーバーマスと現代』新評社.
佐伯胖, 1975『「学び」の構造』東洋館出版.
―――, 1995a『「学び」ということの意味』岩波書店.
―――, 1995b「文化的実践への参加としての学習」佐伯胖他『学びへの誘い』東京大学出版会.
―――, 1996『学びの共同体』青木書店.
桜井哲夫, 1984『「近代」の意味――制度としての学校・工場』NHKブックス.
佐藤学, 1989『教室からの改革』国土社.
―――, 1995a『学びその死と再生』太郎次郎社.
―――, 1995b「学びの文化的領域」佐伯胖他『学びへの誘い』東京大学出版会.
―――, 1996『教育方法学』岩波書店.
―――, 1997『教師というアポリア』世織書房.
―――, 2000『授業を変える学校が変わる』小学館.
柴田寿子, 1997「「光の物語」と「闇の記憶」――アーレントにおける政治と歴史認識」『現代思想7　ハンナ・アーレント特集』青土社.
鈴木敏正, 2000『主体形成の教育学』御茶ノ水書房.
世古一穂, 2001『協働のデザイン』学芸出版社.
滝浦静雄, 1990『「自分」と「他人」をどう見るか』NHKブックス.
滝川一廣, 1999「学校の〈死と再生〉」香川大学教育学研究室編『教育という「物語」』世織書房.
千葉真, 1996『アーレントと現代――自由の政治とその展望』岩波書店.
ハーバーマス、J, 1962=1994 細谷貞雄訳『公共性の構造転換』未来社.

ハーバーマス, J, 1981 =85-87 河上倫逸他訳『コミュニケーション的行為の理論』(上・中・下)未来社.
広石英記, 1996「個へのかかわり――対話的教育関係の手がかり」市村尚久他編『教育関係の再構築』東信堂.
藤田英典, 1995「学習の文化的・社会的文脈」佐伯胖他『学びへの誘い』東京大学出版会.
船津衛, 1995「「自我」の社会学」井上俊他編『自我・主体・アイデンティティー』(岩波講座現代社会学2)岩波書店
フレイレ, P, 1968 =1982, 桧垣良子他訳『伝達か対話か』亜紀書房.
―――、P, 1972 =1979, 楠原彰他訳『被抑圧者の教育学』亜紀書房.
牧野篤, 1999『主体は形成されたか』大学教育出版.
松永澄夫編, 1994『私というものの成立』勁草書房.
矢野智司, 1999「世界の区切りを変える」原聰介他編『近代教育思想を読み直す』新曜社.
―――, 2000a「教育の〈起源〉をめぐる覚書」『野生の教育を目指して』新曜社.
―――, 2000b『自己変容という物語』金子書房.
ワークショップ・ミュー編著, 1999『「まなび」の時代へ――地球市民の学び・30人の現場』小学館.

Arendt, Hannah, 1977, *Between Past and Future*. London: Penguin Books.
Mordechai, Gordon, 2001, *Hannah Arendt and Education*. London: Westview Press.

# 第3部
# ボディ・エデュケーショナルの方へ

# 第8章　ボディ・エデュケーショナルという概念へ

鈴木　慎一

## はじめに

　2001年の日本教育学会大会の折に、教育研究と教育改革を論じるシンポジウムがあった。招かれて提案者の一人となった際、「国家学的教育学パラダイムからの教育研究の解放」という題で、ボディ・エデュケーショナル概念にかかわる二、三の提案をした。その提案の副題は、"教育改革と『学』としての教育研究の有効性にかんする比較教育からの提言"とした。その発言の要点は、日本教育学会の紀要(『教育学研究』)に掲載されているが(鈴木 2002)、紙幅の関係で詳細は論じられていない。ここでは、先の提案の内容をより充実したかたちで提示したいと思う。

## 1　ハイネマン―ウイルソン論争の周辺

**世界比較教育会議――1992年プラハ**

　アメリカには、「比較国際教育学会」(Comparative and International Education Society: CIES)という専門学会がある。学術誌『比較教育評論』(Comparative Education Review)を購入すると、そのまま学会の会員になることができる。入会について、申請者の個別審査はない。その意味では、アメリカ以外の

世界にも開かれた学会である。入会も退会も、学会内部での活動も、参加する者の自由と自律にもとづいている。かたやヨーロッパには、「ヨーロッパ比較教育学会」(Comparative Education Society for Europe: CESE) があるが、こちらに入会するためには、理事会の審査を受けなければならない。このスタイルは、多くの学会が国内的・国際的に採っているスタイルである。

さて、そのような地域別・国別の比較教育にかんする専門学会を基礎として、「世界比較教育学会」(World Council of Comparative Education Societies: WCCES) が設けられ、機能している。この会議体は、言語圏別・地域別・国別の比較国際教育学会から送られた代表によって運営され、言語圏別・地域別・国別の各学会に属する研究者が参加して、各種の研究活動を行っている。たとえば、3年ごとに開催される「世界比較教育会議」(World Congress of Comparative Education Societies: WCCES) は、比較教育・国際教育・開発教育などの専門分野で仕事をしている人びとにとっては、各種の情報交換や共同研究の計画を立てるなど、重要な機会になっている。

しかし、このような世界比較教育学会の運営形態に問題がないわけではない。世界比較教育学会には、一国あるいは一地域から一つの学会だけが正規のメンバーとして参加を認められるために、当該国あるいは当該地域に二つ以上の比較教育関連の独立した専門集団がいる場合、その代表性をめぐって会議体としての運営が左右されることがあるからである。典型的な事例は、中国比較教育学会と台湾の比較教育学会の世界比較教育学会への参加をめぐる混乱である。

1990年代前半、世界比較教育学会の会長はミッター (Mitter, Wolfgang) 氏で、事務局長は鬼籍に入られたリューバ (Ryba, Raymond) 氏であった。この執行部は、「民主主義の原理」にもとづいて、香港・台湾の両比較教育学会を正規のメンバーとして世界比較教育学会に迎えることを決定した。これに対して、とくに台湾の比較教育学会が正式に参加が認められたことに対して、中国比較教育学会からクレームがつき、中国比較教育学会は、それ以降、代表者を送ってこなくなった。その理由は、「二つの中国」は認めら

れないとする中国政府の基本的な立場にある。民主主義をめぐって洋の東西では意見が異なるのである。

　アジア比較教育学会が設立された経緯にも、世界比較教育学会とアメリカ比較国際教育学会が抱える共通の問題が、その影を投げかけていた。1989年4月に起こった天安門事件の直後、中国で開催が予定されていた世界比較教育会議は延期された。その背景を客観的に描くことは易しくないが、1989年にモントリオール市で開催された世界比較教育会議総会の議論を聞くかぎり、当該学会の北京開催を延期または中止することを強く求めた人びとのなかには、中国からアメリカ、カナダに留学していた中国人留学生たちがいた。テレビを通じて世界中に知れ渡った事実が、西欧型民主主義に親しんできた彼（女）らを驚かせ、当時の中国政府に対して批判的な態度を採らせたことは想像するに難くない。しかし、中国における学会開催延期を多数決で決めたこの総会で、イギリスからの参加者（たとえば、故人となられたキング [King, Edmund] 教授）が「世界比較教育学会では、それまで（国際）政治を理由にする学会開催延期・廃止を扱ったことがない」という理由から、当時の世界比較教育会議議長メーズマン（Masemann, Vandra L.）が提案した中国開催延期ないし廃止提案に反対したことは印象的であった。

　このような経緯にかかわって、急遽、プラハで開催されることになった世界比較教育会議（1992年）で、私は一夕、香港・スリランカ・インドから参加していた女性研究者に招かれて、話し合う機会を得た。その席には、韓国から来られた李教授もおられて、私は彼とともに彼女らの話を聞くことになった。その話の要点は次のようなことであった。(1)彼女たちが生活する場所に比較教育学会がない。世界比較教育会議に参加する場合、どこかの比較教育学会に参加していなければならず、学会費などでその負担が少なくない。(2)そういう理由から所属することを強いられる他国あるいは他地域の学会では、自分たちは少数派で、実際に当該学会の運営には参加する機会がほとんどない。(3)結果的に、世界比較教育学会の理事会に、自分たちの意見を反映させることができない。理論的にも実際的にも、

そのような情況を打破したい。(4)については、男性で年長で経験をもつ研究者である貴方たち二人に、新しい学会をアジア地区に作る手助けを頼みたい。

この話に理があると判断した私は、韓国の李教授とともに、アジア比較教育学会作りの下地を均すことにしたのである。日本人関係者の努力でアジア比較教育学会は呱々の声を挙げ、1995年には早稲田大学を会場として、その第一回の研究大会を催した。そのとき、国を基礎とするのではなく、研究者の生活地域を基礎にして会員を組織したのは、二つの中国という隘路を超えるためであったが、果してプラハで語り合った女性たちが求めていたような学会になり得ていたかどうか、内心、忸怩たるものを感じていた。

さて、話は再びさかのぼるが、そのような話し合いが行われた1992年のプラハにおける世界比較教育会議では、中国での同会議の開催について理事の間で話し合いが続いていた。そこでの話し合いの折に、私がシュリーヴァー(Schriewer, Jürgen)教授に問いかけたことがある。それは、天安門の事件でアメリカとカナダで反対の声を挙げた中国の青年学生が、なぜ母国の軍隊がチベットへ派遣され、その地の人びとを弾圧することに対して無言なのか、ということであった。あまり芳しくない中華主義のようなものを、アメリカやカナダの地で学ぶ中国の若者たちに、私は感じとっていたのかもしれない。

そこから浮き上がってくる問題点は、比較教育学が国家という国際単位を基盤にして活動を進めることの正当性への疑問と、支配的文化による周辺的文化の抑圧への疑問、したがって、〈新たな限界〉が〈大学という制度装置の内部に閉じられた比較教育学〉に生じつつあった、ということであったと思う。フランス語圏比較教育学会と呼ばれるような学会も現にあり、旧宗主国と旧植民地(国)の関係は、比較教育学の分野では濃厚である。旧ソ連圏、旧東ヨーロッパ圏に目をやれば、そこにはロシア語による学問圏があり、冷戦構造と呼ばれた国際政治の文脈と特定言語による学術支配とが重なりあっていた。英語文化圏においても、同様のことが指摘できるはずである。大学はユニヴァーサルであることを標榜するが、そこでの知的

活動の実態には、政治的言語と結びついた学術的言語の世界が遍く構築されていたのである。私は、1960年代の大学解体を訴える学生の只中にいて、支配的言語文化の担い手である日本の出版社を批判の俎上に載せたことがある（私立大学連盟の学習会においてであった）。しかし、その私も、政治的空間としての学術的言語空間の住み手・担い手であり、その享楽者ではなかったとはいいきれない。

## アメリカ比較国際教育学会大会——1998年バッファロー

1998年に開催されるアメリカ比較国際教育学会のパネルにカナダ・トロント大学のウィルソン（Wilson, David）教授から参加を求められたのは、このような雰囲気の中においてであった。ウィルソンがパネルを作ろうとした動機は、当該学会の会長を務めたハイネマン（Heyneman, Stephen）教授が、世界比較教育会議不要論を述べたことであった。ハイネマンの論点の中心は「大学における比較国際教育研究の存在理由を疑う」（アウトプットがゼロである）ということであり、また開放的なアメリカ比較国際教育学会があるから世界比較教育会議は不要ではないかというものであった。これに対して、当時、世界比較教育学会の会長を務めていたウィルソンが、「他分野において比較教育研究・政策提言を担う人たちは大学で育てられた人たち」であり、したがってアウトプットはプラスであると反論していた。そういう経緯があって、上述のパネルが編制されたのである[1]。

伏在していた問題は、比較国際教育にかんする〈アメリカの自己中心性〉とそれへの批判である。多少具体的に述べると、世界比較教育学会設立をめぐるアメリカとカナダの対立がまずあり、アメリカ側研究者の消極的参加（1956年から1987年まで世界比較教育会議へのアメリカからの参加者は極端に少なく、あるいは皆無という情況が続いており、1987年にブラジルで大会が催された時から、漸く参加者が見られはじめるという有様であった）、世界銀行に集う人びとの比較教育的・国際教育的経験の蓄積とそれに応じる比較研究者への依存度の低下、それに媒介される相互蔑視など、複雑であった。

以上のような背景の中で、1998年のアメリカ比較国際教育学会で私が行った提案は、要約すると、次のようなものだった。

(ⅰ) ウイルソンが主催するパネルには、世界比較教育会議の必要性・妥当性・正当性を再確認するという意味がある。〈近代の文法〉(セントリズム)という観点から[2]、教育にかんする言説の諸限界が指摘されているという現状を踏まえて、また比較教育にかかわる多くの専門学会において特定の言語と特定の文化・学識が支配的になりつつあるという実態を踏まえて、教育の問題を解決していくために、世界比較教育会議は、(A)研究組織を持たない地域の研究者を国際的な研究集団へ参加できるように配慮するべきであり、(B)新しいパラダイムを導出するための共同研究を行うよう提案するべきである。

(ⅱ) 近代的国民国家の基本プランを書き上げる際に、ヨーロッパの人びとが用いた〈統治の図式〉はbody politique (politic)、body economique (economic)という二つの観念を下敷きにしたものであった。比較教育の初期の目的は、近代的国民国家の形成期に、自国の公教育制度を整えるためにヨーロッパ・アメリカの試みを参照することであった。それは、近代的国民国家の〈統治の図式〉を正当化することになった。

(ⅲ) 近代的国民国家が制度装置としても概念図式としても限界を迎えている現状において、body politique (politic)、body economique (economic)の観念を再評価し、その上で新たにbody educationalという概念を導入し、それを国民国家に代わる比較研究の単位にするべきではないか。比較教育の新しい役割は、教育の科学的研究への貢献であり、(A)政治的集合体の教育制度の更新・改善・改革にかんする基礎的データを収集すると同時に、(B)収集されたデータから何らかの基礎カテゴリーと基本関係を理論的に叙述することである (cf., Suzuki 1999: 187-207)。

このような私の提案には、以下のような問題設定が一種の前提認識とし

て横たわっていた。①近代的統治におけるgovernment（政府）と現代的統治としてのgovernance（秩序）との関連をいかに説明するか。その際、統治者と統治制度のみを含むstateを統治者・被統治者・統治制度の三者を含むcommonwealthへどのようにして解消させるか、あるいは発展させるか。②こうした統治形態と教育制度の相関を解析し総合する視座としてどのようなものが考えられるか。それに関連する教育政策策定の基礎理論はどのようものか。③世界比較教育学会の代表性はどのようなものか。④関連諸科学（諸学）の主題に連動するような〈共同作業を行う場（トポス）〉（intra-, inter-, super-regional "topics" = topos）はどのようなものであり、トポスについての理論的・実践的な問題は教育の視座からどのように確定されるか。

## 国民教育の限界

　このような問いを私が持つようになったことの背景は、近代的国民国家群を超える教育の諸問題が生じていること、言い換えるなら、近代的国民国家の国内教育にかんする政策に限界が見られることであった。それは、たとえば、（ⅰ）「先進国」と「途上国」とを分かたぬ問題が多くなり、適切な対応策を模索することが頻繁になったことであり、（ⅱ）「生活の基礎的な形態」が変化し、「子どもの社会参加の形態と選択の実際との間」に葛藤が生じていることである。たとえば、ブロードフット（Broadfoot, Patricia）は、イギリスの教育現実について次のように述べている。

　　「ルダックとフラッターが示すところでは、［イギリスの］教師たちは、生徒たちを勉強させることが日に日に難しくなっており、過去20年なり30年なりを振り返ってみると、若い人たちがどんどん変わってきたのに、学校の構造は深いところで変わっていないことに気づいているという。生徒たちは、もう、権威的に何か語られることを受け取るだけというやり方には我慢ができなくなっている。勤労者たちが、会社の仕事に積極的に参加し、それぞれのすることが何か

を良く理解しているときにはじめて働く者の仕事の能率が上がるように、生徒たちも学校の仕事に参加することができ、今、何に関心をもっているか、もっと良く先生や周りの人びとから聞いてもらえるようにならなければならないのではないか。ルダックたちはそう述べている」。

「調べてみると明らかになるそのような事柄が、あちこちで観察される学校教育の病状であるとすると、言い換えれば、世界中の若者たちが自分たちは生きていないと思うような制度の中に長く長く留め置かれているのであるとすると、それは、"教育とは何のためにあり"、"どうすれば最も良くそれを与えられるか"、と考えてきた私たちのこれまでのさまざまな取り組みの基礎にある仮説を、深く基本的なところで若者たちが受け入れようとしていないことを意味している。それはけっして理由のないことではない」(Broadfood 2001: 261-266)。

不登校児数の急激な増加は、日本にだけ限られた現象ではなく、イギリスにおいても観察される可能性のある現象である。なぜ、このような事態が広がっているのだろうか。私は、「公教育」と呼び習わされてきた、制度的に硬化した教育形態に、その原因があるように思う。少しパラフレーズしてみると、次のような図式が例外なく「公教育」すなわち国民国家型教育の制度に見出せるのではなかろうか。

①国民の意見は、代議制の下で選出された代表者を介して、議会において公的に代弁される。
②国民の教育にかんする要望や意見は、国政においても、地方政治においても、選出された代表者を通じて、国会あるいは地方議会において公的に代弁される。
③議会においては、公的に代弁された意見・要望について、それぞれの具体化にかんし、その順序が多数決によって決められる。この手続き

において、多様な国民各個の意見と要望は、幾つかの政策課題あるいは政策命題として整理され、そのうえで具体化にかんして順序が決められる。
④決定された順位にしたがって、政策は実行され、そのことを介して、国民の教育要求は満たされる。
⑤政策の実行にあたる主体は、行政の当事者である。行政の当事者は、国民の代表者による意思決定を踏まえて行政を担っているが、行政当事者としての歴史と経験と知見に基づいて実務を執行する。
⑥実務の執行に先立ち、行政の当事者は、国民の代表者による意思決定に専門家として参加し、代表者に助言することがある。また、実務執行にかんして、専門家に意見を求め、行政の当事者としての実務執行の質的な水準の高度化を図ることがある。

さて、実際の教育行政過程を緻密に調べると、①〜⑥までのプロセスがきちんとした手順を踏んで行われていない場合が多いことに気づく。どうなっているかと言えば、立法府の意思によって必要な情報が集積され、立法府のメンバーによってその情報が読まれ、分析され、評価され、行政の当事者の意見を斟酌して政策化されるというよりも、行政の当事者があらかじめ政策目標を選択し特定して、その際に専門家集団に相談し(「諮問委員会」という名の協議体を用いる)、そのうえで、政策課題と対応策をセットにしたものを立法府のメンバーに提示して、その選択を待つというプロセスが採られている。このプロセスでは、国民一人一人の教育にかんする意見や要望は、的確に代表制民主主義の意思決定過程に反映されにくい。このことは、教育に限らず、近代的市民社会の市民一人一人の生活全般に言えることである。これは、ようするに「三権分立」と呼ばれる近代的統治の原型が崩れ、行政の肥大が目立つようになったということである。このことを、専門家は「行政国家の誕生」と呼んでいる。

このような近代的国民国家の統治過程で、専門的知識者集団としての教

育学関係者がどのような役割を果してきたかが、問題として解析される必要があるのではないか。このような問いを自分自身に向かって立てるとき、私にとって問題となったことは、教育学の出自自体が国民国家の形成と結びついているという一事であった。本書に収められているシュリーヴァー論文は、簡潔にそのあたりの事情を描いているように思う。代表制民主主義の枠のなかで、どれだけ子どもを育て、それぞれの社会参加を支える一人一人の市民の要求や意見を教育学が汲みとり、適切に代弁してきたかが、再検討されるべきであると、シュリーヴァーはいう。日本における民間教育団体とその研究活動が、またいわゆる講壇教育学がこの点でどのような役割を果し得たかは、精密に評価する必要がある。

　1970年代前半期の西欧や日本で、「参加」が広範囲にわたって大きな社会的な関心を呼び、話題となったことがあった。たとえば、英国などでは、学校理事会に親を参加させることについて、政府委員会報告書が作られたほどである。『新しいパートナーシップ』と名づけられたその委員会報告書は、日本でも評判になった。そのころ、日本教育学会にも特別研究委員会が置かれ、後に『教育における参加（協力関係）の研究』と題する二冊の報告書が公刊された。この時期に、私は、その特別研究委員会の一員として報告論文を書いたが、そこで私が主張したことは、人びとの市民としての当事者性を回復することであり、それは、次の６つのことにかかわっていた。

①地域再開発への住民参加——生活の場における当事者性の回復を求める運動。
②消費者運動——衣・食・住などの生活の基礎過程における当事者性の回復を求める運動。
③産業民主主義——労働者の企業管理への参加、すなわち労働という生活の基礎過程における当事者性の回復を求める運動。
④情報公開運動——政治・行政という生活の基礎過程における当事者性の回復を求める運動。

⑤大学生のシット・イン（参加）——知についての産業界・大学・官僚・軍のヘゲモニーから離れて、知る・学ぶという生活の基礎過程における当事者性の回復を求める運動。
⑥学校への親の参加——子どもを育てるという生活の基礎過程における当事者性の回復を求める運動。

　これらのことは、ほかでもない、近代的国民国家が、市民一人一人の生活について、人として生きる基礎過程において、市民あるいは国民を疎外する機能を備えていることを裏付けている。政治史的にいえば、それはstateの限界をnationを媒介項として超えようとした試みが挫折したことを意味する。本書に収められたシュリーヴァー論文は、そのあたりについても雄弁であり、前にも触れたように参考になる。また、ブロードフットが言及したイギリスの学校教育の風景は、このような意味における教育の近代的疎外にほかならない。

　公権力による子どもの囲い込みに対して、公権力の基礎であるはずの市民が意義を申したてたことには、重要な意味がある。たとえば、子どもが学校理事会に参加するという事態（上記の諸問委員会報告書には、その可能性が触れられている）は、親と子の共同学習と共同決定という新しい〈社会化された学習〉の形態を示唆するものであり、私流に言いなおせば、そこには、〈親—親〉関係ばかりでなく、〈親—子〉関係と〈子—子〉関係の当事者を中核とする社会関係の組み替えが暗示されている。それは、統治の機軸が当事者性を重視するものに変わろうとしていること、あるいは、変えなければならないことにほかならないと思う。

　それゆえ、国民国家とともに歩んできた比較教育は自己変革を避けることができないというのが、私の結論である。始めの言葉に戻ると、それは、「ボディ・ポリティク」（body politique）と表現された人間の社会的状態の直感と再生の設計図にかんする具体像の創りなおしにほかならない。なるほど、学校が有効であったことを否定することはできない。しかしなぜ、机

を前に列に並んだ生徒が一律に学ぶ教育の形式だけが、これほどに流布したのか。こう問いを立てる人びとが増えても不思議ではない現実が広がっているのである。

## 2　セントリズムを超える教育研究へ

**ユネスコの学習概念をめぐって**

　ハイネマン―ウィルソン論争をめぐるもう一つの背景がある。それは、国際場裡における新たな差異と差別の発生にかかわることであり、私の言葉でいえば、「ボディ・エコノミック」(body economique)にかかわることである。

　1990年代に入って、ユネスコは新しい学習理念を明らかにした。『学習――内なる宝』(Learning: The Treasures Within)と題する一冊の報告書は、それが公刊された後、ユネスコ加盟国のさまざまな教育政策に影響力を持ちつづけている(UNESCO 1996)。巷間しばしば言及されるのは、その報告書で語られている四つの学習の柱であろう。①「知るために学習する」(learning to know)、②「為すために学習する」(learning to do)、③「人であるために学習する」(learning to be)、④「ともに生きるために学習する」(learning to live together)の四つがそれである。

　学んだら分かるようになり、学んだらできるようになり、学んだら一人立ちし、学んだら共に生きることができるようになる――こういう言い方は、別に新しくはない。近代の教育は、一貫してそう語ってきたからである。では、何が新しいのだろうか。それは、人間の学習の媒体が新しくなったことであり、また人間の暮しの経済的な次元が、地域的には多様化しつつ国際的には一元化するという、構造特性を持ち始めたことである。その変化は、知識と呼ばれる人間の認識の所産が、とりわけその中にある技術が、経済財の開発と消費において新しい位置と機能を獲得したことであり、そこから、従来は「公共部門」と呼ばれた、公権力を背景とする社会構造と

機能が、私的な営みの支配する市場に誘導されることが一般化したことである。保険、福祉、教育、消防、その他の公共事業と見なされたものが、例外なく私企業を中心とする市場へ移し変えられるようになった。すなわち、日本では「民間活力」と呼ばれ、海外ではprivatizationと呼ばれる方法と実態とが、同時平行的に国境を越えて広まっていったのである。

　この民間活力の導入(privatization)という政策転換のなかでは、「競争」が一つの合言葉になった。日本では、臨時教育審議会以降、この原則が教育の隅々まで行き渡りつつある。そこから生じるのは教育格差の拡大、社会的格差の再生産、そして社会構造あるいは社会的エトスの凍結である。多少、象徴的な言い方をするならば、「隠れたカリキュラム」の顕在化であるところの、文化的な市民の分断と抑圧の強化である。

　このことを国際的文脈に移すと、国境を越える知識産業と、そこから新しく産み出される就業形態、したがって、就業契約の変化および労働する者の基本的権利の縮減という実態が私たちの視野に入ってくる。高度資本主義的(高度に工業化された)社会・国家から、安価な労働力を求める主要企業が開発途上にある社会・国家へ移動すると、その企業がもともと根付いていた地域社会が経済的に空洞化し始める。ウォーラスティン風に言えば、経済的活力の中心は移動を繰り返す。このパターンでは、資本による労働の収奪は疑いようがない。石油、交通、通信、情報、軍事産業という巨大産業ばかりでなく、外食産業、食肉業、水産物、農産物、衣料といった人びとの日常に密着する経済活動ですら、このパターンから自由ではない。生産と労働と消費は、国際化の度合いが進む。このような情況下で、最も大きな影響を受けるのは、言うまでもなく経済的に貧しい国々、軍事的な弱小国、政治的に未成熟な国々、教育の行き届いていない国々や地域である。上に挙げた四つの学習は、果してこの悪循環のような連鎖を断ち切ることができるであろうか。

　内発的発展の重要性を強調する西川潤は、その編著『アジアの内発的発展』で、スリランカのサルボダヤ運動を紹介している(西川編2001)。特有

の仏教的世界観と知識観に基づいて進められる開発は、確かに、新しい学習の可能性と成果とを私たちに示している。しかし、その内実に詳しい識者たちの危惧するところをフォローすると、そのような内発的発展においても、やはり外来資本の影響を免れえない。

　第三世界の教育開発を調べた研究者たちは、次のように述べている。「多くの国で教育機会の問題、すなわちカリキュラム・財政・授業で用いる言葉・教育の目的などをめぐる葛藤が生じた。近代化、国家的発展、外国経済からの解放の鍵としての教育という考え方や、文化的支配からの解放を助ける教育という考え方は間違っていたと考える批判者が増えている。彼らが言うには、そのような考え方とは反対に、教育は国家管理の道具となり、植民地以後の時代にあっても自分の特権的な地位を手放すまいとする社会的エリートや経済的エリートの内心の意図を隠すことに役立っている」(D'Oyley, et al. 1994: 9)。

　フラー(Fuller, Bruce)の広く知られている『近代的に育つ』(*Growing Up Modern*)という本でも、近代化の計画において常道とされる通学制度の普及について、手厳しい批判が述べられている(Fuller 1991)。「学校は、ともすると、子どもに"いろは"を教えることに失敗しがちだ。社会的に高い地位に就くための機会を子どもに与えていない。ところが、政府(state)は地方のエリートと手を結んで、機会と平等の手はずを整えると宣伝する。しかし実際は、今は中央政府と手を結んでいる昔からの地方の指導者に、権威と正当性とを与えているだけである」(Fuller 1991: 21)。

　このような文脈からすると、開発途上国の通学制度を評価する場合には、学校の役割がどのようなものでなければならないかを誰が決めており、その目的を達成するために学校はどう機能しなければならないかを誰が指示し、どんな情況のもとでその決定が行われているかなどを注意深く吟味しなければならないことがわかる。そのことは、また、植民地時代の教育が支配者のためのものであって、当時教育を受けた人びとはただ西欧的な知識と技術を注入されただけで、自らがもっていた伝統的な知識や技術や信

念は何一つ取り上げられなかったという事実、その事実と脱植民地以降の国家目標とをどのようにして和解させるかという難しい問題を新興独立国民国家として抱えたということでもある。

そのような情況の下で、先に示した「四つの学習」は、結局のところ、本当に人びとを貧困から解放する学習になるであろうか。私には疑問に思われた。既述のように、社会開発、経済開発、政治的近代化という一連の政策課題を解決しようとする豊ではない人びとが参考にする先例は、多くの場合、欧米型開発モデル、欧米型近代化モデルである。いわゆる「先進国」の学者や専門家が示す範例も欧米由来のものであることが普通である。しかし、新しい政治経済的な地域圏の台頭と、そこで始められる学習は、その機会・スタイル・内容・方法において、従来のそれとは異なる「変化」を必然とするのではないか。

端的にいえば、四つの学習の柱だけではなく、「批判的に学ぶ」というもう一つの柱が含まれていなければならないのではないかと思う。識字について広く論じられたことの一つは、批判的に読む力を育てることの大切さであった。そのことが「学習」に加えられなければ、「学習」は、依然として「何々への同化のみを結果する学習」ではないかと思うからである。ドロール委員会的な学習概念は、西欧的な価値秩序とその制度化の典型への地球人の同化を結果するものではないという確証はどこにあるだろうか。

**批判的な学びへ**

メイヨ(Mayo, Peter)は、1999年に『グラムシ、フレイレと成人教育——改革行動のための可能性』と題する書物を世に問うた。そこでメイヨは次のように述べている。

> 「地球規模的で、かつ非ヨーロッパ中心的な諸次元を扱うプログラムがますます重要になりつつあり、それが改革教育(transformative pedagogy)に有利な文脈を提供しつつある今、人は、純粋に地域的な

こと(purely local)を見過ごすべきではない」(Mayo 1999 : 179)。

メイヨが強調することは、革命後・独立後の新しい「民衆的国民国家」(national-popular state)で、政府や社会一般の種々の動向と平行しながら、不正を乗り越えるいろいろな取り組みが各地域で始まっており、各地域のそれぞれの異なった状況にもかかわらず、「民衆教育」(popular education)がどの場面でも問題解決につながること、したがって、近隣と見なされるような地域共同体においても、また都市においても、人びとが公正ではないと思うような、それゆえ、変革する必要があると思われるような構造があるところでは、民衆教育が役立てられねばならないということである。

メイヨは同時に、革命後の社会が矛盾に満ちた現実に直面していることを直視している。

「一方で、人びとは民衆教育を通じて社会関係を変えようと試みる。他方、自らの国が経済的に生き残っていくようにするために求められる有資格者を生み出さなければならない。この情況の下で、二種類の教育システムが発展することになる。一方の教育システムでは、テクノクラート的合理性によって、それゆえにまた、民主的であるよりは人びとを馴化するような教育実践が推し進められる。他方の教育システムでは、変革的な解放的な教育に親和的な教育実践が行われる。カーノイとトーレスが示すように、この有様はニカラグアにおける公式的教育と非公式的教育にぴったりと当てはまる」(Mayo 1999: 173)。

経済は、人間的自然と、とりあえず「物質的自然」と呼ばれるモノのシステムとの間に成立する再帰的・共軛的なエネルギーの循環過程である。人間的自然が物質的自然から採りこむエネルギーをE、採りこみに際して消費される人間的自然内部のエネルギーをeとした場合、次の不等式は絶対不等

式的に成り立たなければならない。さもなければ、人間的自然は死滅する。

$$E \geqq e \cdots\cdots\cdots \text{式[1]}$$
$$E - e \geqq 0 \cdots\cdots \text{式[2]}$$

しかし、式[2]の左辺の大きさ($\xi$)は、エネルギー循環を成立させる幾つかの条件によって変わり、Eおよびeを規定するそれぞれの定式がどう書かれるかによって、$\xi$を集積した社会的富の総和($\Sigma \xi i$ 絶対値的)はまた、環境を変数とした場合も、環境を変数としない場合も、大きな差を含むものになる。社会的富みの総和の出し方が、またその総和を再配分する方式と基礎にある発想がどのようなものであるかによって、個々の人間的自然が式[2]を成立させつつ生きるその生き方に、大きな差異が生まれる。それを、新しい人間の生き方に整合的になるように、どうするかをめぐって起こされた初発の議論が、他ならぬ近代のbody economiqueであった。資本主義か社会主義か、冷戦構造と呼ばれた政治的戦略体制の基礎に横たわるものも、「歴史の終焉」を宣揚する人が直視しているある原図も、ここに収斂する。近代のbody economiqueは人間の生みだした技術であり、自然を簒奪する人間的自然の振る舞いである。

　ハイネマンが、比較教育は大学で教育される必要はもうないといったとき、その言葉が含みえたメッセージは、少なくとも教育によって、式[2]が必ず成り立つようにするにはどうすれば良いのかという切実な呼びかけに、大学の比較教育は「方法論的な論争に明け暮れ」、十分応えていないという批判を含んでいたと思う。それと同時に、ハイネマンの言葉には、引用したメイヨが描いて見せる、途上国の教育制度整備の二重の矛盾に対しても、大学における比較教育の議論は応えないという批判が含まれていたと思う。

　さらに付け加えれば、四つの学習の柱には、学習場面の新しい局面が十分反映されていないようにも思った。それは、20世紀の人類的な事実としての大規模移動とそこから生まれる学習の越境化であり、人びとが言語・

習俗・宗教、そして国境を超えて学ぶようになったことである。移民・難民・季節労働者など、多様にかつ大規模に起こる人類の移動が生みだした新しい教育の局面である。すなわち、「"国境を越える人びと"の学び」という現実である。また、「ITと教育」という標語が示すように、人びとは、IT（情報テクノロジー）を通じて居ながらにして国内国際のさまざまな場面・次元で情報を収集し、学び、考え、判断するようになった。こちらは、いわば「国境を越える"人びとの学び"」とでも表現すべきであろう。この局面でも、たとえば、インターネットに参入できる機器資材をもつ国あるいは人と持たない国あるいは人との間には、深刻な差異が生じる。情報科学的な技術開発の能力をもつものともたないものの間に生じる差などは、情報が資源であることを考えるとき、経済的にも大きい。世代間の格差も生まれる。そればかりではなく、「ヴァーチャル・リアリティ」という言葉が示すように、ITは、一面では、豊かな潜在的学習の技術であり機会であり、人間の認識の可能性を拓くが、他面では、新たな象徴空間と意味空間のなかにこれまで人間が経験したことのない権威的象徴性を滑り込ませる危険性を備えている。英語という特定の言語がリンガ・フランカ（汎用的な言語）としての役割を担うことから派生する問題も、少なくないのではなかろうか。

　西垣通は、ヴァーチャル・リアリティの出現以後、新しく生まれてきた現実として「没入」（immersion）を挙げている。それは、「手足を動かすと、身体動作がそのままコンピューターへの入力とな」り、「コンピューターからの出力は、そのまま環境世界の変化のように感じられる」ことである。それは「コンピューターとの『対話・相互交信（interaction）』の密度」がきわめて高い状態である（西垣 1995: 56）。ヴァーチャル・リアリティにかかわる技術者は、そのリアリティのなかに、可能なかぎりの人間の感覚を取り入れようとしているという。コンピュータ（計算機）は、人間の脳の計算機能を人間の外部に取りだし機械化したものである。その意味で、コンピュータは新しい人間疎外（alienation/ Entfremmfung）であった（ちなみに、言語は、古典的な人間疎外のツールである）。つまり、人間の脳の合理的な機能（ものご

とを比に還元する思惟)を疎外(Entfremdung)するものがコンピューターであった。しかし今や、人間の感性的な要件が人間の外部に取りだされ、機械化されようとしているのである。

　多様な言語による表現としての、人間による人間の外在化(文化の基礎過程)は、多くの場合、母語によって行われてきた。人類の多様な文化と文明は、人間による人間の外在化の過程のうえに成り立っている。リンガ・フランカ化しつつある英語の普及が生みだす問題点の一つはそのことにあるが、コンピューターが生みだすもう一つの問題は、人間能力の徹底した疎外が、かえって人間の実在感を補足し充実し加速するという逆説的な矛盾点にある。情報は資源であり、ヴァーチャル・リアリティはその意味で新たな「資源としての疎外された人間」に容易に転じると見なすべきであろう。パソコンに没入する人間的自然とは、そもそもいかなる自然であるのか。書物に没頭する人間的自然とどのように異なり、どのように同じなのか。こうした問題については、改めて検討したい。

**教育研究におけるパラダイム**

　本章の冒頭に触れた日本教育学会のシンポジュウムで、私は「国家学的パラダイムからの教育研究の解放」を訴えた。「パラダイム」という言葉の定義は、トマス・クーンの言うように、問題解決の範例的解とそれらを生みだす学識のマトリックスの組み合わせとし、かつ、その範例的解を受け入れ支える研究者集団の存在を必須の条件としながら、教育研究における日本型国民国家の原型と教育研究におけるパラダイムの相似性を対照して見せた。そのスケルトンを掲げると、以下のとおりである。

　（ⅰ）法と命令──憲法、教育関係法令、行政的通知〔たとえば、学習指導要領と教科教育法、教育職員免許法と課程認定（大学のカリキュラム）など〕
　（ⅱ）学識の血統──具体的事象〔たとえば、学派、学統、学閥など〕と理

論の現実〔たとえば、内的な読み・閉じられた言説〕

（ⅱ）については、参照例として、子安宣邦が「二つの『字義』・儒学の再構成と脱構築——伊藤仁斎『語孟字義』講義上」（子安 1996）で述べている事例を通じて具体的に考えてもらうように試みた。それは、以下のような論述である。

> 「ここに二つの『字義』がある。……両者はともに同じく『字義』を称しても、しかしその『字義』解明という言語的作業は同一の位相にあるのではない。私がここで注視するのは、異なる思想産出にかかわるこの二つの『字義』、二つの『字義』解明という言語作業である。……私のアプローチは、二重の意味を持っている。一つには、……両者の相異なる『字義』という言語作業への注視によって、仁斎『語孟字義』の、あるいは仁斎古義学という『字義』解明作業の独自の位相を明らかにすることである。二つには、この両者の差異する『字義』という言語作業になど注視することなく、ただ漫然と〈字義・儒学概念〉のそれぞれにおける展開をフォローし、またテクストの〈内的〉精読(3)を通じて、それら諸概念を再構成的に叙述することで「仁斎論」などを成しているような学術的な言説生産のあり方を、私のこの二つの『字義』へのアプローチ自体が批判的に照らし出すだろう、ということである」（子安 1996: 51）。

この論述には原注記(3)「注14を見よ」とあり、注14は以下のとおりである。

> 「ブルデューが「この内的な読解とは、テクストそのものの限界の内に閉ざされた読書であり、それに付随することだが、読書とは内的な読解であるという定義を自明なこととして受入れている読解の専門家グループという閉ざされた集団のためにリザーヴされた読書で

ある」(「検閲と成型」『話すということ』) といっていることが参考になる。つまりここでいう〈内的〉な読解とは、対象であるテクストに〈親密〉な人びとによる専門的な読解ということである」(子安 1996: 68)。

私が言いたいことは、日本の教育学研究の学識における閉ざされ方への注意を、教育にかかわる人びとが分かち合う大切さであった。わりやすく言えば、学閥の弊を砕くことである。前節で述べた、子どもを育て合う当事者として、専門家の言説を疑ってみることであり、専門家は、自らの言葉が誰によって創られた言葉であるか、なぜそれによって発想し立言することが自らに許されるかを、再度、自らに問うことである。

## セントリズムという〈近代の文法〉

近代化を促進し具体化した近代的国民国家の文化あるいは文明における〈近代の文法〉については、多くのことがすでに語られている。一連の議論が指摘するところは、近代国家形成に繋がるほとんどすべての社会的営為において、いくつかの焦点に向けて収斂するような政策が選択されること、そしてその政策が、多くの場合、学校教育や社会教育(これらを一口に「大衆の教育」と言い換えてもよい)の場面で、意図的・計画的に組み上げられるということである。その焦点とは次のような中心主義(セントリズム)である。

(ⅰ) 国家中心主義的な意味の体系
(ⅱ) 民族中心主義的な意味の体系
(ⅲ) 産業中心主義的な意味の体系

このような焦点をもつ政策が実施される過程で、学問や知識人の言説はどのような働きをしてきたのか、ここでも、私は日本の発言に留意して論じた。参照したのは、創立百年の国際法学会と「国際」観について述べた東京大学教授大沼保昭の『欧米モデルを離れ秩序構築への参加を』(大沼 1997)

である。大沼は次のように述べている。

　「日本が欧米諸国に比べても早い時期に国際法学会を設立して、百年にわたって研究に取り組んできた歴史は、近代日本とおよそ『国際』なるもの（国連、国際秩序、「国際人」など）との関係を象徴的に示している。それは、国際とは何か実体化された『良いもの』であり、その実体は欧米のモノ、制度、発想であり、日本はそれを取り入れなければならない、という観念の歴史である」。

　「日本は、[19]52年の平和条約発効により再び国際社会の一員となり、[19]56年に国連に加入し、国際法を遵守して今日に至っている。かく言う場合、そこでの国際社会、国連、国際法とは、欧米が中心となってすでにでき上っているものである。私たちはそれを一つの実体化された与件として自己を同化させるか（これが基本姿勢）、反発して実力で変えようとするか（「満州事変」から「大東亜戦争」）の両極に引き裂かれている。そこには、国際とは、自己がその一環を占め、他の諸国と共にその在り方を創出し、維持し、変更し、他者にも利益を均霑させると共に自己が利益を得ていくシステムであるという認識が欠けている」。

　「国際法は確かに大国の政治の道具である。……しかし、国際法は時に大国の行動を縛り、批判する根拠ともなる。また、国際法は大国だけで作り、操作できるものではない。国際法の定立、解釈、適用には、国際社会で圧倒的多数を占める途上国も大きな役割をはたしている。問題は、こうした国際法の多様な側面がこれまで日本でほとんど認識されてこなかったことである。欧米のモデルとして実体化された国際観から自己を解放し、地球人口の八割以上を占める途上国を含む国際社会の能動的構成員として自己を位置づけ、国際秩序の構築にかかわっていく。これは、日本社会一人一人の今日の課題である」（大沼 1997: 13）。

ここに述べられている国際法学の課題は、日本の比較教育の課題であると言い換えても差し支えない。「西欧のモデルとして実体化された国際観から自己を解放して」という言葉のもつ陰影と響きを、比較教育（学）の言説一般にあてはめてみる人は、多くの点で、自ら首肯せざるをえないのではあるまいか。

では、自己中心志向性を克服する教育研究と教育学の可能性はどこにあるのであろうか。私が提起したのは、「仮説：国家学的モデル志向批判――実体論的概念規定からの関係の解放」というものであった。これは、しかしながら容易なことではない。教育学研究の優れた部分は、日本の教育の実際に即して批判的に行われてきており、そこから析出され体系化されつつある識見が積まれている。それらを無視することなく、しかし、ハイネマン―ウィルソン論争のところで触れたように、それらの研究の方法と成果が、植民地から解放された後の自律に向かう人びとの当面の課題としての国家建設に資し、そこを超えて新しい人類の共生へ歩むことにも役立つようなものに転換される必要があるからである。比較教育の歴史は、軽率な文化的借入を行わないために何をするべきかを一貫して探し求めてきた歴史である。その歴史を大切にするならば、日本型問題解決の具体例は、参考にはできても、それぞれの国家や地域で日本型問題解決の具体例を範例とすることは適切ではない。そのような条件のもとで、どのような点に留意することで大沼が提起した課題に答えることが可能になるだろうか。容易な問いではないことを承知した上で、私が提案したことが、ボディ・エデュケーショナルという概念であった。

## 3　ボディ・エデュケーショナルの概念へ

**基本関係と基礎カテゴリー**

　自己中心志向性を克服する教育研究と教育学の可能性はどこにあるのか

——この問題については、早稲田大学教育学部教育学科の専門教育課程の一つ、「教育学研究」（4年配当科目）と「教育学研究法」（1年配当科目）で、数年間、解決に向かう試みを続けてきた。そこでの私の基本的なスタンスは、教育研究のデータを実体的に特定してしまうのではなく、すなわち、目的は「教育基本法」により、方法は「近代学校制度」による、というような発想に立つことではなく、"かかわり"という視点、あるいは関係性という視座から、データに相当するものを再度探し直そうという発想に立つことである。

　ナン（Nunn, Percy）の『教育——第一データとその原理』（Nunn 1945 [1920]）は、バトラー法以前のイギリスで広く読まれた本である。この本では、個人性（individuality）がすべてのデータの基本尺度でありデータが収斂する体系の中核であった。それに対して、カンパニャック（Campagnac, E. T.）が『社会と孤独』（Campagnac 1922）を書き反論したことは、少しイギリスを見てきた人であれば承知していよう。この対立は、人間の創り出したコト・モノ、そして人間自身を含めて、「個人」から出発して説明する立場（方法論的個体主義、または個人主義）と「集団」「集合」から出発して説明する立場（方法論的集合主義、または集産主義）とが拮抗した19世紀末から20世紀初頭のイギリスの知的雰囲気を反映するものである。しかし、この対立を超える視点の発見と想像には成功しなかった。この事実は、ひとりイギリスの場合にのみ限られない。日本も同様な問題情況を依然として抱えている。前出のメイヨに窺えるように、パウロ・フレイレが読まれ、グラムシが読まれる事情の背景には、そのような基本問題が横たわっている。

　私は、このような方法論的個体主義と方法論的集合（産）主義との対立を乗りこえるために、モノ・イキモノ・ヒトの関係性に注目しつつ六つの基本関係を設定し、また教育にかんする第一次データ（なまの記述）を整理するための六つの基礎カテゴリーを設定した（これらの概念についての詳しい説明は次章で行い、ここでは概略を提示するにとどめよう）[3]。

表1　モノ・イキモノ・ヒトにかんする基本関係（仮説1）

| 基本関係Ⅰ | モノーモノ関係 |
|---|---|
| 基本関係Ⅱ | モノーイキモノ（イキモノーモノ）関係 |
| 基本関係Ⅲ | イキモノーイキモノ関係 |
| 基本関係Ⅳ | モノーヒト（ヒトーモノ）関係 |
| 基本関係Ⅴ | ヒトーイキモノ（イキモノーヒト）関係 |
| 基本関係Ⅵ | ヒトーヒト関係 |

表2　教育研究のための第一次データを整理する基礎カテゴリー（仮説1）

| 基礎カテゴリーⅠ | 子どもが（生まれる）。 |
|---|---|
| 基礎カテゴリーⅡ | 大人は子どもを産む。 |
| 基礎カテゴリーⅢ | 子どもは育つ。 |
| 基礎カテゴリーⅣ | 大人は子どもを育てる。 |
| 基礎カテゴリーⅤ | 子どもは子どもと育つ。 |
| 基礎カテゴリーⅥ | 大人は子どもと育つ。 |

**場所と内発的知識の再定位**

　関係性は、「場所」（トポス）と一体である。場所は、縦・横・高さという拡がりをもつユークリッド幾何学的な空間とは違うものである。場所は、日本語の「間」が意味しているような、個々の存在を可能にしている諸存在の間隙（関係）であり、その間隙（関係）は何らかの意味——「文化的イディオム」——によって定型化されている。

　比較教育では、すでに「場所」についての議論が幾つか積み上げられている。比較的早く、この問題について発言したのは、コウエン（Cowen, Robert ロンドン大学）であった。彼は、比較を理論として扱う人びとのスタンスが都市型ではないかという問題を提起した。キング（King, Edmund ロンドン大学、故人）が比較教育の「トピックス」という言葉遣いに目を止め、topicsがtoposから来ることを指摘したことも知られている[4]。

　私自身、日本の家庭に従来何種類のスリッパがあるかを語った後、日本

家屋の床の宗教的空間構造を説明し、日本のオープンスクールが英米のオープンスクールと違い、「床」を重視する理由を論じたことがある（1989年、WCCES、モントリオール大学）。その折に気付いたことは、比較教育の多少とも古典的な言い方では、それは「文化的イディオム」の問題（文化と言葉が異なると相互に簡単には通じ合わないということ）であり、その文化的イディオムの文化内在性ないし文化内発性ということであった。

その視点から、僅かながら試みたことが、無文字社会の問題解決にかんする予備的な勉強で、のちにそれを色彩の象徴機能と内発的知識の問題としてまとめた。文字をもたず、したがって、社会生活にかんする法典（例、民法典）をもたないにもかかわらず、人びとの間に争いがない社会が実在することのもつ意味を、比較文化や比較教育はどのように位置付けることができるだろうか。私の問題意識はそのようなところに生まれ、今も私の心に宿っている。そのような観点から、次のような具体的主題を提案することができる。

（ⅰ）内発的知識を再評価すること。これは、いいかえるなら、時空間の操作にかんする知識基盤を文化（文化圏）ごとに再確認することである。内発的知識の事例として、西暦紀元前後の中国におけるダム建設（成都市郊外の堰堤）、日本における和算の蓄積、数寄屋造りの美意識、インドにおけるゼロの発見、インカ文明における天文学、などを列挙することができるだろう。さらに、参照すべき時空間論として、イーフー・トゥアン（Yi-Fu Tuan）による一連の仕事（比較人類学、比較社会学の成果）を挙げることができる（トゥアン 1992, 1993）。

（ⅱ）場所の論理を記述すること。これは、トポスとトピックスとの関係、トポスとローカルとの関係を考えることである。場所の論理を記述するうえで、山本哲士『文化資本論』の第4章—Ⅲ「場所の文化資本経済と文化技術」は参考になる。山本氏はそこで次のように述べている。「場所には意志がある。この意志は、場所が場所として生命的に存在しう

るための意志であり、植物や動物はその意志に生態的に対応しているし、人間も、その意志から学んで生活文化を慣習化して場所と共存してきた。この生命的関係を、産業社会経済は断ち切ったのである」。「この場所 [にふさわしい] 技術は、第一に、「生活者の生活技術」として場所の歴史性のなかで見直され、第二に、「自律的身体の技術」として場所身体が、水や土と共存して領有してきた生命的技術として再現され、第三に、「toolの技術」として場所で具体化されている道具技術をヒントにして、第四に「非分離の術後技術」の観点から、開発・設計を進めていくことだ。それによって、第五に、「非連続の時間技術」が設定されたとき、産業社会経済秩序は、場所環境経済秩序へ飛躍的に変化していこう」（山本 2000: 216-7）。

このような生命的関係に満ちている場所は、子どもが生育するうえで欠かすことができない環境といえるだろう。さしあたり、そのような場所を「地勢態」(geo-body) と呼ぶことにしよう。地勢態は、子どもが生まれる、子どもを育てる、といった事象そのものではないが、子どもの生育にかんする事象を可能にする生活空間である。

**ボディ・エデュケーショナルの概念**
　研究にかんする基礎データの収集と、そのための基礎関係については、前述のような仮説を提起したが、教育の言説をどのように創るにしても、既存の諸概念、諸記号、諸シンボルを読みなおし、再編成し、それらの基礎的データとの対応関係、適合性、正統性などを精査する仕事が必要である。教育の基礎データの捉え直しという課題を達成する方法は、私にとってはボディ・エデュケーショナルという着想を方法化することである。そのように考えて、私は「教育（共育）態」(body educational) と「教育（共育）体」(Body Educational) といアイデアを提案してきた。国民国家に代わる比較単位として構想することがこの概念を提唱する基本的な意図であることを言

いそえ、仮説的な見取り図（いまだ「準拠体系」といえるレベルに達していない私案・試案）を示してきた。

　教育（共育）態は、ごく簡単に言えば、一定の場所（geo-body 地勢態）における子どもの生育にかかわる基礎過程の総体であり、学校教育的な「教授学習過程」に限定されるものではまったくない。教育（共育）態は、基本的に〈子どもが（は）生まれる〉〈大人は子どもを産む〉〈子どもは育つ〉〈大人は子どもを育てる〉〈子どもは子どもと育つ〉〈大人は子どもと育つ〉という六つの基礎カテゴリーに分けることができる。どのカテゴリーが強調されているかを確認するならば、それぞれの地勢態における教育（共育）態を明確に特徴づけることができるはずである。

　教育（共育）体は、ひとまとまりの地域（geo-bodies 地勢体）を前提にした教育態（共育態）の複合体である。それは、いいかえるなら、複数の地勢態に通底する子どもの生育にかかわる社会的同意体系である。これまで「公教育制度」「国民教育制度」と呼ばれてきた公的な教育サーヴィスは、教育（共育）体のサブカテゴリーであり、かつ近代国民国家に固有な教育（共育）体の形態であると考えられるだろう。

　ボディ・エデュケーショナルという概念は、子どもの生育にかかわる基礎過程の記述・分析・批判・説明のための枠組みであり、この枠組みには、前節で触れた、子どもの生育にかかわる当事者の当事者性の回復という観点が組み込まれている。教育研究と教育実践の更新のために、前述したモノ・イキモノ・ヒトの基本関係と教育データの基礎カテゴリーのマトリックスを用いつつ、子どもの生育にかかわる基礎過程の構造と働きとを脱国民国家論的に読み直すこと──これが私の意図したところである。その作業を行うためには、学際的協働が必須であることはいうまでもない。

## おわりに──ボディ・エデュケーショナル概念の具体的な応用

　以上のような観点を総合して、日本教育学会が担うべきアカウンタビリ

ティ(社会的責務)として何をするべきかという、私なりの展望を語って、この章を閉じさせていただこうと思う。それは、広義の教育・共育概念(EDUCATION)——子どもの生育にかかわる過程の総体——を設定しつつ、その充実をはかる方途であり、ボディ・エデュケーショナル概念を具体的に応用した教育刷新の試みである。

(1) 国内的なスタンス
　(ⅰ) EDUCATIONにかんする学識の再編成・再構築——学術用語のもつ可能性を拓くために、専門集団間の協働、異専門集団間の協働をはかることなど。
　(ⅱ) EDUCATIONにかかわる専門的な処方——「教育改革」と呼ばれる政策提案・政策選択について批判的な提言を行い、また具体的に行動すること。
(2) 国際的なスタンス
　(ⅰ) EDUCATIONにかんする専門的ネットワークを開発し運用すること。
　(ⅱ) 場所の規模に対応するEDUCATIONプロジェクトを開発し運用すること。
(3) 「地域」(場所)に基礎を置く研究機構の開発実験
　(ⅰ) 日本教育学会会員に限定せず、適切な規模の地域を基盤として、教育・文化の関係者を集め、EDUCATIONにかんする参加・協力体制を組み上げること。

　かつて、全国私立大学教職課程研究連絡協議会は、内部資料として「地域教師教育機構」という着想を公にしたことがある。この提案は私立大学連盟においても討議された。京都地区大学協議会(大学、学校、教組、教委による四者協議)がその先例としてあり、同協議会の母胎である地区協議会は、多少なりともそのような性格を備えた団体として機能している。現在、

各地に教育にかかわるさまざまな協議機構が作り上げられている。

　こうした協議機構を足場としながら、教育政策の課題となるテーマについて、またそれらの基礎となる事柄について、規模の大小を問わずEDUCATIONにかかわるさまざまな対話を産みだすように、場所に沿った研究活動を組織するべきである。そして、そのような研究活動を基礎に据えつつ、国際的な対話を広げることを日程に載せるべきである。海外の専門家集団との対話・協力に留めず、たとえば「国境なき医師団」のように、日本教育学会が組織する国際的な教育研究グループ、教育活動グループなどがあって、求められる場合、世界の各地へ出向き協力することも設計されて良いと思う。

　近年の学校論の一つに次のような発言がある。「私たちは教師に一方的に寄り添った「対応」でもなく、生徒に一方的に片寄った「対応」でもないもう一つの対応を考えるほかない。しかしそれはどういうものなのか。これを考えることは学校文化の構造を組み替える原理を考えることになるわけであるが、今のところそれについてだれもが納得できる原理を用意できているわけではない」(汐見 1996: 253-4)。

　先に参照したブロードフッドが論じているように、学校とその外部との間に大きなギャップが生まれている現状では、教師も生徒もともに「納得できる原理」の再発見が急務である。この基本的な教育課題に答えを出していくためにも、ボディ・エデュケーショナルの一環となる〈場所〉と〈理論〉を構築するための具体的な工夫が必要だと思う。


**注**

(1) 1998年3月にバッファローで開催された比較国際教育学会(CIES、アメリカ)のウィルソン・パネルには、アメリカ・カナダ・韓国・南アフリカ・インドの研究者と、会長経験者でありながら世界比較教育会議の事務局長を務めていたメーズマンが参加した。このパネルについての私自身のコメントが「比較教育学会

の課題と方法:国家学を超えて」『比較教育学研究25』(日本比較教育学会編、1999年)にある。
(2) 〈近代の文法〉については、酒井直樹(1996)、Suzuki(1996b)を参照されたい。
(3) なお、拙著『教育学ノート』第1巻(近刊)を参照。
(4) 「場所」の概念については、中村雄二郎の著作『場所』に学ぶところが多い。なお、コウエン(Cowen, Robert)、キング(King, Edmund)、またリーグル(Liegle, Ludwig)などの所論については、Suzuki (1996a: 13-22)を参照。

## 文献

大沼保昭, 1997「欧米モデルを離れ秩序構築への参加を」『朝日新聞(夕刊)』13頁。
子安宣邦, 1996「二つの『字義』・儒学の再構成と脱構築——伊藤仁斎『語孟字義』講義上」『思想』No. 861。
酒井直樹, 1996『死産される日本語・日本人』岩波書店.
汐見稔幸, 1996「あとがき」堀尾輝久・汐見稔幸編『変容する社会と学校』(講座学校3巻) 柏書房。
鈴木慎一, 1999「比較教育学会の課題と方向——国家学を超えて」『比較教育学研究』25: 28-43.
———, 2002「国家的教育学からの教育研究と教育の解放」『教育学研究』69(1): 40-42.
トゥアン、イーフー, 1992 小野有五／阿部一訳『人間と環境』せりか書房.
———, 1993 阿部一訳『個人空間の誕生——食卓・家屋・劇場・世界』せりか書房.
中村雄二郎, 1988『場所』弘文堂。
西垣通, 1995『聖なるヴァーチャル・リアリティ』(21世紀問題群ブックス)岩波書店。
西川潤編, 2001『アジアの内発的発展』藤原書店。
山本哲士, 2000『文化資本論』新曜社。
Broadfoot, Patricia, 2001, "Editorial: Culture, Learning and Comparative Education" *Comparative Education*, 37(3): 261-266.
Campagnac, E. T., 1922, *Society and Solitude*. Cambridge: Cambridge University Press.
D'Oyley, Vincent, Adrian Blunt, and Ray Barnhardt., 1994, *Education and Development: Lessons from the Third World*, Calgary: Detselig Enterprises.
Fuller, Bruce, 1991, *Growing Up Modern: The Western State Builds Third-World Schools*, London: Routledge.
Liegle, Ludwig, 1988, "Culture and Socialization," J. Schuriewer and B. Holmes, eds.,

*Theories and Methods in Comparative Education*. Frankfurt am Main: Peter Lang.

Mayo, Peter, 1999, *Gramsci, Freire & Adult Education: Possibilities for Transformative Action*, London: Zed Book.

Nunn, Percy, 1945 (1920), *Education: Its Data and First Principles*, 3rd edn. London: Edward Arnold.

Suzuki, Shin'ichi, 1996a, "In Search of the Units for Comparative Studies in Education," *The Bulletin of the Graduate School of Education of Waseda University*, No.7: 13-22.

─────, 1996b, "Europe: Illumination or Illusion," T. Winther-Jensen, ed., *Challenges to European Education*. Frankfurt am Main: Peter Lang.

─────, 1999, A Dessin Towards New Educational Space: Notes on Cyber-space and Bodies Educational, First Part," *Waseda Review on Education* 13(1): 187-207.

UNESCO, 1996, *Learning: The Trasure Within; Report to UNESCO of the International Commission on Education for the Twenty-first Century*. Paris: UNESCO publishing.

補注:ブロードフットの引用文中、[ ]内は鈴木の挿入である。

# 第9章　ボディ・エデュケーショナルの方法化──比較教育研究の方法論試案

鈴木　慎一

## はじめに

　前章で述べたように、私が「ボディ・エデュケーショナル」という概念を公にしたのは、1998年のアメリカの比較国際教育学会の年次大会においてであった。それ以降、国内国外で、何度かこの概念を取りあげたことがあるが、かならずしも多くの関係者の理解を得るまでに至っていない。その理由の一つは、私が提案者として、着想を充分な概念装置に組みたて、その実際的方法化を具体的に提案してこなかったことにあると思う。本章では、その不備を補う試みをしてみようと思う。

　私の主張するところは、およそ次のようなことである。これまで「比較教育・学」(comparative education, foreign education, development education, international education)と呼ばれる教育研究・学の領域で研究単位とされてきた国民国家(nation-state)が、その有効性を失っていることを自覚し、比較教育研究・学の再構築のために新しい単位を導入することであり、その課題に答えるために、ボディ・エデュケーショナル──『教育体』(Body Educational)と『教育態』(body educational)──という表現を用いて、比較単位の創造を企図してみようということである。この章では、ボディ・エデュケーショナルの方法化について、多少とも具体性を伴った提案を試みることにしたい[1]。

## 1　国民国家型比較教育のウルタイプ

　アメリカ比較国際教育学会の大会で私が発言した事柄の中には、国民国家を前提にした比較教育の原型(ur-type)に関する私のノートが含まれていた。以下の議論は、そのノートにおいて述べた次の五つの仮設的な前提を踏まえて行われる。

①ヨーロッパ型の国民国家成立期前期においては、当該国民国家形成期におけるヘゲモニー・トレーガーが構想する経済的形態(body economiques)、また政治的形態(body politiques)を完成するために、比較教育研究が行われた。その後、国民国家成立期後期においては、国際間競争(国民国家相互の政治的・経済的ヘゲモニー抗争の必要と植民地分割・経営)に勝ち残るために、比較教育研究が行われるようになった。

②近代革命を遂行したアメリカ合衆国においては、ヨーロッパの教育の伝統と遺産から学び、新しい統治様式に合致するように各州住民の教育を構造化し、制度的な安定と機能化を促進するために、比較教育研究が企画され推進された。

③19世紀の後発型国民国家群においては、欧米各地域の近代的国民国家の類型とその統治様式に学びつつ、各国における政治的ヘゲモニーの掌握者層が、国民国家形成のための国民教育制度の成立・確立を求めて、比較教育研究を企画していった。そこでは、欧米的国民教育制度の模倣・移入・部分的借入が、比較教育研究の特徴となった。

④20世紀における国民国家形成は、植民地支配とそれに抵抗する民族・民衆の政治的自治・自律(独立)を対抗軸とする拮抗関係の中で試みられ、その後、植民地支配の政治的分野における各種の妥協の下で、結果的に多くの現代的国民国家の誕生をみた。この過程で、比較教育研究は多様な形態をとりまた多様な記録を堆積していったが、冷戦構造に代表さ

第3部　ボディ・エデュケーショナルの方へ　215

れたイデオロギー的対抗とその反映を、多くの研究は免れなかった。
⑤1990年代にアメリカ比較国際教育学会の有力者が展開した世界比較教育学会批判(無用論)は、次の二つのことを意味していた。第一に、比較教育研究自体の専門分野の境界が曖昧になったこと。第二に、超大国アメリカの国際戦略の一環としてのアメリカ型研究(旧来の、比較教育研究者のみによる研究ではなく、関連諸科学の参加のもとで行われる国際的規模の各種の研究)が十分に各国・各地域の要求を充足しうるという主張が、独占的・排他的な主張であることである。

　残念ながら、本章では、今日のグローバル化して止まない科学・経済・文化・政治の輻輳する次元を整理することはできないが、それについては、終章末尾に注記するかたちで、若干の補遺を試みよう。

## 2　比較教育研究のための仮設的命題

　前章では、この件に関して、きわめて簡潔に(ということはあまりにも抽象的に)触れたのみであった。ここでその不足を補っておきたい。前章で述べたように、私には教育研究に関して若干の方法論的前提がある。第一は、モノ・イキモノ・ヒトの構造連関を仮設的に分節化することである。それは、いくつかに分節化されたモノ・イキモノ・ヒトの関係の形式を基本関係として定式化することである。第二に、教育の基礎データを発見し、収集し、整理し、推論の素材として提起するために、既存概念に頼らずに新たな枠組みを関係論的に設定することである。これまで用いられてきた既存概念の大部分は、人間の誕生と存在と生成にかかわる複雑な関係と関係性を、データ収集の前提として非分析的に予定ないし先取りした特定の必須カテゴリーに予め収斂させて、そうしたカテゴリーを方法的起点として措定してきた。私は、このような絶対的枠組み(deterministic, absolute paradigm)から離れて教育研究を構想したいと考えている。

そういうわけで、しばらく前から、前章で掲げたような定式を仮設的に立てて研究と教育を行ってきた。提起したボディ・エデュケーショナルという構想は、その基本的前提に基づいている。前章と重複するところがあり、多少表現が煩雑になるが、その仮説的定式化の試みを再録しておこう。

**仮設１　モノ・イキモノ・ヒトにかんする基本関係**

| 基本関係Ⅰ | モノ―モノ関係 |
|---|---|
| 基本関係Ⅱ | モノ―イキモノ（イキモノ―モノ）関係 |
| 基本関係Ⅲ | イキモノ―イキモノ関係 |
| 基本関係Ⅳ | モノ―ヒト（ヒト―モノ）関係 |
| 基本関係Ⅴ | ヒト―イキモノ（イキモノ―ヒト）関係 |
| 基本関係Ⅵ | ヒト―ヒト関係 |

**仮設２　教育研究のための第一次データを整理する基礎カテゴリー**

| 基礎カテゴリーⅠ | 子どもが（生まれる）。 |
|---|---|
| 基礎カテゴリーⅡ | 大人は子どもを産む。 |
| 基礎カテゴリーⅢ | 子どもは育つ。 |
| 基礎カテゴリーⅣ | 大人は子どもを育てる。 |
| 基礎カテゴリーⅤ | 子どもは子どもと育つ。 |
| 基礎カテゴリーⅥ | 大人は子どもと育つ。 |

これらの基本関係・基礎カテゴリーを用意することは、従来、教育心理学や教育社会学等の教育学専門分野で用いられてきた基礎概念や基礎的データを、これらの関係・カテゴリーを用いて再記述し、再解釈し、新しく構成し直すことを予定するといっても差し支えない。例を挙げると、英語圏では、教育原理のような科目で教育の意義について説明する際、nature（自然、産まれつき、氏）とnurture（養育、育てる、手をかける、育ち）がよく語られた。これらの言葉（概念）を、次のように分解し、かつ再度組み立てるのである。

Nature――基礎カテゴリーⅠ、Ⅱ、Ⅲ、（Ⅴ）／基本関係Ⅰ、Ⅱ、Ⅲ
Nurture――基礎カテゴリーⅡ、Ⅳ、Ⅵ、（Ⅴ）／基本関係Ⅳ、Ⅴ、Ⅵ

## 基礎カテゴリーと基本関係のマトリックス

| 基礎カテゴリー \ 基本関係 | I モノーモノ | II モノーイキモノ | III イキモノーイキモノ | IV モノーヒト | V ヒトーイキモノ | VI ヒトーヒト |
|---|---|---|---|---|---|---|
| I 子どもが(は)生まれる | | | | | | nature |
| II 大人は子どもを産む | | | | | | nature<br>nurture |
| III 子どもは育つ | | | | nature<br>nurture | nature<br>nurture | nature<br>nurture |
| IV 大人は子どもを育てる | | | | nurture | nurture | nurture |
| V 子どもは子どもを育つ | | | | | (nature)<br>(nurture) | nature<br>nurture |
| VI 大人は子どもと育つ | | | | (nurture) | (nurture) | nurture |

　旧来の教育にかかわる言葉を新たに組み直すためには当面、政治・経済・芸術などの諸分野の新しい学識が不可欠になる。しかし、終局的には、新たな組み直しから、諸分野の学識を生むような洞察が導かれることを目標に据えたい。

　英語圏でしばしば用いられてきた、natureとnurtureというコトバを、仮に上図のマトリックス内に位置づけると、示されているようになろうか。このマトリックスが示唆するように、基礎カテゴリーと基本関係との相互規定から、教育研究に関するデータがいろいろ予想されてくる。どのようなインデックスをもつ情報が枠の中に位置付けられるか、将来的にはその事象を動的に図表化できなければならない。

　ともあれ、このような前提から、当面の問題である「国民国家」の基礎的構造要件とでもいうべき制度を次のように分解し、再定義してみよう。

（1）近代的な国民国家は、領土をそれ固有の成立要件とする。
（2）近代的な国民国家は、国民をそれ固有の成立要件とする。
（3）近代的な国民国家は、標準化された言語（言葉）をそれ固有の成立要件とする。それは「標準語」「共通語」「国語」と称される。
（4）近代的な国民国家は、宗教について、一定の社会的・政治的な構造をそれ固有の成立要件とする。その社会的・政治的な構造は、概要、三つのタイプに区分される。
　ⅰ）世俗的政治権力と宗教的権威が一体化しているタイプ。
　ⅱ）世俗的政治権力と宗教的権威が相対的に共軛関係にあり、共存するタイプ。
　ⅲ）世俗的政治権力と宗教的権威が分離されるタイプ。
（5）近代的な国民国家は、それ固有の成立要件の安定化のために、教育を制度化し整備することを要件とする。

　以上のように、近代的な国民国家をパラフレーズし、項目化された一つ一つの要件を歴史的・政治的に分析しなおすと、それらの要件群が人為的に構築されたものであることが明らかになる。たとえば、次のようになる。

（1）領土——国境は、隣接する地域との度重なる相互侵食を歴史的に積み重ね、その結果として妥協を介して創られた。植民地分割の場合も例外ではない。
（2）国民——領土内に住む住民は、わずかな例外を除き、同一人種からは構成されていない。国民は、ある種の象徴的記号を核として人為的に創られる。
（3）言語——領土内の言語が単一であることは稀である。当該領域内の政治的・文化的ヘゲモニーの確立と安定にかかわり、特定の言葉が公共化される。

(4) 宗教——一般に領土を超える規模の地理的支配圏を宗教はもっている。しかし、世俗的権力との共存をはかるための妥協から、宗教的支配圏は、領土適合的に再区分される。あるいは、領土適合的に支配圏の拡張が図られる。
(5) 教育——近代教育の典型としての公教育(制度)は、上の四要件の創造・保持・安定・拡張について、領土(植民地を含む)内において機能する。

　このように分解される国民国家の成立要件からは、さらにさまざまな問題群が派生する。その典型例は「民族」と「国民性」である。比較教育において「民族」と「国民性」がいかに複雑な問題して取り扱われてきたかを例示する研究は、枚挙に暇なしの観がある。この本の第5章に紹介されているミッター論文はその間の事情を語って余すところがない。そのことから類推されるように、これまで用いられてきた比較教育研究における諸概念は、ややもすると、概念それ自体としての厳密な定義を与えられないまま使用されてきたのではないかと疑われる。
　たとえば、英英辞典に見られる「school」の説明と、邦語辞典類の「学校」の説明を対比してみるとき、この疑いが杞憂ではないことがたちまち明瞭になる。これは、日常用語辞典と専門用語辞典の必要性を研究者や学生に教える例ではあるけれども、比較教育における用語(nomenclature / terminology)の問題は、1950年代からつとに指摘されてきたところであり、私のいうボディ・エデュケーショナルの方法化は、そのような基本的な問題についても何らかの貢献をしうるのではないかと思う。

## 3　ボディ・エデュケーショナルの方法化

　上に挙げた「民族」や「国民性」に見られる方法論的な隘路から脱却するために、国民国家に替わる方法概念を設定し、研究ストラテジー(方略)とし

て機能的に一般化するためにはどうするべきだろうか。私は、まず、社会的にせよ文化的にせよ、政治的にせよ経済的にせよ、個人及び集合形態にある人間によって創りだされるような〈状況〉あるいは〈状態〉を記述し、それらの総合的・複合的な関係を表記するために、「態」あるいは「体」という表記方法を採ることにしたい。「体」は「態」に対して、相対的に抽象水準の高いシステム的な状況・状態を指示する言葉として用いる。英語の対応する言葉として、「態」に対しては"body"を、「体」に対しては"Body"を用いることにしよう。そのうえで、論理的に推論するために、次のような一連の仮設的定義を導入したい。

**仮設的定義1**——「状態」は、基本関係Ⅰ～Ⅴの総合的で具体的な在り方である。「状況」は、状態の時間を含む系列である。英語の表記では、「状態」をbodiesあるいはbodyと書き、「状況」をseries of bodiesと書く。

**仮設的定義2**——状態と状況の総合的・複合的な関係を「体」と呼ぶ。英語による表記はBodyとし、次のように概念化する。

$$\mathrm{Body} = \iint (\text{series of bodies})\, dt \cdot ds$$

記号 t は時間を、記号 s は空間を示す。ただし、時間と空間については、近代西欧的時間空間概念と非近代西欧的時間空間形象の共存を必須条件とする（言わば、積分可能性と積分不可能性の共存である）。

**仮設的定義3**——固有の方法概念として「場所」を導入し、次のように定義する。場所とは、個人的／集合的時間と個人的／集合的空間の結節点ないし収斂する間（マ）である。「場所」の英語表記をtoposとする。

**仮設的定義4**——基本関係のそれぞれと、状態・状況の総合的・複合な関係によって創られる場所(「間」)の質的な様態(ありさま)を「リズム」と仮定する。リズムにはratio(比、従って、合理)に馴染む場合・場面と、ratioに同調的ではない場合・場面とがある。

　このような仮設的な定義群を基礎に、教育研究のためのデータがどのように記述されることになるかを、上述の仮設の一つの検証として試みてみなければならない。私の試みは次のようなものである。

**「国家」**——地勢的状況の系列であり「地勢体」(geo-bodiesの series)と表記する。
**「国民」**——「地勢体(態)(geo-body)に住む人びと(population)」と表記する。
**「国語」**(共通語)——「地勢体(態)内部において用いられる相対的に多数の人びとの言葉」と表記する。「記号・象徴の体系」と言うこともできる。
**「国家宗教」**——(該当する宗教がある場合は)「地勢体(態)内部に住む人びとの多数派の信念体系の一つ」と表記する。「宗教体(態)」という表記が可能になる。
**「教育」**——公的教育サーヴィスについては、「地勢体・態を通底する子育ての社会的同意体系」と解釈し、「教育体(態)」と表記して「国民教育制度」とは書かない。

　このように諸概念を書きなおすと、政治制度、経済制度、法制度と呼ばれてきた諸制度も、宗教の場合と同じように新しい表記法を獲得することになる。すなわち、「政治体(態)」、「経済体(態)」、「法律体(態)」である。政治体(態)は、経済体(態)、法律体(態)、宗教体(態)などを基礎づける体(態)として、また教育体(態)は、それらの諸体(態)の基礎にある基礎体(態)として位置付けなおすことが見通されると思う。
　見通しのための「概念図」を仮に描けば、次のようになろうか。

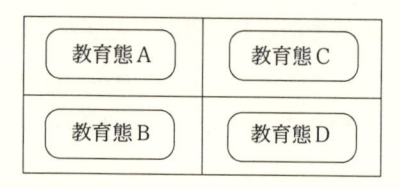

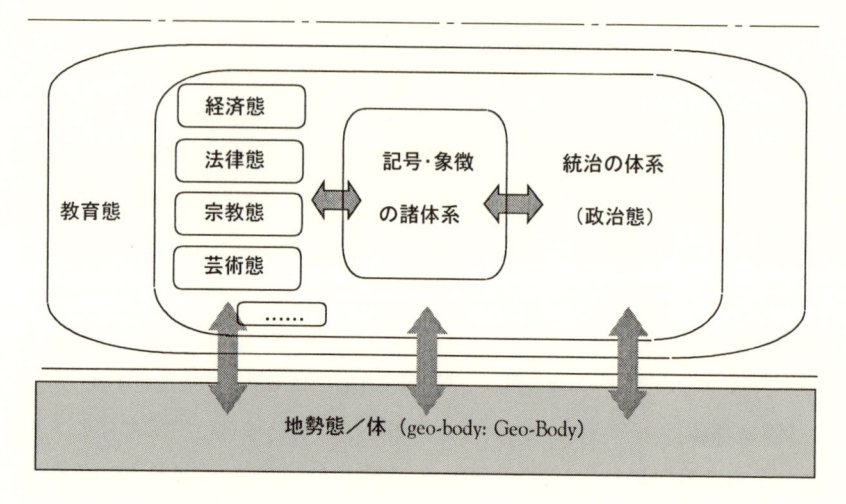

**教育体**

| 教育態A | 教育態C |
|---|---|
| 教育態B | 教育態D |

教育態 ｛ 経済態 / 法律態 / 宗教態 / 芸術態 / …… ｝ ⇄ 記号・象徴の諸体系 ⇄ 統治の体系（政治態）

地勢態／体（geo-body: Geo-Body）

## 4　子どもの誕生と生育について

　教育研究の基礎的データとして用いられる子どもの誕生は、この図式においてどのように記述することができるだろうか。通常日本では、"戸籍に記録されることにより、産まれた子どもの社会的存在が確認され、基本的権利が認められ、保護される者"になる。国家の制度は、例外的な場合を除いて、原則的に国籍という人為的な人間存在の徴票を生れ落ちた子どもに刻印する。そうすることで新たに国民が誕生し、擬制的民族集団が再びその個体において同定され、民族主義的文化の予備軍の一員とされる。しかし、この制度装置によって、どれだけ多くの人びとが苦吟してきたか

わからない。それゆえ、新しい教育研究パラダイムは、このような記述を根底から覆すものでなければならない。加えて、実際の学習や教授の諸側面において、人びとを支え助言する機能を備えていなければならない。では、それをどう書くことになるのであろうか。二、三の例を挙げよう。

■例1——ニール他(鈴木慎一・庄司信訳)の『子どもの権利』には、子どもの出生を社会的に記録する制度について、革新的な叙述がある。その要点は、母がその子の名を、母の記録として書き留め、その記録を母と子が社会的サーヴィスを享受する場合の基本台帳とすることである。父親の名は、記録されるが記録されないこともある。子は父について母から知らされたり、記録されている場合は、子から申請があれば、父の記録は開示される。成人の市民権は、その地において成人に達したことが記録されるすべての個人に認められ、成人としての記録を求める個人すべてに認められる。それ以外に条件はない。

　ここに描かれている状況を、上に仮設した基本関係や基礎カテゴリー等を用いつつ解析すると、次のようになるだろう。生活の根拠となる地域(geo-body)に生活する人びとの集りがある(基本関係VI [ヒト－ヒト関係])。生活の基礎過程に即して制度として機能する仕組みがある(基本関係IV [ヒト－モノ関係]、基本関係V [ヒト－イキモノ関係])。それらは政治態、経済態として描き上げられる「行動(行為)の体系」とともに、それを反照することでそれを正当化したり変形したりする「言語の体系」すなわち「記号・象徴の体系」を備えている(諸関係の複合的総合であり総合的複合である)。

　しかし、生活する人びとを同意による統治に導く力とその機能は、国民国家の権力とは異質である。集落を形成すること、生活の基礎過程に含まれる多種多様な場所の成立には、本来の対話(基本関係VI [ヒト－ヒト関係])を基礎とする納得(基礎カテゴリーIV [子どもは子どもと育つ]・基礎カテゴリーVI [大人は子どもと育つ])と、そのうえに成立する自助と相互扶助を基礎に据えた人間の結びつき(状況)が必要である。

教育は、そのような人間の結びつき(状況)を組みたて、「子どもが生まれる」ことは、その結びつきの中に位置している。受精から出産、出産から自立へというふうに「子どもは育つ」(基礎カテゴリーⅠ・Ⅱ・Ⅲ)が、その全過程に大人が参与している(基礎カテゴリーⅣ・Ⅵ・Ⅶ)。教育と密接な関係にある人びとの結びつきの本質は、硬直的な官僚的支配や抑圧的支配ではない。個人と個人、個人と集団、集団と集団の関係は、相互共軛的な開放系である(基本関係Ⅴ・Ⅵ)。また、その「リズム」(質的様態)は、図形的にいえば、ファジーであり振動するフラクタル型である(基礎カテゴリーⅤ・Ⅵ)。

■例２——ミネソタ大学コーガン(Cogan, John J.)教授の論文「民主的市民性のための学校教育の新しい役割」(New Roles of Schooling for Democratic Citizenship: Selected Research Findings)は、十年に及ぶ交叉文化的な意識調査に基づいたもので、調査対象国は、日本・タイ・カナダ・合衆国・英国・ドイツ・ギリシャ・ハンガリー・オランダである。実証的な手法が駆使された大規模調査の集約がこの論文の本体をなしている。導き出されている結論は、教育政策担当者が市民教育において求められるべき「市民の質」として掲げる事柄が、次のような項目によって示されるとするところにある(Cogan 2002)。

①地球社会(global society)の成員として、問題を見出し取り組むこと。
②他人と協力して仕事に取り組み、個別的集団的な責任を全うすること。
③文化的な違いを理解し受け入れ寛容に対応できること。
④批判的、体系的に考えること。
⑤非暴力的に問題解決に取り組むこと。
⑥環境を守るために個人的な生活パターンを換えることができること。
⑦人権感覚に優れ、かつ人権を要求すること。
⑧地域(local)、国家(national)、国際(international)の各水準で政治に参加

すること。

　因みに、コーガン教授の調査を論理的に方向付けている作業仮設は、ソーダー（Soder, Roger）論文「若者の民主的人格の発達」（Soder 2001: 3）である。この論文に見られる学校観・教職観は、次のようなものである。

　　「民主主義世界に住む人びとが民主主義世界の基本的条件を学ぶ場所は、学校である。学校の基本的な目的は、民主主義の中で暮らし働くために、子どもたちに道徳的な責任と知性的な責任を教えることである。民主主義にとって必要な条件を教えることになるように、学校は組み上げられねばならない」（Soder 2001: 3）。

　この作業仮設の妥当性については別途吟味する必要があるが、コーガンが挙げている①～⑧までの要件を、私の理論言語で翻訳すると、次のようになると思う。

①の翻訳――「地球社会」（「状態」「状況」の複合体）を、そこに参加する「当事者」（ヒト―ヒト関係内にあるヒト）として理解し、彼（女）らにとっての問題を見出し、その解決に取り組むこと。
②の翻訳――「他人と協力して仕事に取り組み」（ヒト―ヒト関係）、個人的・集団的な責任（「状況」内にある当事者としての行為的当為）を全うすること。
③の翻訳――「文化的な違いを受け入れ、寛容に対応する」（メタ基本関係の象徴的体系の違いを認識し、「状態」「状況」において求められる行為基準の柔らかさをもって）「対応する」（ヒト―ヒト関係を観察する）こと。
④の翻訳――「批判的かつ体系的に考える」（メタ基本関係と基本的データを発見的に活用・応用する）こと。
⑤の翻訳――「非暴力的に」（ヒト―ヒト関係の開発と洞察）「問題解決に取

り組む」(新しい「体」の解を見出す努力をする)こと。

⑥の翻訳——「環境を守るために」(ヒト—イキモノ関係、ヒト—モノ関係を再編制するために)「生活のパターンを換える」(「間」と「リズム」を再措定し再編制する)こと。

⑦の翻訳——「人権感覚に優れ」(「体」の基礎をなす政治的・文化的な象徴のメタ関係認識、「リズム」の体感に優れ)、かつ「人権を要求する」(「体」の更新を意欲し行為する)こと。

⑧の翻訳——「地域、国家、国際の各水準で」(「態」「体」「間」の地域的・広域的水準で)「政治に参加する」(関係性の再編制において当事者である)こと。

「比較」は「歴史」とともに教育現象を研究する方法の一つとして選択される。しかし、方法化される比較は、多くの場合、一定の文化的バイアスを予め比較することそれ自体の内部に含んでおり、その意味で自己言及的な限界をもち、少なからぬ比較教育研究が本来的な脱(自己)中心化を実質的に果たすことができなかった。そのような現状に対して、多くの比較パラダイム群に代わるパラダイムとして、私が提案するものが「ボディ・エデュケーショナル」であるが、さて、以上のような「翻訳」「解釈」を通じて、私の提案にどの程度の同意が得られるだろうか。

## おわりに

前章において明確にしたとおり、制度的装置としての近代的国民国家を教育研究のための基礎的単位とはしないことを私は大前提としているので、近代的国民国家が成立の基礎的要件とした諸要因を形式化しなおし、それらが新たな分類と記述の枠組みによってどのように書き表されるかを検討しなければならない。本章では、近代的国民国家の制度的装置を分節化して、それぞれが私の図式ではどう書けるかも例示した。

しかし、統治の機軸を組み替えようとする場合に必要となる政治原理の

選択については、本章では触れていない。新しい政治原理の選択という問題については、別途論じたいと思うが、たまたま機会を得て公開の席で発言した事柄がこの問題にかかわる内容を含んでいるので、それをとりまとめ、加筆したものを補章としたい。

なお、蛇足ながら、私の比較教育方法論にかかわる場合の、方法論認識の一端を次に挙げておきたい。「比較」を脱(自己)中心化と説明したのはピアジェであるが、そのスタンスは比較教育(学)の近代的始祖と称されるジュリアン(Jullien, Marc Antoine)のスタンスとは異なる。ジュリアン以降、1950年代までの西欧の比較教育研究は、むしろ、自己中心化がその基本的なスタンスであったと思うし、今日の多くの非西欧的文化圏内部の比較教育研究も同様な衝動を内在させていると思う。私は、ジュリアンではなく比較を脱中心化と考えるピアジェの立場につきたいと思う。

ピアジェの立場を選択するとき、次に私にとって課題となることは、西欧で、少なくとも英国で、論争されつつ依然克服されていないと(私には)思われる「方法論的個体主義」(methodological individualism)克服という課題である。克服といっても簡単なことではない。この方法の積極的な展開を企図している研究者もいるからである。ボディ・エデュケーショナルという概念を提案する理由の一つは、方法論的個体主義の隘路をそれによって超えることが可能になるかもしれないと予想(期待)したことであった。

そのような意味合いから、私の理解する方法論的個体主義(個人主義)の特徴を、とりあえず次のように整理しておくことにしよう。

(1) 人間・社会・人間の活動に基づく文化一切を、単体としての人間モデルを用いて記述し説明することができると考える。
(2) 人間モデルは、人間の属性のうち、幾つかのものを取りだし、それらを抽象化し、抽象化された属性によって人間全体を代表させる。
(3) このようにして創られた人間モデルの認識・行動として人間・社会・人間活動に基づく文化一切が記述され、説明されるとする。

このような方法論的個体主義の典型的な適応用例は、18世紀の西欧社会理論群に豊富に見出される。その基礎にある存在論と認識論の知覚的原型とでもいうべき世界構成の基本構図は、きわめて幾何学的・解析学的なイメージであり、私はそれを「格子型モデル」(lattice model)と名づけてきた。その図式は、西欧型社会理論と広義の教育論の共通の特質であるように思われる。デカルト的な〈位置－エネルギー－運動〉という素子を格子の結節点と結節点の関係に挿入し、そこから始まる格子の表層、対角線、内部の連結点への〈結節点と結節点との運動〉として諸現象を説明することが、18世紀の西欧社会理論に共通なする世界イメージである。この格子型モデルは、結節点にモノを置けば自然を説明する装置になり、そこにヒトを置けば社会や歴史や文化を説明する装置となった。現代においても、格子型モデルに拘束されているさまざまな理論群を見出すことが可能である。一例を挙げれば、1960年代にさまざまなインパクトを関連する諸学に与えた行動科学(Behavioral Sciences)も、その例に漏れないのではあるまいか(Suzuki 1995)。

　果してどのようにして方法論的個体主義の限界を超えることが可能になるか、稿を改めて検討することにしたい。目下、検討してみようと思うことは、文化圏ごとに固有な各種の文化的イディオムを、作業仮設全体の中に取り入れることである。人間の意識や認識、その作用の外在化としての表現、表現の行為的制度化としての社会、総体としての社会＝人類というジャンル等、問い直すべき主題が沢山ある。それらを、基本関係と連結させ、そのうえで子どもが育つという事象の成立要件と基礎過程との連関を見出すことが私の仕事である。これらが終了するとき、私のボディ・エデュケーショナルというパラダイムが他のパラダイムを超えるか、少なくともそれらとの互換性を獲得するのだと思う。

## 注

(1) 以下、2001年度日本国際教育学会研究大会（於広島大学）において口頭発表を行った際の資料に基づいて述べるが、今回、大幅に手を加えた。

## 文献

ニール、A・S／バーグ、リーラ他 1973（鈴木慎一・庄司信訳）『子どもの権利』南窓社.

Cogan, John J., 2002, "New Roles of Schooling for Democratic Citizenship: Selected Research Findings," papers presented at World Peace Conference in Seoul, 14-16 Nov.

Cogan, John Cogan and Derricott,R., eds., 2000, *Citizenship for 21st Century: An International Perspective on Education*. London: Kogan Page.

Soder, Roger, Goodlad, John I., and McMannaon, Timothy J., eds., 2001, *Developing Democratic Character in the Young*. New York: John Wiley and Son.

Suzuki, Shin'ichi, 1995, "Beyond the Monadic Image of Man: Critical Discourse on the Methodological Individualism as an Ideology: Paradigm Shifts in Politics and Comparative Education," in *Bulletin of Waseda University Graduate School of Education*, No.6: 13-23.

# 終　章　教育改革と〈公〉〈共〉〈私〉

——内的世界の調和と外的世界の調和*

鈴木　慎一

*本章は、2003年1月25日に東京学芸大学国際教育センターが催した第8回国際シンポジウムにおいて発表したものに加筆・訂正したものである。

## はじめに——教育の公共性について

　このところ、教育改革について巷間人びとの声が高く、かつ頻りである。かたや、「日の丸」「君が代」をめぐって、教師と管理者との間では少なからぬ緊張が生じ、業務命令などが頻発され、従わない教員が処罰されている。金髪で学校にやってきた教員が、指導力が欠けているという理由で、研修送りになるという事態が生じているかと思えば、他方、歴史認識をめぐって論争が高まるなど、「教育界」は落ち着きがない。学力は落ちたか落ちないかをめぐって百家争鳴の趣さえある。教師・教科書(教育の内容)・教育の目標・教育の方法・教育にかんする政策をめぐって異論・反論が喧しい。
　私の専門は教育学、その中でも、歴史的な研究の積み重ねをもち、専門的知識体系として一定程度の自立性をもつようになった領域である「教育史」や、いささか新しい分野である「比較教育」である。本論で私は、これらの領域から、教育と公共性の関係についてできるならば手がかりをえたいと思う。冒頭に述べたように、教育改革についてはずいぶん大きな声があちらこちらから聞こえてくるが、一面ではその声に促されながら、しか

し他面ではその声にかき消されないように、「教育改革」と呼ばれる事柄を取り上げつつ、教育の公共性について考えてみたい。

## 1 子どもを育てるという様相

**〈公〉・〈共〉・〈私〉**

　人が生まれた子どもを育てるという人間の営みは、人類が始まって以来、多分、続いていることである。「子どもは育つ」ということと、「子どもを育てる」ということを、まず、証明抜きに受け入れることにしよう。欧米の人びともおよそそのように考えてきたらしく、"nature"と"nurture"という文字を永らく用いてきた。そうすると、自ずと、この二つの事柄の中に、〈私〉という様相が現れる。産む私、育てる私、育つ私、……という具合に、〈私〉は、いくつかの相貌をもつものとして私たちの目に映じてくる。

　子どもを育てることは、今も昔も、産んだ親にとって易しいことではない。産み出された子どもにとっても、育つことはそれほど簡単なことではない。多くの場合、育てるものも育つものも人の手を借りなければならないのである。生まれ落ちた赤子を、みんなで育てなければ、その子は大きくなれないのである。

　ところで、みんなで子どもを育てるという場合に、そのことについていろいろな試みと工夫が人びとの間にはあって、その工夫を簡単にあの形、この形と類型化することはなかなか難しい。たとえば、日本では、赤ちゃんが生後何日か経つと親に連れられてお宮参りをしたり、いまだ歯も生えない赤子に茶碗と箸とを与えて、〈お食い初め〉の儀式をしたり、あるいは七五三の祝いをすることなどに、人びとが子どもを健やかに育てるために、人びとが新たな共同社会の一員として生まれ落ちた子どもを人びとの暮らしの中に迎え入れるために、どのような工夫を凝らしてきたかを見ること、偲ぶことができる。しかし、それらを、普遍的な形に書き上げることは、多分、容易ではないのではなかろうか。子どもを人びとが産み、育てる場

所と時とが異なるからである。

　事実、私自身、日本の国籍をもつ一人の人間であるが、小さなときは神社も鎮守の森もない植民地に暮らしたから、お宮参りなどをしてもらっていないし、七五三のお祝いも無縁であった。一口に日本人と言っても、このとおりであるから、異なる文化圏を視野に収めた場合、子育てに関わる大人たちの文化を一律に語ることは、なかなか難しいことだろうと思う。

　しかし、そう言っていたのでは話が先へは進まないから、試みにいくつかのパターンを想定して、話を先に進めよう。仮に、次のようなケースを想定してみよう。生まれた子どもを一人前にするために、人びとが子どもの世話・助け合いをどのようにして確かなものにするかを形式化してみるのである。

　　パターンⅠ——助け合いが家族集団の中に限られている場合
　　パターンⅡ——助け合いが複数の家族集団によって担われている場合
　　パターンⅢ——パターンⅠで、子どもの世話をする人が特定されている場合
　　パターンⅣ——パターンⅠで、子どもの世話をする人が特定されていない場合
　　パターンⅤ——パターンⅡで、子どもの世話をする人が特定されている場合
　　パターンⅥ——パターンⅡで、子どもの世話をする人が特定されていない場合
　　パターンⅦ——子どもの成長を助ける人びとが特定され、そのような人びとによる助け合いが家族集団を超えて行われる場合

　この種のパターン探しは、形式的には多分、条件をいろいろと変えながら限りなく続くだろう。しかしながら、このようにして創り上げた〈形式〉（人びとが毎日具体的に取り組む子育て、「ヒト—ヒト」関係の一つの例の抽象化）

を眺めていると、〈子どもを世話し育てるという人間のかかわり合い〉は、〈ある種の共同〉を含むことが浮き上がるように見えてくる。そうして、世話をする人びとが特定されるようになり、特定された人びとが家族とその関係の枠を超えて子どもの成長を助け、世話をするという様式が生まれるところでは、共同の性格はそうでない場合とはずいぶん異なったものになる。前者では、育つ子どもの世話を、〈特定の人びとに委任ないし委託する〉わけで、委託を受けた人びとは、子どもの世話をするというかぎりにおいて、また、その点において、子どもを迎え入れた家族や家族を含む人間集団を( i )子どもに対して、そして( ii )人間集団に対しても〈代表する〉ことになる。

　この七つのパターンは、「指導者」「教師」と呼ばれる人びとが社会的に産み出されてくる過程を漠然とながら説明してくれると同時に、子どもを育てる社会の意思・形式・手続きを、子育てや教導を委託された人びとが代表するという意味において、「公共性」という性質を子育てがもつことをも説明するように思う。このように考えると、人が群れとしてしか生きることができないという基本的な条件の中に「公共性」と今日、私たちが呼ぶ〈人の関係性〉が含まれているのではないだろうか。加えて、そこに「ヒト」「モノ」「関係の固定された制度」などを代表する何ものかが参入するとき、そこに〈公〉〈共〉〈私〉の凝集された基体が生じると言えるのではないか。

## 公教育の諸相

　視点を変えて見ると、〈群れ〉という条件の中で生きる人びとは、群れの仕組みと統制とにつねに留意しなければならず、それは統治の目標と原理と行為とを人びとが不可避的に選択せざるをえないということを示している。私たちが政治の「構造と機能」と呼ぶ社会的事実は、人が群れとして生きる以上、受け入れ、活用しなければならない行動とその様式からなる事実でもある。そうであるとすると、子どもを産み育てるという営みは、この統治と呼ばれる群れの基本的条件と密接なつながりをもっている。

少し古い話になるが、フランス革命が起きた1789年当時、ドイツ語文化圏であった一帯(現在のドイツやオーストリア)には、領邦国家(Landstadt)と呼ばれた小さな国が1789も蝟集状況を呈していた。それらの国の支配者にとっては、長く続いた農民との争いや、選挙侯の地位をめぐる他の国との戦いなどで疲弊した国の財政を立て直すことが緊急の課題になっていた。今日もどこかの国で話題になっている財政再建である。

　当時、そのようなドイツ語圏の領邦国家の宮廷官僚であった人びとは、国力回復のためにありとあらゆる智恵を集めたが、そのような努力の中から「ポリツァイ学」(Polizeywissenschaft)と呼ばれる学問が産み出され、そこから今日のほとんどすべての社会科学が、ドイツ語文化圏の下で誕生することになった。行政学・行政法学・財政学・経済学、はては農学・林学・鉱学までがポリツァイ学から誕生したのだった。

　そのようなポリツァイ学を読むと、特定の領邦国家に住む人びとは、当該の領邦国家の財産として位置づけられており、そのような国家の資力を豊かにするという意味において、そこに住む人びとは、王の配慮によって教育を受けるべきものと見なされていた。

　領邦国家のポリツァイ学においては、教育は福祉とともに王権によって臣民に与えられた恩恵として理解され、かつ長らくキリスト教教会が民衆の訓育に携わってきたことから、教育にかかわるサーヴィスは教会事務という位置付けを与えられていたのだった。

　つまり、18世紀のドイツ語圏の領邦国家においては、イギリス型の福祉国家像、北欧型福祉国家像とは大きく異なった福祉国家像が構想されていた。こうした福祉国家像の違いは、統治と教育とが密接な関係をもつことを巧まずに示してくれる歴史的な事例である[1]。

　ところで、このケースでは、領邦国家を代表するものは王(王権)であり、王は〈公〉としての意味をもっていた。同時に、王が所有する財としての人間(臣民)は、王の私的財産だった。〈公〉と〈私〉は、対立するものではなく一体の関係にあった。人びとの教育を受ける義務は、この範疇において私

的かつ公的義務だった。教育における〈公〉・〈私〉は、政治的文脈に置かれていた。「王立学校」は、他ならぬそのような政治的文脈が教育において作用することを端的に示す典型例である。王立学校に通うことは、通う生徒個人についていくつかのことを象徴している。①王が設立した権威ある学校に通うことによって、王が代表する公的な権威を分かちもつこと。②王という政治権力への帰属と献身を予定すること、そのかぎりにおいて人は愛国的であること。③その意味においてナショナリストであること。そして、④子どもを王立学校に通わせることができる家族と家庭の社会的地位の高さを象徴すること。王が国家を象徴する存在であるかぎり、王立学校に通う子どもの社会参加は、その進路がどのようなものであっても、典型的な国家学的社会参加であったと言えるだろう。

　イギリスにおける教育と政治のかかわりを見ると、イギリスには、過去においても現代においても、領邦国家の典型であった旧プロイセン侯国の場合とは著しく異なる図式を見出すことができる[2]。詳細な歴史的記述は別にして、概括的にその異なるところを指摘すると次のようになるだろう。

　イギリス（厳密にはイングランド）の場合では、教育は私的なものだった。子どもを育てるのは親やその周りの者の仕事だった。そのように考え行動してきたのがイギリスの公を代弁した支配層としての貴族・王侯だった。被支配層であった民衆の教化と慰撫は教会の仕事だった。この点では、プロイセン型ポリツァイ学が教育を教会事務としたことと同一である。しかし、地域の共同体の内部には、そこに住む人びとが共有する共同の財があり、空間があった。したがって、イギリスには、〈民衆に開かれた空間（public）〉と〈支配層に閉じられた空間（private）〉とが共存した。この二重構造の中で、18世紀末から19世紀にかけて権利としての教育が民衆から主張され要求されたことに平行して、支配層による大衆教育の公事化が始められた。図式化すると次頁の表のようになるだろう。

　この対照表では、「閉じられた」は、出入りの自由が広く人びとに認められていないことを意味し、「開かれた」は、出入りの自由が人びとに広く認

|  | 支配層 | 被支配層 |
|---|---|---|
| 教　育 | 閉じられた〈私〉 | 閉じられた〈公〉へ |
| 政治参加 | 閉じられた権利 | 開かれた権利へ |
| 教　会 | 閉じられた聖域 | 開かれた聖域 |
| 空　間 | 閉じられた私的場を所有する | 開かれた公的場を与えられる |

められているが、支配層はかならずしもそこへ出入りしないことを意味する。多少話がとぶが、今日のロンドン市内を歩くと、誰もが通行できる公道に取り囲まれた「私的なガーデン」(private garden)がある。そこは、鍵が掛けてあって、自由に出入りできるのはその鍵を所有している人(私人)だけという空間(私事化された空間)がある。そのような庭と鍵は、ともに特定の階層を具体的に代表するものである。

　公的な教育は、イギリスでは原理的にこの二つの代表性、すなわち誰もが出入りできる公共性と、誰もが出入りできるとは限らない公共性にそれぞれ対応する形態をとっている。つまり、そこに住む人びとから見ると、教育の機会・内容・方法は、公共性の違いによって二通りに分かれている。人は、子どもの養育について、公立学校(誰もが子どもを送り込めるという意味で開かれた場所——公事化された空間)か、私立学校(誰でも子どもを送り込めるとは限らないという意味で半開きの場所——擬似公事化と擬似私事化された空間)を選ぶことができる。特定の私立学校に子どもの養育を依頼したいと考え、その選択に関わる経費負担が可能な場合は、「パブリックスクール」という名の私立学校(誰にでも開かれているわけではないという意味では閉じられた場所——階層化され私事化された空間)へ子どもを通わせる、あるいは寄宿させることができる。

　このようなイギリスの公的な教育の在りようは、いわゆる「公教育」と呼ばれてきた事実に含まれる一個のパラドックスを端的に示す事例である。すなわち、近代西欧における国民皆教育は、〈子どもの育成にかんする公共的空間がすべての人びとに共通に開放されている〉という意味での国民平等教育ではなかったのである。

こうして眺めて見ると、一口に西欧と言うが、実際の〈公〉・〈私〉のイメージは国ごとに異なることがわかる。東アジアの現実に即して同様の問題を緻密に検討すれば、この差異はもっと鮮明なものになって現れてくるのではないだろうか。

## 2　公的制度としての近代教育──その役割と限界

**近代の思考様式**

　政治秩序を検討する人びとが一度は考えざるをえないもののひとつが「民主主義」と呼ばれる政治の仕組みであり、その原理ではないだろうか。教育改革のブループリントを引くほどの人びとは、かならずやこの基本問題を一度ならず検討したことだろう。

　教育史研究によれば、西欧の17世紀から18世紀にかけて民衆教育について多くの新しい試みが行われた。それらの中で、思い起こしておく必要があると思われることは、母語による教育が始まったこと（リンガ・フランカとしてのラテン語の役割が終わったこと）、近代的国民国家をめざす政治の基調に同調して教育が国民形成を念頭において制度的に行われるようになったこと（フランスのように教会と教育を切り離す例がある一方、イギリスのように国教会と政府との妥協による制度整備を行った例もある）、そして何よりも、ものの見方を人間の知力に基づくものと考え、旧来の思考様式から新しい思考様式へ基本的に転換したことである。

　よく知られていることであるが、ベーコン（Bacon, Francis）が新しい思考様式の本『新機関』（*Novum Organum*）を著したとき、人間の知性は、神の光によるのではなく自然の光によって導かれるものに変わった。それは時代の大転換を告げる事柄だった。しかしベーコンの著書に記されていることは、ベーコンの発明・卓見と言うよりは、ベーコンが生きた時間を含む時代の徴そのものだった。そのことを図式化すると次頁の表のようになる。

　こうした近代の思考様式から、一人一人の人間が創り上げる世界と世

| 前近代の思考様式 | 近代の思考様式 |
|---|---|
| 神が中心 | 人間が中心 |
| モノは所与の位階制の中に位置づけられ、それぞれの運命がある。 | モノの秩序は位置と運動とエネルギーによって説明される。 |
| 人の位置と運命は既定 | 人の位置と運命は自発 |
| 世界は位階的 | 世界は個々に等価 |

注——ボヘンスキー(1979)を参照。

観の内実がいかに異質であろうとも、それが世界であるという点において等価である、とする原則から、政治参加の自由と権利と一人一票という原則が導き出された。ようするに、民主主義の誕生である。

近代の思考様式においては、一人一人(〈私〉)が世界観の中心に立っており、それゆえ多様な世界観と世界の構図は、決して同心円的にはならない。同心円的になりうる部分がありえても、それは限られた部分に止まるはずである、必然的に国家社会(〈公〉)と個人(〈私〉)との間には、透明な空間が満ちるはずである。あるいは機械的な無機質的空間といっても良いのかもしれない。母語とそれによる言説は、新しい言説空間としてその透明な空間を満たすはずだった。

私が高等学校の生徒であった頃、当時の『国語』の教科書で面白いことを習った。それは、〈ゲーテとシェークスピア〉と題された一節だったが、そこには、「ゲーテの作品には結局ゲーテが顔を出すが、シェークスピアの作品にはシェークスピアは顔を出さない」とあった。ゲーテという顔を中心にして同心円的に構想され構築される母語言説の空間と、微細粒子のチンダル現象さながらに個々の個性が中心となる小宇宙的言説空間が全体的に点在する構想の中に近代という特質を備えた母語言説空間が構築されていく場合との違いを、その教科書の一文は示してくれていた。実は、公教育と政治との関係も、同様な構図を人びとに示し続けている。

領土をもち、国家主権を主張し、民族的同一性という仮構を支え、それらを国語というもう一つの仮構によって補強した政治秩序から、どのような教育が生まれ、どのような公事性と私事性とが創り上げられたか——そ

のことを民主主義の擬制的な限界(一人一票という形式主義)と合わせて検討する必要があるように思われる[3]。

## 〈公〉による〈私〉の否定

　私たちが馴れ親しんできた公教育は、このような背景をもつ教育制度・通学制度であるが、もう少し付け加えるなら、それは、西欧の社会的文化的背景の下で「教育の世俗化」というもう一つの原則に支えられてきた。人間の精神世界については、永らく教会が責任をもつものとされてきたが、その原理が批判され覆された。一人一人が自分で創り上げる世界をもち、その世界の在り方について責任をもたなければならなくなった。先に述べたように、神の言葉やその言葉によって創られた光(栄光)によって物事を捉え、考え、理解するのではなく、自然の光によって人間自らが事物を捉え、考え、理解し、世界の秩序を考え出さなければならなくなった。

　18世紀以降、西欧では、「理性」は事物を理解し世界秩序を創出する人間を可能にする、と信じられるようになった。その結果、理性を信頼する人間は、自分の在り方についての責任を自発的に背負わなければならなくなった。神やその他の超越者に依存することができなくなった。ここから、人間にとって、自分の内面世界を創り上げること、精神的存在としての自我像の確立あるいは鮮明化が、大切な課題・作業になり、それが生きることの意味に限りなく近づいていった。教育は、そのような意味で、新たに人間化されていった。私には、このことを「近代教育の内面的調和の問題」と述べてきた経緯がある。

　また、一人一人が名目的に等価の世界(観)をもつ社会的状態は、別な言い方をすれば、混沌の状況あるいは無秩序の状況である。先ほど述べたように、同心円的にはならない、小さな分子のチンダル現象にも似た、人びとの暮らしの多様化と多元化が進むことが、18世紀以降に広まった生活の実態であり、それがますます強固になることが近代的な生活の実相だった。アダム・スミスが〈見えざる手〉(invisible hands)による社会全体の調和を予

想したのは、近代的な生活の実態を踏まえた上でのことだろう。

　しかし、人間が一人一人、名目的に等価の世界(観)をもつという社会的状態はまた、人びとの暮らしにもう一つ別の課題をもたらすことでもあった。人びとの暮らしの多様化と多元化を踏まえて、そのうえにどうやって社会全体を安定し調和のとれたものにするかという問いが、新たに人びとが解決すべき共通の課題になった。この課題に対して、さまざまな回答を用意して見せたのが19世紀以降の西欧近代でもあった。

　私自身の専門を超えて、多少僭越な言い方を許していただくなら、社会全体の調和を産み出す試みは、概ね失敗の連続だった。19世紀から20世紀にわたる200年の人類史は、国民国家の一時の栄光と永遠の不名誉を記録した人類の歴史である。"state"という言葉には、治める人と治め方は含まれるけれども、治められる人は含まれていなかったと言われる。"nation-state"と呼ばれる統治機構は、そのような限界を超えて、治められる人を含む新たな統治の秩序を具体化する試みであったが、やはり失敗した。

　治める人が治められる人と一致する秩序として、同心円的秩序を創ろうとする立場と、分散する多元的秩序の総和を創ろうとする立場とがつねに対立し、結局、何も創り出せなかったと言うのが、近代政治史の実情ではないだろうか。多少妥協的に言えば、同心円型の世界秩序を共有すると自称する国民国家が多数できて、人類世界の分散型の世界秩序が危機に瀕しているということかもしれない。とすれば、これはなかなか厄介な事柄である。それは、〈公〉・〈私〉の関連がうまくつかなかったことに他ならないからである。

　多様な国民国家、多様な民族、多様な個々人が敵対し相克し続けるという近代・現代の状況を違った視点から見なおすと、近代における政治的秩序探求の歴史は、大人による大人自身の搾取と、大人が自分の子ども(人類の子ども)の未来を搾取した歴史であった、ということになるだろう。

　なるほど、大人は学校を創り、子どもに学ぶ場を提供し、人間としての知力を築いてもらい、道義心を磨いてもらい、積極的に社会に参加しても

らい、そうして社会全体を安定したものにしようと苦心してきた。「新しい時代の新しい教育」という表現の中に、社会全体の調和化の試みはかならずと言っていいほど組み込まれている。先ほど触れたような〈公〉の構造が子育ての中に組み込まれていることを考えるなら、ある意味ではそれは自然で不可避的だった。公的制度としての国民国家の機序において、またそのメカニズムによって、子どもたちの大人化を試みるという原理が選択された。この原理は、後発型近代化に取り組まなければならなかった新興独立国家群においては、国家計画と国家樹立の重要な目的になり課題になった。そのような国々においては、いまだ不充分とは言え、学校教育を介した子ども若者の社会参加は、広く人びとに受け入れられ同意されている。

しかし、学校教育による社会全体の秩序形成の試みが、人間を商品化してやまなかった近代の大きな歴史的構造の内部で、どれだけ人間を大切にすることを主眼として遂行されたといえるだろうか。一人一人の子ども・若者・大人を差別することなく大切にして、それぞれの人びとの生き方を支え、その結果として人びと全体が生き生きと生活するような社会の在り方を創造するために、国民国家による公教育が果たしてどの程度役に立ったか、私は大きな疑問を抱いている。

詳しく述べる余裕がないが、子どもたちは200年の歴史の積み重ねがあるにもかかわらず、依然として大人の暴力に脅え、大人の暴力によって「子どもであること」を奪われ、大人の無思慮・無分別によって放置され、飢え・病・戦争・性的虐待・遺棄の中で命を失っている。子どもの人身売買、子どもの兵士、住む場所を街路にしかもたないストリート・チルドレン。子どもたちが置かれているこの現実を、私は1990年代以降「音もなく近づく崩壊」(silent catastrophy) という言葉で表現してきたが、21世紀に至ってもなお解決されないこの現実は、国家教育的な公教育の失敗以外の何物でもないと思う。

言葉を変えると、公教育は、国家の〈公〉という局面では、構造的にも機能的にも相応の働きをなしえたけれども、暮らしの〈私〉という局面では、

かならずしも十分な働きをなしえなかったということかもしれない。あるいはもっとラディカルに世代的構図に立って見るとき、大人たちの〈公〉は国家の〈公〉の名によって、国家の〈公〉もまた大人たちの〈公〉の名によって、子どもたちの「私」を抑圧し破壊してきたと言うべきだろうか。

## 3　教育を改革するとはどういうことか？

**国家への奉仕としての〈公〉**

　いくらかすでに触れたことであるが、「公教育」という名の子育ては、一方では、一人一人の子どもの精神的な内的調和を達成させること、つまり人間の内的調和を達成することを意図しながら、他方では、教育を受ける一人一人の人間がやがてそこに参加し、役割を担い、支えていく社会的な人びと全体の生活について、社会的調和を保障すること、一言で言えば、人間の外的調和を達成させることをめざす営みだった。

　「教育改革」という言葉を英語になおすと、educational reformとなるが、reformは、ある形を作りかえることをイメージする。漢字の「改革」という文字は、もともと酒を醸す革の袋を新しくして、新しい酒を醸すことに結びつく。近代の教育改革とは、そのような意味において、人間の二つの調和に答えようとする「改」「革」だった。それは、第一節で触れた世界観の創られ方の違いに対応した営みだったのである。

　そうであるなら、今日言われるところの教育改革とは、どのような意味において再び人びとの精神・内面にかかわり、社会・外面にかかわろうとするのだろうか。その点から、教育の在り方と在るべき姿とを探求することが必然的なのではないだろうか。教育改革と〈公〉〈共〉〈私〉の関係は、この点から吟味されるべきであろうと思う。

　さて、その場合、何に焦点化して論議を進めるべきか、多少とまどいを感じざるをえない。今、一人の同時代人として、他の同時代人と共に生きつつある者として、ふと思うことは、どのような観点から〈公〉〈共〉〈私〉という

地球規模で語らなければならない主題について発言できるかということである。「多少とまどう」と述べたことにも関連するが、忘れられないことは、近年よく語られる「公共」という言葉が、日本の近い過去では、人びとの暮らしの中で個別的な要件や個別的な関心事を抹殺する言葉だったことである。

　私は、日本の植民地で少年期を過ごした人間であるが、その地にあった梅河口国民学校6学年の作文のテーマは「個人主義と利己主義」についてだった。求められた答えは、全体への奉仕という意味で、個別的なもの・個人的なものを利己主義という名によって葬ることだった。大東和共栄圏という国家主義的理想の下で行われた国民国家型の公教育では、そのようなことが平然と行われていたのだった。

　私の通った梅河口国民学校の朝礼では、時折、学校長が奇妙な話をしていたことを、私はよく覚えている。ある日、神武東征と金鵄勲章のいわれを説明した校長は、東に向かって進むことが間違いだと悟った神武が西から敵を攻めて敵の攻略に成功したという話をした。「先生、アメリカは日本の東にあります。日本は負けるのですか？」という小学生の問いに、校長は応えなかった。小学生の問いは切実な問いだった。勝つか負けるかという現実的な問い（合理的な問い）に応えることのできない校長の非現実さ（非合理な態度）が当時の国家主義的な学校教育の実態をよく示している。

　もう一つ事例を挙げておこう。ある一日、梅河口国民学校の全生徒が勤労奉仕に出た。小さな松の苗を植える仕事だった。砂地の乾いた大地に子どもの掌の中に隠れてしまうような松の苗を植えながら、私は校長に尋ねた。「植えてどうするのですか？」。裸山の多い地域だったから、木を植えて緑を増やすのかと思った。しかし、校長先生のご返事は「根を取って松根油を採り、飛行機を飛ばすのだ」というものだった。私は子ども心に、この松が育って大きくなり、その根が役立つまでにどのくらいの年月が必要なのかを想像することもできず、暗澹たる気持ちになった。戦闘機や爆撃機を飛ばす石油がないから、代わりに松の木の油を使うという話は、当時の新聞にも載っていた。その話は、子どもにも敗戦を予期させるほど暗

い話だった。くらくらするほど強い太陽の光の中に立ちあがって汗を拭う11歳の私の未来は、見えないものだった。

　つまり、このように「公共」という名の暴力を具体的に体験している私には、教育改革と公共性の関係という主題は、相当に周到な準備をして取り組まなければならないものに映るのである。実際、最近の教育改革国民会議などでは、子どもたち全員に奉仕活動が義務付けられようとしているが、国家(「公共」)に対する子ども(〈私〉)の奉仕の義務とは、いったい何を意味するのだろうか。

　最近の教育改革にかんする議論の中には、的確に批判しなければならないと思われる意見がある。かならずしも表立った議論になっていないのかもしれないが、"将来の日本には、新聞雑誌程度の文が読める大衆がいて、他に少数のエリートがおればそれで十分だ"とする意見がそれである。それは、子どもの可能性を全く視野に置かない発言であり、前に述べたように、「大人による子どもの未来の植民地化」としか言いようのない見解である。私は、このような考え方は否定されなければならないと思う。言い直すなら、〈公〉を子どもに手渡すという大人の決断が、必要なのではないだろうか。

## 脱国家の教育へ——〈私〉と〈公〉をつなぐ〈共〉

　種々考慮した結果、二、三年前に、日本教育学会の紀要編集委員会から依頼された論文があったことを思い起こし、その発言を基盤に据えてこの大きなテーマに("教育改革における「公」「共」「私」")アプローチしてみようと思い立った。編集委員会から与えられたテーマは、義務教育を国際的視野から再評価するというものだった。当該論文の私の主張は、単純化すると、次の二点になる。

①戦後教育改革において議論された義務教育の在り方については、天皇主権から主権在民に憲法の原理が転換されたにもかかわらず、新たな意味の国民形成という視座と旧来の視座(国体)とが共軛的に義務教育

の中に滑り込んでいて、統治システムとしての天皇制と教育システムとしての義務教育との和解がそのようにして図られている。その結果、在日韓国人・朝鮮人・在日中国人・その他の人びとの人権が、教育において保障されていないという問題が生じている。その点で、戦後教育は国際性を欠いている。

②主権者である市民に対する教育行政を支えるサーヴィス概念を組みかえるためには、統治システムのイメージを根本的に改めなければならない。その点については、以下のように考える。「国籍に代わる市民権の補償者は、国家に代わるものである。地上の空間は分割されるが国家中心主義でもなく民族中心主義でもなく、新しい原則によってその空間は分割されなければならない。規模は大きすぎても小さすぎても相応しくない。外部を創らず外界を創るという発明がそこになければならない」(鈴木 1998: 212)。

「外部を創らず外界を創る」という表現は抽象的であるから、もう少し敷衍しよう。鄭瑛惠氏は、地方自治の在り方とマルティカルチャリズムの在り方を刷新しようとして、〈異質なるわれわれ〉という概念を提唱している。氏の言葉を引用しよう。

> 「マルティカルチャリズムとは、少数民族・女性・障害者子どもといったマイノリティの市民権を尊重するために打ち立てられた社会政策で、ナショナリズムとは対極をなす社会統合の方法である。障害者問題で提起されたノーマライゼーションと同様、〈異質なるわれわれ〉という概念を提起する。それは〈われわれ〉という社会のメンバーシップをえるために、同化を条件とはしない方法である。〈内部としてのわれわれ〉に同質性が必要とされない以上、内外を分けるための〈異質としての外部〉も必要としない」(鄭 1993: 227)。

「外部を創らず外界を創る」という私の問題提起は、教育の公共性というテーマに即して読み直すとき、どのように言うべきだろうか。本書第8章で取り上げた「制度的に硬化した教育形態」についてのパラフレーズを踏襲し、パートナーシップに関するノートを再録しつつ(184-7頁)、それらを公共性の視点から読み返すことを試みたい。それは次のようになるのではないかと思う。

①教育における社会的な意思決定は、今日、議会制度を通じて行われている。議会は市民の代表によって構成されていて、そこでは市民一人一人の私的な要件が議員という公的な要件に翻訳(代表)される。翻訳された代表としての議員は、いわば「公共的」な機関である。
②しかし、すでに述べたように、議会制度は擬似的な平等原則に立つものである。実際に、市民の諸要求は、議会制度を通じて十分に公的な言説に翻訳されていないからである。
③市民の要求が公的な言説に反映されないことは、手続きの不備によるところもあるから、それを補う専門家の委員会が議会の内部に敷設されることがあるが、そこでの議論(半分私的、半分公的)が再び十分に公的な言説に翻訳されるかというと、かならずしもそうではない。
④1970年代は、いろいろな市民参加の要求が社会的・国内的・国際的に出そろった時期だった。さまざまな形態をとった市民参加の運動のポイントは〈市民の当事性の回復〉にあったと思う。それは別な言い方をすれば、統治の基本原理の再確認と行政サーヴィスの責任を問い直すことでもあった。それは、公的なもの・私的なもの・公共的なものの中身を、知識の産み出し方を問う主体性の確立(学生による大学解体運動)、生活の場そのものの再確認(地域住民の社会再開発計画への参加あるいは意義申し立て)、衣食住という暮らしの基礎過程における当事者としての主体性の回復(消費者運動)、労働という人類的基礎過程における主体性の回復(労働者参加型経営革命)、子育てという同じく人類的基

礎過程における当事者性の回復(学校管理への親の参加)を通して、一貫して問い直すということだった。それは、すべての公的なもの・私的なもの・公共的なものを再検討するという市民・大衆の意思表明だった。そうした傾向は、今日でも、国内国外を問わず、さまざまな形態をとって、人びとにより広く支持されている。

⑤このよう市民参加の傾向が指し示し続けるところは、畢竟、新しい社会のイメージと、イメージされる社会の調和的な在り方にかんする新原理は何かということだろう。この点にかんして、私は、〈新たな自然法〉を発見すること、いいかえるなら、実定法という〈見える法〉の傍らにある〈見えない法〉を再確定することが課題であると、学生たちに語ってきた。これを、公共性問題に引きつけてもう少し具体的に述べるなら、〈私〉と〈公〉をつなぐ〈共〉について、その「代表性」を新しく何に見出すべきか、また「代表性」を象徴するものを何に見出すべきか、という実践的な課題と言い直せるだろう。

## おわりに――〈私〉と〈公〉をつなぐ〈共〉へ

今日では、国境を超える人びとの活動が普通になってきた。このような場面では、古い国民国家型の見取り図で人間の生活と子どもの成育とを考えることが許されなくなっている。どのような見取り図を描くべきだろうか。多少はっきりしていることは、〈構造と機能〉という観点から社会生活と個人の生活の全体像を描いたり創ったりすることにはすでに限界があるということである。人びとの暮しも、それらを包む環境も、もう少し纏まりをもったものとして、つまり一つの〈様相〉として見たり考えたりすることが必要になった。機械論的に読むことができて、機械的に操作できるような透明な自然・人間・社会ではなく、多少とも全体性と独自性とを共有するような存在としての自然・人間・社会という具合に、私たちは世界認識(世界観)を構築しなおさなければならなくなっている。

このような状況で、さまざまな見方や発言があると思うが、私はこの数ヶ月間、機会があるたびに次のように発言してきた。端的に言えば、〈法(Law)から教育(Education)へ〉ということである。換言すると、それは、近代国家によって代表されてきた人間の在り方・生き方としての「法」をのりこえて、新しい在り方・生き方を産み出すような「教育」(人間の内的調和と外的調和の総合)へ向かおうと言うことである。

前述のように、1998年のアメリカ比較国際教育学会の大会で、「ボディ・エデュケーショナル」という概念を提起したのも、そういう想いからだった。ボディ・エデュケーショナルの概念をもう少し緻密に整備して、問題を多く含む人類の共存・共生の事態を分析し、浮き上がる諸様相に対応できる見取り図を描いてみたいと思っている。

ここでその詳細を議論できるかどうか定かではないが、あらかじめ一言そえれば、その仕事は、上述のように〈見える法〉から〈見えない法〉へと着眼点をずらすこと、あるいは、ふくらますことである。それは、子育てをベースとする人間・社会の〈私〉と〈公〉をめぐる社会的・国際的・地球的な事象の再把握・再解釈を、実定法のような〈見えるもの(visibility)〉を重視し、生活感覚のような〈見えないもの(invisibility)〉を軽視する態度、いいかえるなら、〈公〉を過大に評価し〈私〉を過小に評価する文化的規準を問い直すことを通して行うことであると言えるだろう。〈私〉と〈公〉をめぐる価値規準の問い直しは、近代教育学の基礎概念をいくつか組み直すことに通じるようにも思われる。

この一連の問題群については、稿を改めて論述したいと思う。しかし、先立つ章において提案した「body educational」の方法化に即した実践的指針を提案することは私の責任に属すると思うし、また、もともとこの稿を起こす契機となった『21世紀における教育と公・共・市』という問題設定に対しても及ぶ限り具体的に提案する必要もあり、以下、年来暖めてきた一個の制度論を紹介して、この章を閉じる。

提案することは、私が「地域教師教育機構」と呼ぶものである。これは、

一定の地勢態内部における"「子育て―子育ち」の実践系"と、当該地勢態に既存の"教育サーヴィス"と呼ばれる行政を教育体において再編成しようとする企てである。もっとも、そのことをここに記述したように表現するのは今回が初めてで、従来は、教職者の養成と研修にかかわる制度的当事者が、地域に住む親・子ども・関係者とともに協議する「教育に関する参加機構」を作ろうといってきた。「参加」要求は生活の基礎過程において生活の当事者が当時者性を回復するための主体性回復運動であると既に述べ(186-7頁)、その章を終わるに当たってボディ・エデュケーショナルの一環となる〈場所〉と〈理論〉を構築するための具体的な工夫が必要であると述べたが、以下の提案が、あるいはその最初のものになり得るのではないかと予想している。

　それがどのような提案であるかといえば、概要を綴ると、以下の各セクターの代表について代表制においては等数原理に立ち、代表による協議を基礎として、教職の養成プログラムの改革、教職者の採用方式の改革、教職者の研修プログラムの改革、さらには、教育サーヴィス全般について原理的な再検討と制度的な革新を図ろうということである[4]。

　　セクター1：大学・短期大学などの養成過程
　　セクター2：学校(幼稚園・保育所・小学校・中学校・高等学校)
　　セクター3：教職者集団(教員組合・学校長会等)
　　セクター4：教育行政(地方自治体・教育委員会・教育事務局等)
　　セクター5：子ども
　　セクター6：親・監護者等
　　セクター7：地域住民
　　セクター8：地域産業界
　　セクター9：その他関連する機構・団体等(シンクタンク等)

　具体例を挙げて考えれば、このような協議機構がどの程度の「改革」をもたらすか明らかになるのではないか。例を「教科書」にとると、広域採択と

いう現状においても、全セクターの開かれて、かつ、自治と自立による協議が行われれば、採択のあり方は大きく変わるであろう。そればかりでなく、そもそもカリキュラムとは何かを閉じられた議論から議論を開放して論じるとき、その議論は自然に"子どもの人生"の問題それ自体として"教育"を問い直すことに通じるはずである。教員採用にしても、今日の実態では、教職者の専門的な意見や要求が、教職者全体のそれとして具体的に採用に反映されるようにはなっていない。あらたに教職に就く人々に対して、経験を豊富にもつ専門家として何を要求するか、要求しなければならないかを、今日の採用方式では教職者一人一人が語り、それが実際の採用に反映されるようにはなっていない。専門職集団に参加するものに対して、加入条件を自治的自律的に決めることができない専門職集団などあり得ない。教育公務員という地位の保証は、一面では教職者の生活を保障する措置として機能するが、必ずしも教職者の社会的地位を専門職として位置づけることには役立っていない。しかし、このような協議機構を母体として、例えば教職者協議会／評議会（英国のGeneral Teaching Councilはそのような制度装置の一例である）を教職者が自治と自立に基づいて設置し構成し機能させるとき、教職者の専門的地位は社会的に高いものに変わる。それが、生活の当事者たる人々の支持に基づき、かつ、子育ての当事者としての主体性回復の試みと努力とに連携して進められる場合、教職者の専門的力量の内容もその形成と成熟も、新しい、教育への直感・洞察・共感に支えられたものとして、新しい意味の学問性・科学性の回復へ導かれるに相違ない。そのことは、必然的に、大学等研究教育機関等における教育にかかわる学問的探究と教育科学のありかたの更新につながり、それらの新たな出発と成熟に貢献することになると思われる。

　この機構は、私がいう教育態の制度化の一例である。内に同質性を前提とせず、したがって外部に異質性を予想しない。そのような社会的なまとまりとしてこのような機構が動くならば、教育の再構築に導かれるだろうと思う。それはまた、教育における「公」「共」「私」をいたずらに対抗関係におい

て実体化しようとする最近の言説に抗して、柔らかな認識と意志とを人々に求め約束するものではなかろうか。「法から教育へ」という私の問題設定は、一面ではこのような予感に裏打ちされており、他面では国際的に多くの場と機会とにおいて見いだされる内発的教育改革・教育創造の運動に学んでいる。

　本編の「序章」において編者が述べているように、このような協議体において行われる対話が、いかにして可能になるかという「コミュニケーション」の問題については、稿を改めて論じることにしようと思う。


**注**

(1) ユスティに代表されるポリツァイ学、あるいは今日的にいえば行政学については、本書の田中智志論文に詳しい。この点については、私自身は「教育行政学」(教育学専修3年次必修科目)を担当した折りに、ポリツァイ学から行政学の成立までの経緯を詳述したことがある。用意しつつある『教育学ノート』において、それらをまとめることにしたい。

(2) 本書、第2章、大田直子・黒崎勲論文を参照のこと。詳しい論述がある。

(3) 本書、第3章のシュリーバー論文を参照のこと。

(4) 「地域教師教育機構」に関する私のこれまでの発言については、次を参照していただきたい。

　鈴木慎一「提言(4)　地域教師教育機構の可能性」『教師教育研究』第1号、1989年(全国私立大学教職課程研究連絡協議会)、143-9頁。

　鈴木慎一「新しい時代と教職の社会的位置および役割について」『大学と教育』第15号、1995年(東海高等教育研究所)、34-43頁。


**文献**

鈴木慎一, 1998「教育基本法の国際性」『教育学研究』第65巻第3号。
―――, 2002「国家学的教育学からの解放」『教育学研究』第68巻第4号。
鄭瑛惠, 1993「定住外国人と近代国家の誤算」『現代思想』第21巻第9号。
ボヘンスキー、J・M, 1979 桝田啓三郎訳『現代ヨーロッパの哲学』岩波書店。
Suzuki, Shin'ichi, 2002, "Roles of Comparative Education: Revisited: Tasks and Prospective," Papers Presented at *World Comparative Education Forum* in Beijing Normal University, 14-16, Oct.

# あとがき

　私が早稲田大学教育学部そして大学院文学研究科で、鈴木先生に教育学の手ほどきをうけたのは1980年代である。そのころの鈴木先生は、おもに英国系の比較教育学の方法論を研究されていて、「比較は思考の根本である」とよく口にされていた(その口ぐせは今も変わっておられない)。
　しかし、当時の私は、正直なところ、比較教育学の方法論どころではなかった。そのころの私は、自分の抱いていた学校教育への違和感をもてあまし、どうしようもなくいらだっていたからである。
　それから20年、鈴木先生は、比較教育学から国際教育学へ、また教師教育学へと研究領域を拡げられるとともに、その議論を深めていかれた。そこにはつねに、近代教育(近代教育学)を超えて教育をポジティブなものとして再構築するという真摯なスタンスがあったように思う。
　不満分子の私はといえば、その20年のあいだにイリイチ、ボールズ＝ギンティス、フーコー、ルーマンの思想を援用しながら、教育社会学、教育思想史の領域で、教育(教育学)をネガティブなものと見なし、それを徹底的に批判し否定することだけに力をそそいできた。
　そして1998年、鈴木先生が「ボディ・エデュケーショナル」という概念を提唱されたとき、私はじつに不遜なことながら、なぜ「エデュケーショナル」なのかといぶかしく思った。私の近代教育への違和感は根深く、「エデュケーショナル」という表現にも反発を感じたのである。
　しかし、今、私のなかに「エデュケーショナル」という表現への違和感はほとんどない。それは、本書に収められている先生のボディ・エデュケーショナル論を読んだからであるが、それだけではない。私のなかで、教育

の脱構築だけでは充分ではなく、教育の再構築をしなければならないという想いが大きくなったからである。教育の脱構築(の言説)はいったいどれほど教育現実を変えてきただろうか、新しい教育を実体化することこそ旧来の教育の現実的なデコンストラクション(脱構築＝解体)になるはずだ、と思うようになったからである。つまり、具体的な構築をともなわない批判は無駄であり、理論的な批判をともなわない構築は無益である、と。

ボディ・エデュケーショナルという概念は、これからの私たちの教育学研究のみならず、教育実践を考えるうえで重要な指針となると思う。私自身についていえば、先生が練りあげてきた思想をさらに展開し、また実践に結びつけることこそが、先生の学恩に応える途であると思う。

鈴木先生の多くの門下生のなかで、私はまちがいなく不肖の弟子だろう。私くらい、先生の言うことをきかずに勝手放題してきた学生は他にいないのではないだろうか。そもそも、先生が専門とされている比較教育学・国際教育学・教師教育学すら、ろくにやっていないくらいだから。

そんな私がこのたび、先生の古稀を記念した論文集の編集する機会をえることができた。しかも、本のタイトル、全体の構成、そして寄稿者についても、先生は私を信頼しほとんどまかせてくださったのである。私にとってこれは忘れることのできない栄誉であり、誇りである。

また、本書の編集作業をおこなうなかで、たびたび先生にご相談し指示を仰ぐことがあったが、その折りに学問・人生についても先生のお考えをうかがうことができたし、あらためて先生の暖かい人柄にふれることができた。これも忘れられないことである。

本書の出版については、東信堂社主下田勝司氏に大変お世話になった。末尾ながら、篤く御礼申しあげたい。

　　　　　　　　　　　　　　　　　　　　　　　田中　智志

## 執筆者紹介

※執筆順、編者は奥付け参照

**関 啓子**(せき けいこ) 一橋大学大学院社会学研究科教授(社会学博士)
専攻：地球市民論、教育社会学、教育思想史
主要著作：『多民族社会を生きる──転換期ロシアの人間形成』(新読書社、2002年)、『グループスカヤの思想史的研究──ソヴェト教育学と民衆の生活世界』(新読書社、1994年)、『人間形成の全体史』(共編著、大月書店、1998年)、『ジェンダーから世界を読む』(共編著、明石書店、1996年)。

**黒崎 勲**(くろさき いさお) 東京都立大学人文学部教授
主要著作：『教育行政学』(岩波書店、1999年)、『教育の政治経済学』(東京都立大学出版会、2000年)、『デュルケムと現代教育』(ウォルフォード＆ピカリング編著、共訳、同時代社＝日日教育文庫、2003年)。

**大田 直子**(おおた なおこ) 東京都立大学人文学部助教授
主要著作：『教育・グロバリゼーション・国民国家』(A. グリーン著、翻訳、東京都立大学出版会、2000年)、『過去のカリキュラム・未来のカリキュラム(M. ヤング著、監訳、東京都立大学出版会、2002年)、「イギリス新労働党の教育政策」『教育学年報 9』(世織書房、2002年)。

**ユルゲン・シュリーヴァー**(Jürgen Schriewer) フンボルト(Humboldt University, Berlin)大学教授。日本流にいうと還暦を迎えた。青年期にフランスに学び、フランス高等教育史の分野で学位を取得した。フランクフルト大学を経て現職。比較教育分野で多くの仕事を残している。1985年の世界比較教育学会(WCCES)で初めて比較教育方法論部会が設けられたが、その折に故ブライアン・ホームズ教授(ロンドン大学)、レ・タン・コーイ教授(パリ大学：ソルボンヌ)と共に部会議長団を勤めた。以降、N. ルーマンの影響下に比較教育理論の研究において斯界をリードしている。ヨーロッパ比較教育学会長も務めた。英・仏・西の言葉に通じ、著作も多く、友人も多い。早稲田大学には日本学術振興会の招きで二度滞在し、その間、研究教育の面でも多くの青年研究者に知られることになった。巧みな演習の組み立て方と話術は参加した者を魅了した。最近は中国との交流にも熱意を示している。フンボルト大学の同教授研究室に学ぶ青年学徒の国籍は多様である。著作と論文は多数。1、2を挙げると次のようなものがある。
欧文：*Internationalisierung paedagogischen Wissen*, 1999 (Peter Lang), *Forms de Externalizaciao no Conhecimento Educacional*, 2001 (Cadernos PRESTIGES) Emergence of Trans-national Intellectual Networks, 2003 (Campus), 邦訳：『比較教育の理論と方法』(B. Holmesとの共編)[馬越徹訳](東信堂、2000年)。

**ヴォルフガング・ミッター**(Wolfgang Mitter) ドイツ国際教育研究所(在、フランクフルト)の学術部門の長を務めた。ドイツ内外の多くの大学の客員教授を兼務。その間、二期6年に渡りWCCESの会長、一期2年世界教育科学促進会議(WERA)議長を経歴。国際的に広く知られ夫婦共々各国に多くの知人友人を持つ。国際政治が専門ながら、旧ソ連・東欧の社会・文化・教育について造詣が深い。英語・フランス語・ロシア語・ポーランド語・チェコ語・ギリシャ語という具合で、多彩な研究者。70歳を寿いだ会合には各国から多くの人々が集まった。ドイツの教育を研究してきた人々で、同教授の謦咳に接した者の数は枚挙に暇あらずの観を呈する。日本も例外ではない。日本学術会議の招きその他で来日の回数は多いが、日本学術振興会の配慮で早稲田大学に滞在したことがある。1993年、2000年、2003年の早稲田大学を会場とした国際シンポジュウム(現代化と教育改革)では常に基調講演をおこなった。毎夏、妻と共にアルプスに登る。著作と論文多数、1、2を挙げると次のようなものがある。L'éducation pour tous. Paris:Unesco 1984= Bureu International d'Education: international de L'éducation, vol. 36(1984). *Das Bildungsesen in China, Reform und Transformation*. Hrsg. von Renata Fu-sheng Franke und *Wolfgang Mitter*, Köln, Weimar, Wien: Böhlau 2003, 236S=Biludung und Erziehung, Beiheft 12. また同教授の比較・国際教育関連論文集が、1987年にBöhlau社から刊行されている。タイトルは、*Wolfgang Mitter: Schule zwishcen Reform und Kriese-Zur Theorie und Praxis der vergleichende Bildungsforschng*, Gesammelte Aufsaetze, herg von Christoph Fuehr und Bernard Trouillet, Koeln, (Böhlau), 1987.

**越智　康詞**(おち　やすし)　信州大学教育学部助教授
専攻：教育社会学
主要論文：「『制度改革』のなかの教師――教育の専門性・公共性・臨床性の確立に向けて」『〈教師〉という仕事＝ワーク』(永井聖二・古賀正義編、学文社、2000年)、「教育空間と『教育問題』」『〈教育〉の解読』(田中智志編、世織書房、1999年)、「学校組織の再編を求めて――何が「教育イノベーション」の可能性を妨げてきたか」『〈子ども〉問題からみた学校世界』(古賀正義編、教育出版、1999年)

**広石　英記**(ひろいし　ひでき)　東京電機大学助教授
主要著作：『教育的価値論の研究』(増渕幸男編著、玉川大学出版部、1994年)、『教育関係の再構築――現代教育への構想力を求めて』(市村尚久編、東信堂、1996年)、『〈教育〉の解読』(田中智志編、世織書房、1999年)、『経験の意味世界をひらく――教育にとって経験とは何か』(共編著、東信堂、2003年)。

**鈴木　慎一**(すずき　しんいち)　早稲田大学名誉教授(教育学博士)
専攻：比較教育学、教師教育、イギリス教育制度・政策
主要著作・論文：『教師教育の課題と展望――再び大学における教師教育について』(共著、学文社、1995年)、Politics and New Schemes of Teacher Education and Traing: some Japanese issues in Thomas Elwyn ed. *Teacher Education-Dilemmas and Prospects*, World Yearbook of Educaton 2002, (Kogan Page) 2002, Europe: Illuminaton or illusion?-lessons from comparative education, in Thyge Winther-Jensen (ed. ), *Challenges to European Educationkon*, (Peter Lang) 1996, Shifts in Political Regimes and the Geopolitical Reprogramization of Educational Space in Botho von Kupp et al eds. Vergleichende Erziehumgswissenschaft: Herdusfurderung, Vermittlung, Praxis(Böhlau) 1997, その他多数あり。

# 事項索引

## ア行

アイデンティティの喪失 ………… 115, 116
アジア比較教育学会 ………………… 183
生きられる時間 ………………………… 5
生きられる場所 ………………………… 5
異質なるわれわれ …………………… 246
意味世界 …… 33, 38, 39, 90, 95, 98, 102, 104-6
ヴァーチャル・リアリティ ………… 198
エスニック・マジョリティ ………… 37
エピステーメ ………………………… 16, 98
『エミール』………………………… 28, 168

## カ行

階段型カリキュラム ………………… 166
「学事奨励に関する被仰出書」(学制序文) ‥57
『学習──内なる宝』(Learning: The Treasures Within) ………………… 192
学習可能性 ……………………… 103, 104, 163
学習の越境化 ………………………… 197
学制 ……………………………………… 45, 57
学力 ……………… 103, 104, 136, 159, 163, 171
価値教育 ……………………………… 131
学校への親の参加 …………………… 191
カメラリズム …………………………… 5
カリキュラム …… 7, 30, 35-37, 53, 54, 82, 87, 131, 159, 165
『監獄の誕生』………………………… 29
完成可能性 …………………………… 103
完全性 …………………………………… 5
管理 …………………………………… 7
基礎カテゴリー ‥ 186, 204, 208, 216, 217, 223
機能 …………………………………… 102
基本関係 ……………………………… 216
寄与 …………………………………… 102
教育改革 ………… 34-36, 54, 137, 144, 151, 181, 209, 231, 232, 238, 243
教育行政過程 ………………………… 189
教育言説 ………………… 101, 102, 105, 137-139
教育システム論 ……………… 88, 102, 104
教育勅語的なるもの ………………… 137
教育(共育)態 …………………… 207, 213
教育(共育)体 …………………… 207, 213
『教育──第一データとその原理』…… 204
教育の共生体 ………………… 16, 17, 152
教育の公共性 ……………………… 232, 247
教育の私事化 ………………………… 81
教育の世俗化 ………………………… 240
教育による統治 ……………………… 18
教育ロマン主義的な言説 …………… 139
教師としてのアイデンティティ …… 131
共生体 ………………………………… 17
共生の教育 …………………………… 175
共生のセンス ………………………… 174
行政国家 ……………………………… 189
教養市民層 …………………………… 95
共立(郡立・町村立)中学校 ………… 59
規律・訓練 …………………………… 29
近代化 …… 39, 46, 47, 59, 73, 147, 155, 157, 194, 201
『近代的に育つ』(Growing Up Modern) ………………………… 194
近代統治論 …………………………… 5
近代の文法 ……………………… 8, 186, 201
空間的な秩序化 ……………………… 7
グループ・アイデンティティ ……… 119
クレオール化 ………………………… 125
グローカライゼーション …………… 76
グローバル・エリートの養成 ……… 36
グローバル化 …… 4, 9, 10, 12, 15, 17, 35, 73, 75-79, 81, 88, 93, 116, 135, 144, 215
グローバル・ガヴァナンス ………… 10

グローバルな標準化 ………………………31
言語ゲーム ………………………………91
現実主義的(教育)言説 ……………142-144
権力関係 …………………………………29
権力テクノロジー ………………………42
公教育の権力諸装置 ……………………7
公共空間 …………………………………40
公共圏 ……………………………………17
格子型モデル ……………………………228
国民形成 …………………………………7
国民的アイデンティティ ………40, 125
国民教育制度 ……………………………45
国民国家 …………………………………68
個人 ………………………………………95
　　──的アイデンティティ …………116
コスモポリタニズム …………………8, 69
国家学的パラダイム ……………………199
国家的公共性 ……………………………157
「子ども中心主義」的言説 ……………141
「子どものため」フレーズ ……………139
コモンウェルス …………………………21

## サ行

差異化 …………………29, 32, 135, 142
差異の人権 …………………………12, 15
産業民主主義 ……………………………190
時間的な秩序化 …………………………7
自己変容としての学び …………………161
自主組織化 ………………………………60
システム合理性 …………………149, 155
自然 ………………………………………68
自然な社会 ………………………………67
市民的公共性 ……………………………157
社会化された学習 ………………………191
社会的アイデンティティ ……117-120, 124, 127, 132
『社会と孤独』 …………………………204
重商主義 …………………………………5
集団的アイデンティティ ………………120
住民参加 …………………………………190
自由の規範化 ……………………………150
自由の主観化 ……………………………149
上級学校 …………………………………52
状況 ………………………………………220
状態 ………………………………………220

象徴的メディア …………………………102
消費者運動 ………………………………190
情報公開運動 ……………………………190
人格形成 …………………………4, 7, 19, 90
『新機関』(Novum Organum) …………238
神権 ………………………………………94
人権 ………………………………………94
人口掌握 …………………………………6
人材配分 …………………………………89
新自由主義 ………………………………135
身体的なもの ……………………………13
進歩 ………………………………………8
ステート …………………………………21
生育史 ……………………………………34
生活史 ……………………………………34
生活世界 …………………………………40
　　──の植民地化 ……………………41
政治的神話 ……………………………8, 96
正常 ………………………………………6
生成するカリキュラム …………………172
制度 ………………………………………90
　　──化 ………………………………89
　　──主義 ……………………………88
正当化 ……………………………………85
世界政体 …………………………………92
世界比較教育会議 ………………………182
世界比較教育学会 ………………………182
世界文化 …………………………………91
責任(responsibility＝呼応可能性) ……170
セントリズム ………………15, 16, 186, 201
総合学習 …………………………………164
総合的な学習の時間 ……………………164
相互関係性 ……………………13, 14, 17
相互作用・相互行為 ……………………162

## タ行

大学生のシット・イン(参加) …………191
大ロシア主義 ……………………………35
多元的アイデンティティ ……………126, 130
多元的国民国家 …………………………130
他者としての子ども ……………………13
正しい国家 ………………………………66
地域教師教育機構 ………………………249
地球市民 …………………………………42
地勢体 ……………………………13, 208, 221

| | |
|---|---|
| 地方教育当局 (LEA) | 55 |
| 中産階級 | 95 |
| 中等教育制度 | 48, 58-60 |
| 統合化 | 27, 32, 76 |
| 統合的な人格発達 | 128 |
| 当事者性 | 190 |
| 同心円型の世界秩序 | 241 |
| 統治技法 | 6 |
| 登山型カリキュラム | 167 |

## ナ行

| | |
|---|---|
| 内発的発展 | 193 |
| 〈内部／外部〉(〈同質／異質〉)の二項図式 | 14 |
| 内面的な変容 | 161 |
| ナショナリズム | 33-38, 69, 73 |
| 二重のアイデンティティ | 126 |
| 人間疎外 | 198 |
| 人間的自然 | 6, 103, 196, 197, 199 |

## ハ行

| | |
|---|---|
| ハイネマン―ウイルソン論争 | 181 |
| 「場所」(トポス) | 205, 220 |
| パターナリズム | 7, 49, 156, 197 |
| 発達 | 8 |
| ――文化 | 33 |
| バトラー法 | 204 |
| 反省 | 102 |
| ――的思考 | 176 |
| 比較教育・学 | 213 |
| 比較国際教育学会 | 181 |
| ピクニック型カリキュラム | 168 |
| 批判的な学び | 195 |
| 風景 | 41 |
| 複数性 | 173 |
| 不登校 | 81, 155, 160, 188 |
| ブルジョアジー | 95 |
| 文化的イディオム | 205, 206, 228 |
| 文化的記述 | 8, 97 |
| 分散型の世界秩序 | 241 |
| 『文明の崩壊と世界秩序の再構築』 | 71 |
| 法 (Law) から教育 (Education) へ | 249 |
| 法による統治 | 17 |
| 方法論的個体主義 | 204 |

| | |
|---|---|
| 方法論的集合主義 | 204 |
| 母語による教育 | 238 |
| 「没入」(immersion) | 198 |
| ボディ・エデュケーショナル | 4, 5, 14-20, 43, 181, 203, 207-210, 213, 216, 219, 226, 228, 249, 250 |
| ポリス | 6 |
| ポリツァイ | 6 |
| 「ポリツァイ学」(Polizeywissenschaft) | 235 |

## マ行

| | |
|---|---|
| マクドナルド化 | 9 |
| 学びの空間 | 163 |
| 学びの公共性 | 157 |
| 未完のプロジェクト | 153 |
| 脈絡転換 | 18 |
| 民間活力の導入 (privatization) | 193 |
| 民衆教育 | 196 |
| 民主主義 | 64 |
| 『民主主義と教育』(1916) | 63 |
| メリトクラシー (業績主義) | 90, 94 |
| モダニティとしての教育 | 85 |

## ヤ行

| | |
|---|---|
| 優秀さヘゲモニー | 36 |
| 優秀性のヘゲモニー的性格 | 34 |
| ユダヤ＝キリスト教 | 99-101 |
| ユネスコ | 192 |
| 四つの学習 | 192 |
| ヨーロッパ比較教育学会 | 182 |

## ラ行

| | |
|---|---|
| ライフサイクル | 96 |
| リヴィジョニスト | 88, 94 |
| リズム | 221 |
| リンガ・フランカ | 198 |
| 『歴史の終わり』(1989年) | 71 |
| 歴史的存在論 | 88 |

## 英字・数字

| | |
|---|---|
| body politique (politic) | 186 |
| body economique (economic) | 186 |
| 1870年基礎教育法 | 48 |

# 人名索引

## ア行

アップル (Apple, Michael) ............ 30, 42
アーレント (Arendt, Hannah) ........ 17, 151
イーフー・トゥアン (Yi-Fu Tuan) ........ 206
色川大吉 ................................ 58
ヴィトゲンシュタイン (Wittgenstein, Ludwig) ................................ 91
ウィルソン (Wilson, David) ............. 185
ウォーラスティン (Wallerstein, Immanuel) .. 92
エリクソン (Erickson, Erick) .......... 34, 116
大沼保昭 ............................... 201

## カ行

カーク (Quirk, Rabdopf) ............ 116, 117
カンパニャック (Campagnac, E. T.) ..... 204
ギデンズ (Giddens, Anthony) ............. 78
キング (King, Edumund) ................ 205
ギンティス (Gintis, Herbert) ....... 106, 107
ケイ・シャトゥルワース (Kay-shuttleworth, James) ................................ 49
コウエン (Cowen, Robert) .............. 205
コーガン (Cogan, John J.) ............. 224
子安宣邦 ............................... 200

## サ行

下山三郎 ................................ 47
ジュリアン (Jullien, Marc Antoine) ...... 227
シュリーヴァー (Schriewer, Jürgen) .... 184, 190, 191
ソーダー (Soder, Roger) ................ 225

## タ行

鄭瑛惠 ................................. 246
デューイ (Dewey, John) ........ 63-67, 69-71, 74, 75, 79, 82, 83

デリダ (Derrida, Jacques) ............... 18

## ナ行

ナン (Nunn, Percy) .................... 204
ニーチェ (Nietzsche, Friedrich) ........ 125
西垣通 ................................. 198
西川潤 ................................. 193

## ハ行

ハイデガー (Heidegger, Martin) .......... 17
ハイネマン (Heyneman, Stephen) ........ 185
バーガー (Berger, Peter, L.) ............ 85
バーク (Burke, Edmund) ................ 117
ハンティントン (Huntington, Samuel) ..... 71
ハンナース (Hannerz, Ulf) ............. 126
フクヤマ (Fukuyama, Francis) ........... 71
フラー (Fuller, Bruce) ................. 194
プライスラー (Preissler, Gottfried) ..... 122
プラトン ................................ 66
フランク (Frank, Johann Peter) ........... 6
ブロードフット (Broadfoot, Patricia) .... 187
ベーコン (Bacon, Francis) .............. 238
ペティ (Petty, William) ................. 14
ボールズ (Bowles, Samuel) .......... 30, 107

## マ行

マイヤー (Meyer, John W.) .... 88-93, 95-102, 104, 105, 107
マカレンコ (Makarenko, Anton) .......... 120
ミッター (Mitter, Wolfgang) ............ 182
ミンコフスキー (Minkowski, Eugene) ...... 5
メイヨ (Mayo, Peter) .................. 195
メーズマン (Masemann, Vandra L.) ..... 183
森重雄 ............................... 85, 97

## ヤ行

山本哲士 ················· 206
ユスティ（Justi, J. H. von）········· 6

## ラ行

ライヒ（Reich, Robert）············ 75
ラミレス（Ramirez, Francisco O.）······ 8, 88, 93, 94
リッツア（Riter, Georoge）········· 9
リップマン（Lippman, Walter）········ 71
リューバ（Ryba, Raymond）········ 182
リンツ（Linz, Juan）············ 130
ルソー ················ 27, 28, 168
ルフェーブル（Lefebvre, Henri）······ 19
ルーマン（Luhmann, Niklas）······ 102
ロウ（Lowe, Robert）············ 50

## ワ行

鷲田清一 ·················· 18

編者紹介

田中　智志（たなか　さとし）　山梨学院大学大学院社会科学研究科教授

専攻：教育社会学、臨床教育人間学

主要著作：『ペタゴジーの誕生──アメリカにおける教育の言説とテクノロジー社』（編著、多賀出版、1999年）、『〈教育〉の解読』（編著、世織書房、1999年）、『他者の喪失から感受へ──近代の教育装置を超えて』（勁草書房、2002年）、『教育学がわかる事典』（日本実業出版社、2003年）、『他者への配慮──ケアリングの社会理論』（世織書房、近刊）、『自己生成論のルーマン──新しい教育学へ』（編著、勁草書房、近刊）

教育の共生体へ──ボディ・エデュケーショナルの思想圏

2004年4月10日　初　版第1刷発行　　　〔検印省略〕

＊定価はカバーに表示してあります

編者 ⓒ田中智志／発行者　下田勝司

印刷・製本　中央精版印刷

東京都文京区向丘1-20-6　郵便振替00110-6-37828
〒113-0023　TEL (03) 3818-5521(代)　FAX (03) 3818-5514

株式会社　発行所　東信堂

Published by TOSHINDO PUBLISHING CO., LTD.
1-20-6, Mukougaoka, Bunkyo-ku, Tokyo, 113-0023, Japan
ISBN4-88713-511-4 C3037　ⓒS. TANAKA
E-mail:tk203444@fsinet.or.jp

## 東信堂

| 書名 | 副題 | 編著者 | 価格 |
|---|---|---|---|
| 大学の自己変革とオートノミー | —点検から創造へ— | 寺﨑昌男 | 二五〇〇円 |
| 大学教育の創造 | —歴史・システム・カリキュラム | 寺﨑昌男 | 二五〇〇円 |
| 大学教育の可能性 | —教養教育・評価・実践— | 寺﨑昌男 | 二五〇〇円 |
| 大学の授業 | | 宇佐美寛 | 二五〇〇円 |
| 作文の論理 | —〈わかる文章〉の仕組み | 宇佐美寛編著 | 一九〇〇円 |
| 大学の指導法 | —学生の自己発見のために | 児玉・別府・川島編 | 二八〇〇円 |
| 大学授業研究の構想 | —過去から未来へ | 京都大学高等教育教授システム開発センター編 | 二四〇〇円 |
| 学生の学びを支援する大学教育 | | 溝上慎一編 | 三八〇〇円 |
| アメリカの大学基準成立史研究 | —「アクレディテーション」の原点と展開 | 前田早苗 | 三八〇〇円 |
| 戦後オーストラリアの高等教育改革研究 | | 杉本和弘 | 五八〇〇円 |
| 私立大学の財務と進学者 | | 丸山文裕 | 三五〇〇円 |
| 私立大学の経営と教育 | | 丸山文裕 | 三六〇〇円 |
| 公設民営大学設立事情 | | 高橋寛人編著 | 二八〇〇円 |
| 校長の資格・養成と大学院の役割 | | 小島弘道編著 | 六八〇〇円 |
| 短大ファーストステージ論 | | 高鳥正夫編著 | 二〇〇〇円 |
| 短大からコミュニティ・カレッジへ | —飛躍する世界の短期高等教育と日本の課題 | 舘昭編著 | 二五〇〇円 |
| [シリーズ 大学改革ドキュメント・監修寺﨑昌男・絹川正吉] | | | |
| 立教大学〈全カリ〉のすべて | —リベラル・アーツの再構築 | 全カリの記録編集委員会編 | |
| ICUへリベラル・アーツ〉のすべて | | 絹川正吉編著 | 二三八〇円 |
| [講座「21世紀の大学・高等教育を考える」] | | | |
| 大学改革の現在〔第1巻〕 | | 有本章編著 | 三二〇〇円 |
| 大学評価の展開〔第2巻〕 | | 山野井敦徳編著 | 三二〇〇円 |
| 学士課程教育の改革〔第3巻〕 | | 清水一彦編著 絹川正吉編著 舘昭編著 | 三三〇〇円 |
| 大学院の改革〔第4巻〕 | | 馬越徹編著 江原武一編著 | 続刊 |

〒113-0023 東京都文京区向丘1-20-6　☎03(3818)5521　FAX 03(3818)5514　振替 00110-6-37828
E-mail:tk203444@fsinet.or.jp

※税別価格で表示してあります。

――― 東信堂 ―――

|  |  |  |
|---|---|---|
| 比較・国際教育学 [補正版] | 石附　実編 | 三五〇〇円 |
| 比較教育学の理論と方法 | 馬越徹・今井重孝監訳<br>J・シュリーバー編著 | 二八〇〇円 |
| 教育改革への提言集1・2 | 日本教育制度学会編 | 各二八〇〇円 |
| 世界の公教育と宗教 | 江原武一編著 | 五四二九〇円 |
| 世界の外国語教育政策<br>――日本の外国語教育の再構築にむけて | 大谷泰照他編著 | 六五七一円 |
| アメリカの才能教育――多様な学習ニーズに応える特別支援 | 松村暢隆 | 二五〇〇円 |
| アメリカの女性大学：危機の構造 | 坂本辰朗 | 二四〇〇円 |
| アメリカ大学史とジェンダー | 坂本辰朗 | 五四〇〇円 |
| アメリカ教育史の中の女性たち<br>ジェンダー・高等教育・フェミニズム | 坂本辰朗 | 三八〇〇円 |
| 教育は「国家」を救えるか<br>[現代アメリカ教育1巻] | 今村令子 | 三五〇〇円 |
| 永遠の「双子の目標」――質・均等・選択の自由<br>[現代アメリカ教育2巻] | 今村令子 | 二八〇〇円 |
| アメリカのバイリンガル教育――新しい社会の構築をめざして | 末藤美津子 | 三三〇〇円 |
| ボストン公共放送局と市民教育<br>マサチューセッツ州産業エリートと大学の連携 | 赤堀正宜 | 四七〇〇円 |
| ドイツの教育 | 天野正治<br>結城忠<br>別府昭郎編著 | 四六〇〇円 |
| 現代英国の宗教教育と人格教育（PSE） | 新井浅浩著 | 五二〇〇円 |
| 21世紀にはばたくカナダの教育 [カナダの教育2] | 柴沼晶子編著 | 四六〇〇円 |
| 21世紀を展望するフランス教育改革<br>一九八九年教育基本法の論理と展開過程 | 小林順子編 | 八六四〇円 |
| フィリピンの公教育と宗教――成立と展開過程 | 小林・関口・浪田他編著 | 二八〇〇円 |
| 社会主義中国における少数民族教育<br>「民族平等」理念の展開 | 小川佳万 | 四六〇〇円 |
| 中国の職業教育拡大政策――背景・実現過程・帰結 | 市川誠 | 五六〇〇円 |
| 東南アジア諸国の国民統合と教育――多民族社会における葛藤 | 劉文君 | 五〇四八円 |
| オーストラリア・ニュージーランドの教育 | 村田翼夫編著 | 四四〇〇円 |
| | 石附／笹森健編 | 二八〇〇円 |

〒113-0023　東京都文京区向丘1-20-6　☎03(3818)5521　FAX 03(3818)5514　振替 00110-6-37828
E-mail:tk203444@fsinet.or.jp

※税別価格で表示してあります。

― 東信堂 ―

**責任という原理** ―科学技術文明のための倫理学の試み― 「心身問題から「責任という原理」へ  H・ヨナス/加藤尚武監訳 四八〇〇円

**主観性の復権** ―心身問題から「責任という原理」へ  H・ヨナス/宇佐美・滝口訳 二〇〇〇円

**テクノシステム時代の人間の責任と良心**  H・レンク/山本・盛永訳 三五〇〇円

**空間と身体**―新しい哲学への出発  桑子敏雄編 二五〇〇円

**環境と国土の価値構造**  桑子敏雄 三五〇〇円

**森と建築の空間史**―近代日本  千田智子 四三八一円

**感性哲学1〜3**  日本感性工学会 感性哲学部会編 一六〇〇〜二〇〇〇円

**メルロ゠ポンティとレヴィナス**―他者への覚醒  屋良朝彦 三八〇〇円

**思想史のなかのエルンスト・マッハ**―科学と哲学のあいだ  今井道夫 三八〇〇円

**堕天使の倫理**―スピノザとサド  佐藤拓司 二八〇〇円

**バイオエシックス入門〔第三版〕**  今井道夫・香川知晶編 二三八一円

**三島由紀夫の沈黙**―その死と江藤淳・石原慎太郎  澤田愛子 二〇〇〇円

**今問い直す脳死と臓器移植〔第二版〕**  伊藤勝彦 二五〇〇円

**洞察＝想像力**―知の解放とポストモダンの教育  D・スローン/市村尚久監訳 三八〇〇円

**ダンテ研究Ⅰ** Vita Nuova 構造と引用  浦 一章 七五七三円

**ルネサンスの知の饗宴**〔ルネサンス叢書1〕  佐藤三夫編 四四六六円

**ヒューマニスト・ペトラルカ**〔ルネサンス叢書2〕―ヒューマニズムとプラトン主義  佐藤三夫 四八〇〇円

**東西ルネサンスの邂逅**〔ルネサンス叢書3〕  根占献一 三六〇〇円

**ルロバのカバラー**〔ジョルダーノ・ブルーノ著作集3〕―南宏と南方熊楠氏の歴史的世界を求めて  加藤守通訳 三二〇〇円

**原因・原理・一者について**〔ジョルダーノ・ブルーノ著作集1巻〕  加藤守通訳 三二〇〇円

**カンデライオ**〔ジョルダーノ・ブルーノ著作集1巻〕  加藤守通訳 三六〇〇円

**食を料理する**―哲学的考察  N・オルディネ/松永澄夫訳 二〇〇〇円

**イタリア・ルネサンス事典**  J・R・ヘイル編/中森義宗監訳 七八〇〇円

〒113-0023 東京都文京区向丘1-20-6
☎03(3818)5521 FAX 03(3818)5514 振替 00110-6-37828
E-mail:tk203444＠fsinet.or.jp

※税別価格で表示してあります。

――東信堂――

【世界美術双書】

|  |  |  |
|---|---|---|
| バルビゾン派 | 井出洋一郎 | 二〇〇〇円 |
| キリスト教シンボル図典 | 中森義宗 | 二三〇〇円 |
| パルテノンとギリシア陶器 | 関 隆志 | 二三〇〇円 |
| 中国の版画――唐代から清代まで | 小林宏光 | 二三〇〇円 |
| 象徴主義――モダニズムへの警鐘 | 中村隆夫 | 二三〇〇円 |
| 中国の仏教美術――後漢代から元代まで | 久野美樹 | 二三〇〇円 |
| セザンヌとその時代 | 浅野春男 | 二三〇〇円 |
| 日本の南画 | 武田光一 | 二三〇〇円 |
| 画家とふるさと | 小林 忠 | 二三〇〇円 |
| ドイツの国民記念碑――一八一三年―一九一三年 | 大原まゆみ | 二三〇〇円 |

【芸術学叢書】

|  |  |  |
|---|---|---|
| 芸術理論の現在――モダニズムから | 藤枝晃雄編著 | 三八〇〇円 |
| 絵画論を超えて | 谷川渥著 | 三八〇〇円 |
| 幻影としての空間――図学からみた東西の絵画 | 尾崎信一郎 | 四六〇〇円 |
| | 小山清男 | 三七〇〇円 |

|  |  |  |
|---|---|---|
| イタリア・ルネサンス事典 | J・R・ヘイル編 中森義宗監訳 | 七八〇〇円 |
| 美術史の辞典 | P・デューロ他 中森義宗・清水忠訳 | 三六〇〇円 |
| 都市と文化財――アテネと大阪 | 関 隆志編 | 三八〇〇円 |
| 図像の世界――時・空を超えて | 中森義宗編 | 三五〇〇円 |
| 美学と現代美術の距離 | 金 悠美 | 三八〇〇円 |
| アメリカ映画における子どものイメージ――アメリカにおけるその乖離と接近をめぐって――社会文化的分析 | K・M・ジャクソン 牛渡 淳訳 | 三六〇〇円 |
| キリスト教美術・建築事典 | P・マレー・L・マレー 中森義宗監訳 | 続刊 |
| 芸術／批評 0号 | 責任編集 藤枝晃雄 | 一九〇〇円 |

〒113-0023 東京都文京区向丘1-20-6
☎03(3818)5521 FAX 03(3818)5514 振替 00110-6-37828
E-mail:tk203444@fsinet.or.jp

※税別価格で表示してあります。

――東信堂――

|  |  |  |
|---|---|---|
| 国際法新構[上] | 田畑茂二郎 | 二九〇〇円 |
| 国際法新講[下] | 田畑茂二郎 | 二七〇〇円 |
| ベーシック条約集[第5版] | 代表編集 山手治之 松井芳郎 | 二五〇〇円 |
| 国際経済条約・法令集[第2版] | 代表編集 小原喜雄 山室程之助 松井芳郎 | 三九〇〇円 |
| 国際機構条約・資料集[第2版] | 代表編集 香西茂 安藤仁介 | 三三〇〇円 |
| 資料で読み解く国際法[第2版][上] | 代表編集 大沼保昭編著 | 二八〇〇円 |
| 資料で読み解く国際法[第2版][下] | 大沼保昭編著 | 二〇〇〇円 |
| 国際立法――国際法の法源論 | 村瀬信也 | 六八〇〇円 |
| 判例国際法 | 代表編集 松井芳郎 坂元茂樹 薬師寺公夫 | 三五〇〇円 |
| プラクティス国際法 | 代表編集 竹本正幸 松井芳郎 坂元茂樹 | 一九〇〇円 |
| 国際法から世界を見る――市民のための国際法入門[第2版] | 松井芳郎 | 二八〇〇円 |
| テロ、戦争、自衛――米国等のアフガニスタン攻撃を考える | 松井芳郎 | 八〇〇円 |
| 〔21世紀国際社会における人権と平和〕[上・下巻] | 代表編集 山手治之 香西茂 | 五七〇〇円 |
| 国際社会の法構造――その歴史と現状 | 代表編集 山手治之 香西茂 | 六三〇〇円 |
| 現代国際法における人権と平和の保障 | 編集 坂元茂樹 薬師寺公一郎 | 六二〇〇円 |
| 人権法と人道法の新世紀 | 編集 松田竹男 | 四八〇〇円 |
| 国際人道法の再確認と発展 | 人道法国際研究所 竹本正幸監訳 | 二五〇〇円 |
| 海上武力紛争法サンレモ・マニュアル解説書 | 竹本正幸 | 四八〇〇円 |
| 〔現代国際法叢書〕 | | |
| 領土帰属の国際法 | 太壽堂鼎 | 四五〇〇円 |
| 国際法における承認――その法的機能及び効果の再検討 | 王志安 | 五二〇〇円 |
| 国際社会と法 | 高野雄一 | 四三〇〇円 |
| 国際「合意」論序説――法的拘束力を有しない国際「合意」について | 中村耕一郎 | 三〇〇〇円 |
| 集団安保と自衛権 | 高野雄一 | 四八〇〇円 |
| 国際人権法とマイノリティの地位 | 金東勲 | 三八〇〇円 |

〒113-0023 東京都文京区向丘1-20-6
☎03(3818)5521 FAX 03(3818)5514 振替 00110-6-37828
E-mail: tk203444@fsinet.or.jp

※税別価格で表示してあります。